基督教文化研究丛书

主编 何光沪 高师宁

十编 第 **1** 册

奥古斯丁人学思想研究

李思凡 著

花木兰文化事业有限公司

国家图书馆出版品预行编目资料

奥古斯丁人学思想研究／李思凡 著 —— 初版 —— 新北市：花木
兰文化事业有限公司，2024〔民113〕
目 2+186 面；19×26 公分
（基督教文化研究丛书 十编 第 1 册）
ISBN 978-626-344-614-4（精装）
1.CST：奥古斯丁（Augustine, Saint, Bishop of Hippo, 354-430）
2.CST：学术思想 3.CST：人学 4.CST：灵魂
240.8   112022493

ISBN-978-626-344-614-4

9 786263 446144

基督教文化研究丛书
十编　第一册　　　　　　　　ISBN：978-626-344-614-4

奥古斯丁人学思想研究

作　　者　李思凡
主　　编　何光沪、高师宁
执行主编　张　欣
企　　划　北京师范大学基督教文艺研究中心
总 编 辑　杜洁祥
副总编辑　杨嘉乐
编辑主任　许郁翎
编　　辑　潘玟静、蔡正宣　美术编辑　陈逸婷
出　　版　花木兰文化事业有限公司
发 行 人　高小娟
联络地址　台湾 235 新北市中和区中安街七二号十三楼
　　　　　电话：02-2923-1455 ／传真：02-2923-1452
网　　址　http://www.huamulan.tw 信箱 service@huamulans.com
印　　刷　普罗文化出版广告事业
初　　版　2024 年 3 月
定　　价　十编 15 册（精装）新台币 40,000 元　　版权所有 请勿翻印

奥古斯丁人学思想研究

李思凡 著

作者简介

李思凡，女，1977 年 4 月生，河南信阳人。2006 年获华中师范大学哲学硕士学位，2015 年获武汉大学哲学博士学位，现为武汉学院马克思主义学院副教授，主要从事基督教哲学研究，在海内外发表学术论文十余篇，参与完成 2018 年国家社科基金项目"三元人论在基督教思想史上的流变及影响考论"，主持和参与过多项省级和校级科研项目，出版译著、专著和教材 6 本，参与翻译的《阅读的力量：从苏格拉底到推特》获得中国国家图书馆颁发的"第十六届文津图书奖"。

提　　要

　　被誉为"古代教会最伟大的思想家"的希波主教奥古斯丁以"信仰寻求理解"的态度，一方面对柏拉图和普罗提诺等希腊罗马哲学家的人学遗产加以信仰的洗礼和神学的改造，另一方面又对《圣经》和早期教会有关神性与人性、灵魂与身体、原罪与救赎、自由与恩典等神学观念的经文教义加以理性的论证和哲学的阐释，从而为早期基督教人学思想的发展成熟开辟了一条"理性辩护主义"的研究径路，同时也提出了一系列对后世基督教人学思想产生过并依然产生着巨大而深远影响的神哲学观点。

　　全文从奥古斯丁人学思想最为关注的"灵魂"这一核心概念的解读入手，共分为三个部分，对他在解释和论证基督教基本教义时建构的人学思想体系加以了系统的考察和全面的评述。第一部分是前两章，主要探讨奥古斯丁人学思想的理论背景、神哲学渊源及思想脉络，由此说明在奥古斯丁所处的时代，基督教的人学思想何以会逐渐聚焦于灵魂这一核心概念的解读。第二部分是三、四、五章，它们是本文的核心部分，主要围绕奥古斯丁对"灵魂"概念的解读，来考察其人学思想的基本内容、关键环节和理论特色。第三部分是第六章，主要讨论奥古斯丁人学思想的基本特征和历史影响。

"基督教文化研究丛书"总序

何光沪　高师宁

　　基督教产生两千年来，对西方文化以至世界文化产生了广泛深远的影响——包括政治、社会、家庭在内的人生所有方面，包括文学、史学、哲学在内的所有人文学科，包括人类学、社会学、经济学在内的所有社会科学，包括音乐、美术、建筑在内的所有艺术门类……最宽广意义上的"文化"的一切领域，概莫能外。

　　一般公认，从基督教成为国教或从加洛林文艺复兴开始，直到启蒙运动或工业革命为止，欧洲的文化是彻头彻尾、彻里彻外地基督教化的，所以它被称为"基督教文化"，正如中东、南亚和东亚的文化被分别称为"伊斯兰文化"、"印度教文化"和"儒教文化"一样——当然，这些说法细究之下也有问题，例如这些文化的兴衰期限、外来因素和内部多元性等等，或许需要重估。但是，现代学者更应注意到的是，欧洲之外所有人类的生活方式，即文化，都与基督教的传入和影响，发生了或多或少、或深或浅、或直接或间接，或片面或全面的关系或联系，甚至因它而或急或缓、或大或小、或表面或深刻地发生了转变或转型。

　　考虑到这些，现代学术的所谓"基督教文化"研究，就不会限于对"基督教化的"或"基督教性质的"文化的研究，而还要研究全世界各时期各种文化或文化形式与基督教的关系了。这当然是一个多姿多彩的、引人入胜的、万花筒似的研究领域。而且，它也必然需要多种多样的角度和多学科的方法。

　　在中国，远自唐初景教传入，便有了文辞古奥的"大秦景教流行中国碑颂并序"，以及值得研究的"敦煌景教文献"；元朝的"也里可温"问题，催生了民国初期陈垣等人的史学杰作；明末清初的耶稣会士与儒生的交往对话，带来了中西文化交流的丰硕成果；十九世纪初开始的新教传教和文化活动，更造成了中国社会、政治、文化、教育诸方面、全方位、至今不息的千古巨变……所有这些，为中国（和外国）学者进行上述意义的"基督教文化研究"提供了极其丰富、取之不竭的主题和材料。而这种研究，又必定会对中国在各方面的发展，提供重大的参考价值。

就中国大陆而言，这种研究自 1949 年基本中断，至 1980 年代开始复苏。也许因为积压愈久，爆发愈烈，封闭越久，兴致越高，所以到 1990 年代，以其学者在学术界所占比重之小，资源之匮乏、条件之艰难而言，这一研究的成长之快、成果之多、影响之大、领域之广，堪称奇迹。

然而，作为所谓条件艰难之一例，但却是关键的一例，即发表和出版不易的结果，大量的研究成果，经作者辛苦劳作完成之后，却被束之高阁，与读者不得相见。这是令作者抱恨终天、令读者扼腕叹息的事情，当然也是汉语学界以及中国和华语世界的巨大损失！再举一个意义不小的例子来说，由于出版限制而成果难见天日，一些博士研究生由于在答辩前无法满足学校要求出版的规定而毕业受阻，一些年轻教师由于同样原因而晋升无路，最后的结果是有关学术界因为这些新生力量的改行转业，后继乏人而蒙受损失！

因此，借着花木兰出版社甘为学术奉献的牺牲精神，我们现在推出这套采用多学科方法研究此一主题的"基督教文化研究丛书"，不但是要尽力把这个世界最大宗教对人类文化的巨大影响以及二者关联的方方面面呈现给读者，把中国学者在这些方面研究成果的参考价值贡献给读者，更是要尽力把世纪之交几十年中淹没无闻的学者著作，尤其是年轻世代的学者著作对汉语学术此一领域的贡献展现出来，让世人从这些被发掘出来的矿石之中，得以欣赏它们放射的多彩光辉！

2015 年 2 月 25 日
于香港道风山

绪 论

一、选题意义

  人对自身的追问是哲学和宗教永恒不变的主题，从古希腊哲学家提出的"认识你自己"，到基督宗教神学家主张的"人是按照上帝的形象所造"，无不体现出人对自身奥秘的关注与诠释。然而，关于人的问题同时又是最难于认识和理解的研究领域，并且迄今仍是各派哲学家和神学家们争论的焦点。对于这一问题的困难及现代意义，当代德国存在主义哲学家马丁·海德格尔（Martin Heidegger）曾感叹说："没有任何时代像今天这样，关于人有这样多的并且如此杂乱的知识。没有任何时代像今天这样，使关于人的知识以一种如此透彻和引人入胜的方式得到了表达。从来没有任何时代像今天这样有能力将这种知识如此迅速而有情意地提供出来。但也没有任何时代像今天这样对于人是什么知道得更少。没有任何时代像当代那样使人如此地成了问题。"[1]当代人类学哲学家马克斯·舍勒（Max Scheler）也曾发出类似的感叹说："在人类知识的任何其他时代中，人从未象我们现在那样对人自身越来越充满疑问。我们有一个科学的人类学，一个哲学的人类学和一个神学的人类学，他们彼此之间都毫不通气。因此我们不再具有任何清晰而连贯的关于人的观念，从事研究人的各种特殊科学的不断增长的复杂性，与其说是阐明我们关于人的概念，不如说是使这种概念更加混乱不堪。"[2]

  虽然人学研究的历史几乎同哲学和宗教的历史一样古老，但"人学"这一

1　〔德〕海德格尔：《海德格尔选集》，北京：三联书店，1996 年，第 101 页。
2　〔德〕卡西尔：《人论》，甘阳译，上海：上海译文出版社，1986 年，第 29 页。

概念的出现却是相对较晚的事，以至于直到如今，在某些汉英词典中依然还找不到同"人学"对应的外文词汇 hominology，而不同学科的学者们在提到"人学"时，所采用的词汇也不尽相同（如部分西方学者用于表示人学的 humanism 或 anthropology 等词汇，在汉语中分别带有人本主义和人类学的意思）。可以说，即使在 21 世纪的今天，学者们对于人自身的认识和理解依然如海德格尔和马克斯·舍勒等人评价的那样，在一定程度上处在"无知"和"混乱"状态，以至于他们对如何定义人学，也一直没有定论。中西方学者对人学的定义多达几十种，其主要分歧就在于他们对人的"所指"有着不尽相同的理解。

西方学者卡恩（Theodore C. Kakh）在《人学导论：关于人的整体的研究》（*An Introduction to Hominology*）中提出，所谓的人学不应被视为一门单独的学科或专业，而应该被视为"非学科性"（non-discipline）和"非专业性的"（non-specialized），因为它具有相对于其它任何学科和专业的中立性（不以任何一门单独的学科作为基础和前提）和普遍性（它关注的不仅仅是人的一个方面或部分，而是人的整体）。[3] 为了说明这一观点，卡恩列举了 14 种与人学相关的学科，这些学科都和人的研究有关，但又都不是人学本身。

我们虽然并不一定接受卡恩关于人学的上述观点，但我们至少可以看到这样一个基本事实：人学研究是涉及内容广泛而又极其复杂的研究，它存在于多门学科之中，与众多学科密切相关，但又不完全属于其中任一学科。卡恩对人学的评价在一定程度上说明了人学在学科属性上的特点：它是关乎人的整体向度的学科，它研究的是人的整体或整体的人，它要描绘的是关于整体的人的观念。从这个意义上看，人学不同于各门具体的关于人的科学，人的科学可以泛指一切以人为对象的各种自然科学和社会科学，它们往往只研究人的某个方面的本质。因此，在关于人的各门具体科学那里，人的形象常常被分裂了。由于它们那里很难达成关于整体的人的观念，所以它们得到的往往只是关于人的知识片段的堆积。

我国著名人学研究者黄楠森教授也认为，作为一门科学的人学尚未真正出现，而是仍在孕育过程中。按照他的观点："人学的对象是人，这个对象应该说是再清楚不过了。奇怪的是，从古至今的思想家不知道发表了多少关

---

3 转引自赵敦华：《西方人学观念史》，北京：北京出版社，2005 年，前言第 1 页。
Theodore C Kakh, *An Introduction to Hominology: The Study of the Whole Man*, Thomas, Springfield, 1969, p.5.

于人的观点和理论，作为科学的人学却一直没有诞生，这可能是由于人自己研究自己时，自我意识太强，难于坚持客观的态度，所谓'当局者迷'"。[4]如今，我国的人学研究经历了较长时间的发展，在走过"人性"、"异化"、"人道主义"到"人的现代化"再到"人的主体性"问题的发展历程之后，已经开始沿理论层面和实践层面两条路径继续"上下求索"。但总体来说，当前国内人学研究还停留在关于人学的对象、人学与哲学的关系、人学与马克思主义的关系、人的全面发展、人的发展阶段、人的存在状态、人文精神等大问题的宏观描述上。

尽管对于人学这一概念的内涵和外延，中外学术界迄今尚未能形成统一意见，但我们不必等到他们有了统一意见之后，再来研究人学，而可以先给人学划定一个比较宽泛的、能把历史上比较重要的人学思想都纳入其中的范围。在我们看来，人学研究的基本问题不外乎两个：人是什么与人应如何，只要对这两个问题进行了合乎理性规则和学术规范的探讨，就可以称之为人学。这一认识在一定程度上来自更多还原前苏联学者佩·弗·科尔涅耶夫在《现代哲学人类学批判》一书中的评价。他宣称，人学研究的目的"是根据人是什么和人应当怎样的观念来教育自己和别人，来安排自己的生活的。"[5]他在此描绘了一个关于整体的人的研究方向。在他看来，对整体的人研究应分为两部分：一个是关注人的本质问题的人性论，另一个则是关注人的价值问题的价值论。我们认为，人学的两个基本问题之所以是"人是什么"和"人应如何"，主要是人的存在本身的特殊性决定的。人不同于其他动物的地方就在于，对于其他动物来说，它只具有"是什么"的领域，是一种实是的存在；而人尽管同动物一样也具有"是什么"的存在域，但同时还有一个使其能超出动物的"应然"的存在域。因此，人的这种特殊存在状态决定了以人为研究对象的人学必须同时对人的存在的两个问题作出回答，才能使人学能够从人的整体出发来把握人。因为人不仅仅是一个实体存在，而且还是一个具有应该领域的实体存在，所以人学必须对这两个问题都进行回答。

对于人是什么与人应如何这两大人学基本问题，基督宗教历史上最著名的拉丁教父奥古斯丁（Augustine, 354-430）都曾作出严肃的思考和影响深远的

---

4 参阅：赵敦华：《西方人学观念史》，北京：北京出版社，2005 年，总序第 1 页。
5 〔前苏联〕科尔涅耶夫：《现代哲学人类学批判》，上海：东方出版社，1987 年，第 8 页。

回答。因此，我们可以将他的思考和回答作为基督教哲学史上的一种重要人学思想来加以研究。我们之所以要以奥古斯丁的人学思想作为研究的主题，不仅是基于他的人学思想所具有的独特内涵和理论意义，也是由于其在基督教思想史和西方哲学史中占据的无可替代的重要地位。虽然他的人学思想还没有形成一个非常系统的体系，但是他不仅深入地探索并回答了人学的上述基本问题，而且还提出并讨论了一系列反映当时西方人学思想发展的基本状况和基督教人学观念的思想特征的重要问题，并由此对基督教乃至整个西方的人学思想的发展产生了极为深远的影响。通过研究奥古斯丁的人学思想，不仅可以让我们对基督教人学思想的发展有个总体的把握，还对理解整个西方的基督教文明有所帮助，因为他的人学思想是基督教正统人学思想的来源之一，决定了基督教人学的发展路径和基本趋向，而且基督教人学直至今天仍在西方文化和整个人类文化中有着重要地位。

在奥古斯丁生活的罗马帝国晚期，基督宗教经过广泛的传播发展，已最终确立了其作为西方主流宗教的地位。基督教神学与希腊罗马哲学进行长期的和多层面的碰撞与融合之后，在奥古斯丁时代逐渐汇集出一种被称之为基督教哲学的"神哲学"。奥古斯丁既是早期基督教哲学的主要创建者和集大成者，也是任何一部全面的哲学史著作都不会漏掉的古代哲学家。作为罗马帝国晚期最杰出的基督教思想家，他的人学思想对基督教和西方文化有着不可估量的重要影响。

我们之所以把奥古斯丁称为古代基督教哲学的主要创建者和集大成者，乃是因为他既反对无条件地将希腊罗马哲学吸收进基督教的思想体系，也没有像基督教内部的一部分保守派人士那样企图彻底否定希腊罗马哲学，而是试图采取一条"信仰寻求理解"的中间路线，也就是"理性辩护主义"的路线。更具体地说，他希望自己能像《圣经》中的先知摩西抢夺埃及法老的财宝并用来为上帝的选民服务一样，把希腊罗马哲学从异教徒的手中夺取过来并加以神学的改造和信仰的洗礼，从而将其转化为论证和解释基督教信仰的理论工具。[6]因为在奥古斯丁看来，古代希腊罗马的哲学并非都是完全错误的，其中的很多内容（尤其是柏拉图主义和斯多亚主义等），在经过必要的改造之后，完全可以拿来为基督教信仰提供辩护，从而转化为基督教哲学家向各种异教和异端思想做斗争的思想武器；他认为，在这些哲学思想中潜藏着大量符合

---

6 赵敦华：《基督教哲学1500年》，北京：人民出版社，2005年，第141页。

基督教教义的内容，完全能够被融合于基督教思想之中，从而构建出一个整全的基督教神哲学体系。

　　奥古斯丁通过对希腊罗马哲学与基督教神学的整合而形成的人学思想，对中世纪经院哲学、宗教改革时期的新教神学、近现代的基督教哲学均产生了巨大而深远的影响。在某种意义上，我们甚至可以说，如果缺乏对奥古斯丁的理解，也就无法真正理解整个西方人学思想的基本走向及其内在精神，因为奥古斯丁这种集哲学与神学为一体的人学思想，影响了西方人学思想在此后一千多年的理论进程。在他的人学思想中，包含着对有关神性与人性、灵魂与身体、原罪与救赎、自由与恩典等神学观念的经文教义的理性论证和哲学阐释，并成为基督教哲学对《圣经》中的人学观念进行理性论证和哲学阐释的一次成功尝试。他的研究方法不仅成为中世纪经院哲学家的人学研究的基本模式，而且为后世的基督教哲学家提供了如何利用理性和哲学的方法来建构基督教人学思想的样本。[7]

　　奥古斯丁的人学思想在西方人学思想发展史上起到了承上启下的关键作用，它承接并改造柏拉图主义和新柏拉图主义等希腊罗马哲学中的人学思想，对基督教信仰与希腊罗马哲学作了一次有历史意义的重大整合，而其精致细腻的对内心世界的分析，又在千年之后启迪近代哲学家笛卡尔找到了"我思故我在"的哲学起点，并且进而可以与现象学大师胡塞尔的意识分析相呼应。[8]

　　在奥古斯丁离世之后，历代学者对其思想的研究兴趣从未间断。有中世纪第一位神学家之称的波埃修（Boethius，480-524 年）曾承认："奥古斯丁在我的思想中撒下了种子"，而西方修道院制度的创始人之一本尼迪克（Benedict，480-550 年）在起草修道院的教规时，也在很大程度上借鉴了奥古斯丁的教规典范。著名教皇大格列高利（Gregorius I, 540-604）将奥古斯丁人学思想的基本原则付诸实践，应用在自己的灵性追求和神职人员的治理上。中世纪经院哲学的代表人物安瑟伦（Anselmus, 1033-1109）、阿奎那（Thomas Aquinas, 1225-1274）、波那文都（Bonaventure, 1221-1274），宗教改革时期的新教领袖马丁·路德（Martin Luther, 1483-1546）和加尔文（John

---

7　赵敦华：《基督教哲学 1500 年》，北京：人民出版社，2005 年，第 126 页。

8　参阅林鸿信：《奥古斯丁的基督教思想》序二（周伟驰，北京：中国社会科学出版社，2005 年），对奥古斯丁的影响进行了全面概括和精简的描述。

Calvin，1509-1564 年），近代存在主义哲学家帕斯卡尔（B. Pascal, 1623-1662）等的人学思想，都曾直接间接地受到奥古斯丁的影响。被誉为"人学之父"的彼特拉克（Petrarch，1304-1374 年）更是直接从奥古斯丁主义中获得思想灵感，其在个人生活中也几乎处处受奥古斯丁的影响，对《忏悔录》爱不释手，总是随身携带。[9]

奥古斯丁不仅是基督教人学思想的主要奠基者之一，而且对整个西方人学思想的传承发展起到了不可替代的重要作用。他用神学的语言建构了丰富的人学思想，对人学的基本问题进行追问和回答，并大量地吸收希腊罗马哲学中的相关理论为基督教关于神性与人性、灵魂与身体、原罪与救赎、自由与恩典的教义辩护。他由此奠定了基督教人性论思想的哲学基础，并在一定程度上塑造了中世纪基督教压抑肉身和崇尚灵魂的罪感文化传统，影响了整个欧洲的文化史。受奥古斯丁等的影响，历史上的大多数基督教哲学家和部分西方哲学家均认为，人虽然具有天赋的自然之善，但可以因为理性和意志的错误选择而陷于恶。恶来源于罪，而罪来源于人的自由选择，所以人理应为自己的罪恶承担责任。他的人性论是一种理性化的而又超越理性化的人性论，是一种以悔罪和内省为特征的人性论。

奥古斯丁生活的时期，正是源自希腊罗马文化的"智慧人"形象盛行的时期，这种人学形象是希腊人从灵魂的视角对人的本性作出的解读；而早期基督教人学所关注的"灵魂不朽"、"肉身复活"、"原罪"、"救赎"等教义同样在当时的基督教人学思想中有所体现。对于奥古斯丁来说，灵魂是人的本质之所在，但又不是整个人，因为灵魂还要统摄身体这个"较为低劣的部分"，只有当"两部分结合在一起时，它们才配得到人的名称。"[10]这种人观既反映了来自柏拉图主义和新柏拉图主义的灵魂观的影响，又同后者把身体视为灵魂暂时使用的工具的唯灵主义倾向有着重大区别，从而展示了他试图将古希腊罗马的人学思想同《圣经》中的人学观念融为一体的思维方式。尽管奥古斯丁还没有形成非常系统的人学思想体系，但是他对人学基本问题的回答已经足以让他在基督教和西方人学思想的发展史上占据不可替代的重要地位。灵魂观念是奥古斯丁人学思想的核心观念，也是整个神哲学思想的核心观念之

---

9 参阅周伟驰：《奥古斯丁的基督教思想》，北京：中国社会科学出版社，2005 年，第 333-338 页。

10 ［古罗马］奥古斯丁：《上帝之城》，王晓朝译，北京：人民出版社，2006 年，第 13 卷，第 572 页。

一（另一核心就是上帝观念），这与他所处的时代背景和教父身份密切相关。他是在思考灵魂与上帝、灵魂与身体之关系的过程中论述自己对人性、善恶、自由、恩典以及救赎等人学问题的看法的。

　　奥古斯丁的灵魂观念不仅是其人学思想中的一个核心观念，而且对后世西方人学思想的发展产生了深远影响。在奥古斯丁之后的西方人学思想中，对灵魂的本质、来源、归宿及其同身体的关系等问题的思考始终占有重要地位，并影响着西方思想家对人的本质和人的价值等基本问题的看法。就此而论，可以说灵魂观念就是西方人学思想的源泉和秘密之所在，是人性论与神性论的交汇之地。[11]实际上，早在奥古斯丁之前，自从古希腊的毕达哥拉斯学派率先提出的灵魂不朽观念出现以后，苏格拉底、柏拉图、亚里士多德，还有早期教父思想家德尔图良、奥利金，都非常重视灵魂问题研究，并从灵魂的视角来讨论人的问题。作为最杰出的拉丁教父，奥古斯丁自然特别关注灵魂问题。奥古斯丁通过对前人的各种灵魂学说加以改造和综合，创立了一种融希腊罗马哲学与基督教神学为一体的灵魂学说，并由此提出了一系列主导整个西方人学思想长达数世纪之久的重要观点。要了解奥古斯丁的人学思想，就必须先从了解他的灵魂学说入手，因为后者既是其人学思想建构的起点和视角，又是其人学思想的核心内容。奥古斯丁从《圣经》关于"人是上帝按照其自身的形像创造的"的教导中引申出一个带有柏拉图主义的灵肉二元论色彩的结论，即把人所具有的"上帝的形像"归结为拥有理性、自由和智慧的理性灵魂，而不是作为"有形之物"的肉身及其具有的物质属性。同时，他又为了论证和解释道成肉身、肉身复活等基督教教义，而没有彻底否定人的物质性及其尘世生活的价值，从而同柏拉图和普罗提诺等人保持了距离。

　　奥古斯丁人学思想的独特之处和深远影响深深吸引了我，我对它究竟如何诠释人的问题以及缘何成为基督教的正统人学思想产生了浓厚兴趣。在硕士学习期间，我就开始关注他，并且在导师的指导下，选择"奥古斯丁的人学思想探究"作为硕士毕业论文的选题。博士学习的这几年，更是一直对奥古斯丁的人学思想情有独钟，计划在这条研究的道路上继续前进和深入。

---

11 参阅黄颂杰，"灵魂说：西方哲学的诞生地和秘密"，《学术月刊》，2006 年 8 月第 38 卷。

二、研究现状

作为教父时代的基督教哲学的集大成者，奥古斯丁的一生著作颇丰。仅据他本人在 427 年所著的《更正篇》（*Retractationes*）中的不完全统计，当时他已完成了 93 部著作。在写完《更正篇》之后，他继续笔耕不辍，并不断有新的著作问世。据现在的最新研究数据显示，他一生的著作至少有 117 种。[12]其中，《忏悔录》（*Confessions*, 397-401）、《论三位一体》（*De Trinitate*, 400-419）和《上帝之城》（*De Civitate*, 413-426）这三部经典的影响力经久不衰。此外，他还有约 200 封书信和 400 多篇布道被保存下来。据一些学者统计，奥古斯丁从 386 年皈依基督教到 430 年逝世期间完成的作品加起来，约相当于一套标准百科全书的头 15 卷。如果如美国过程哲学家怀特海（Alfred N. Whitehead）所言，柏拉图之后的西方哲学只是柏拉图哲学的一系列脚注，那么奥古斯丁之后的基督教神哲学也可以看作是对奥古斯丁神哲学的一系列脚注。可想而知的是，要给数量如此庞大的奥古斯丁著作做脚注，也自然不是那么容易办到的事。

在国际学界，有关奥古斯丁的研究资料可谓汗牛充栋。正如当代的奥古斯丁研究学者左便拿（Hubertus R. Drobner）所说：许多世纪以来，从中世纪到如今，奥古斯丁在西方基督宗教中都是最杰出且研究者最多的作者，仅次于圣经作者保罗。根据著名的奥古斯丁研究专家彼得·布朗（Peter Brown）的统计，仅仅在 1968-1996 这 28 年间，关于奥古斯丁研究的书目的索引就有近 9000 个标题，而且当代学者所撰写的有关奥古斯丁的研究文献还在以平均每天至少一篇的速度迅速增长。[13]其中，对奥古斯丁人学思想的研究涉及到神学、哲学、政治学、伦理学、美学、心理学、文学、历史学和社会学等诸多领域。在国际奥古斯丁研究学界的众多研究著作中，可以称得上经典之作的代表性研究包括：[14]

1. Eugene Portalie 所著的《奥古斯丁思想指南》（*A Guide to the Thought of St. Augustine*, 1960）从一个天主教研究者的角度，对奥古斯丁思想作了较为全面的考察，反驳了对奥古斯丁的许多误解，尤其是一部分新教神学家出于自身的宗派主义偏见而对奥古斯丁产生的误解。

---

12 周伟驰："现代奥古斯丁研究"，《现代哲学》，2005 年第 3 期。
13 周伟驰："现代奥古斯丁研究"，《现代哲学》，2005 年第 3 期。
14 参阅周伟驰："现代奥古斯丁研究"，《现代哲学》，2005 年第 3 期。

2. Peter Brown 所著的《希波的奥古斯丁》（*Augustine of Hippo*, 1967），是现代最好的奥古斯丁传记作品，对奥古斯丁的生平、时代背景、教牧工作、思想发展和主要学术贡献都有详细的研究。此书刚出版，就成为奥古斯丁研究领域划时代的杰作之一（现在已有中文译本出版）。

3. Etienne Gilson 是中世纪哲学研究大家，他所著的《圣奥古斯丁的基督教哲学》（*The Christian Philosophy of St. Augustine*, 1960）一书，从"幸福"概念对奥古斯丁思想展开托马斯主义的解释，具有独创性和新意。

4. Gerald Bonner 所著的《希坡的奥古斯丁：生平和论战》（*St. Augustine of Hippo-His Life and Controversies*, 1986），从问题与争论的角度理解并阐释奥古斯丁一生思想的发展，思想脉络非常清晰明了，采用的资料详细齐备。

5. 1999 年出版的《奥古斯丁百科全书》（*Augustine through the Ages: an Encyclopedia*）是当代奥古斯丁思想研究的巨大成就，其中收录了 100 多位西方现代奥古斯丁研究专家的代表作，他们从不同的词条阐述自己的观点和理解，几乎囊括了近代以来奥古斯丁研究的所有成就。

6. Pierre Courcelle 撰写的《圣奥古斯丁〈忏悔录研究〉》（*Recherches sur les confessions de saint Augustine*, 1950），曾被誉为奥古斯丁《忏悔录》研究方面"哥白尼式的革命"。该书主要揭示奥古斯丁在米兰皈依时期受到的新柏拉图主义的巨大影响。该研究达到了法国奥古斯丁研究的高峰而很少有人超越。

7. Peter Brown 的《身体与社会》（*The Body and Society: Men, Women, and Sexual Remmciation in Early Christianity*, New York: Columbia University Press, 1988），也是一部颠覆许多对奥古斯丁传统看法的焦点之作。

8. Michse Hanby 的《奥古斯丁与现代性》（*Augustine and Modernity*, London and N. Y.: Routledge, 2003）是最近涌现的高品质研究著作。它从分析奥古斯丁的《论三位一体》入手，对笛卡尔哲学与奥古斯丁的关系做了深入细致的考察，对一些传统看法，如笛卡尔"我思"是从奥古斯丁发展而来，提出了挑战。

相比之下，我国的奥古斯丁研究起步较晚，关于奥古斯丁的专题研究大多集中在他的哲学以及神学与哲学关系上，极少涉及其他方面。在 20 世纪 90 年代初期，中国社科院的傅乐安先生撰写了"奥古斯丁"评传，算是国内奥古斯丁研究的开端。后来唐逸先生又在中世纪研究中写到奥古斯丁的思想。其它对于奥古斯丁的思想介绍多见于西方哲学史的丛书，如由叶秀山和王树人主编的《西方哲学史》、苗力田和李毓章主编的《西方哲学史新编》、邓晓芒著的《西方哲学史》、赵敦华著的《基督教哲学 1500 年》，王晓朝主编《信仰与理性：古代基督教教父神学家评传》等，也对奥古斯丁的神哲学作出了比较简明的介绍。

九十年代末，国内学者开始对奥古斯丁思想进行比较专门的研究，从不同领域和视角解读和阐释奥古斯丁的思想。南京大学的张荣教授是国内致力于奥古斯丁专题研究的学者之一。他从 1997 年至今笔耕不辍，先后发表不少奥古斯丁研究的学术成果，其著作《神圣的呼唤——奥古斯丁的宗教人类学研究》（1999 年，河北教育出版社）被称作奥古斯丁哲学研究的拓荒之作；[15]《自由、心灵和时间——奥古斯丁心灵转向问题的文本学研究》（2011 年，江苏人民出版社）一书是他对奥古斯丁提出的两个核心观念自由和时间的文本解读。中国社科院的周伟驰研究员是中文学界奥古斯丁研究的专家，他的《记忆与光照——奥古斯丁神哲学研究》（2001 年，中国社会科学文献出版社）是中国第一本全面介绍奥古斯丁思想的中文著作，不仅对奥古斯丁思想作了清楚而全面的介绍，还对奥古斯丁的"光照论"有着比较深入的分析。《奥古斯丁的基督教思想》（2005 年，中国社会科学出版社）是他的又一本奥古斯丁研究专著，这本著作在忠于奥古斯丁原著的基础上，对奥古斯丁思想作了全面、客观的阐释，同时在与其他当代奥古斯丁研究者的对话中，进行辨析与分别，提出自己的独特理解，是我国奥古斯丁研究领域里非常有影响、有份量的一本著作。北京大学的吴天岳所著的《意愿与自由——奥古斯丁意愿概念的道德心理学解读》（2010 年，北京大学出版社）一书是我国奥古斯丁研究领域的又一力作，着重从心理学维度对奥古斯丁的意愿概念进行分析和解读。吴飞教授的《心灵秩序与世界历史》（2013 年，北京三联书店）一书主要将奥古斯丁及其《上帝之城》置于西方思想史的古今变化的脉络中，从心灵秩序、原罪、历史、末日等多个层面对这部巨著进行梳理与阐释，讲述奥古斯丁对西方古典文明的终结。此外，还有一些研究书籍陆续出版：陈驯的《创造与恩典：奥古斯丁〈创世记字义解释〉中的神学人类学》（宗教文化出版社，2012 年），张涵的《俗世的朝圣者：奥古斯丁人性论探究》（上海三联书店，2013 年）等。

最近十年，国内学者对奥古斯丁著作的翻译热情高涨，奥古斯丁的经典文

---

15 李秋零："奥古斯丁研究的拓荒之作——读《神圣的呼唤》"，《河北学刊》，2000 年第 5 期。

本都陆续有中文译本出现，有的甚至还出现几个不同的中文译本，主要有以下几本：

1.《忏悔录》，商务印书馆周士良翻译 1963 年的版本是国内最早的。

　　徐蕾译，中国社会科学出版社，2007 年。

2.《上帝之城》，王晓朝译，人民出版社，2006 年。

　　庄陶、陈维振译，复旦大学出版社，2011 年。

《上帝之城：驳异教徒》，吴飞译，上海三联书店，2008 年。

《天主之城》，吴宗文译，吉林出版集团，2010 年。

3.《论三位一体》，周伟驰译，上海世纪出版集团，2005 年。

4.《论原罪与恩典》，周伟驰译，北京商务印书馆，2012 年。

5.《论自由意志》，成官泯译，上海世纪出版集团，2010 年。

6.《论灵魂及其起源》，石敏敏译，中国社会科学出版社，2004 年。

7.《恩典与自由》，奥古斯丁著作翻译小组译，江西人民出版社，2008 年。

8.《论信望爱》，许一新译，北京三联书店，2009 年。

9.《论四福音的和谐》，许一新译，北京三联书店，2010 年。

10.《〈创世记〉字义》，陈文庆译，待出版[16]。

此外，我国学者还发表了一些对奥古斯丁的思想进行解读和阐释的相关学术论文，如张荣的"奥古斯丁的灵魂观"（《河北师范大学学报》1998 年第 3 期）和"奥古斯丁的基督教幸福观辩证"（《哲学研究》2003 年第 5 期）；谢文郁"自由的困境：奥古斯丁自由观的生存分析"（北京大学《哲学门》2002 年第 2 期）；林中泽"早期基督教的人性与奥古斯丁神学中的'人'"（《华南师范大学学报》1999 年 3 期）；黄颂杰"灵魂说：西方哲学的诞生地和秘密"（《学术月刊》2006 年 8 月第 38 卷）；胡万年："奥古斯丁自由意志概念的辨正"（《理论界》2009 年 12 期）；黄裕生："原罪与自由意志——论奥古斯丁的罪责伦理学"（《浙江学刊》2003 年第 2 期）；赵林"罪恶与自由意志——奥古斯丁"原罪"理论辨析"（《世界哲学》2006 年第 3 期）；周伟驰"现代奥古斯丁研究"（《现代哲学》2005 年第 3 期）；吴飞"绝望中的生命自由——奥古斯丁论'自由意志'、'绝望'与'自杀禁忌'"（《基督教

---

16 张涵：《俗世的朝圣者：奥古斯丁人性论探究》，上海三联书店，2013 年，第 35 页，记录她写作过程中从陈文庆博士手上借到未出版的译稿。

思想评论》2006 年第 2 期）和"'对树的罪'和'对女人的罪'"（《云南大学学报》2009 年第 6 期）；赵敦华"奥古斯丁与"原罪"观念"（《社会科学路线》2011 年第 4 期）等等。因为篇幅所限，这里就不一一列举了。

但目前刊出的奥古斯丁研究著作和学术文章中，对奥古斯丁的人学思想要么是做简单的概括性介绍，要么只是对其人学思想中的某些概念如"原罪"、"自由意志""灵魂"等进行一般化的解读，缺乏以人学思想为研究对象的全面系统的专门研究，也没有出现相关选题的硕博士论文，更没有从灵魂以及灵肉关系角度来解读奥古斯丁人学思想的硕博士论文。

三、研究思路

虽然奥古斯丁的人学思想具有重大的理论影响和研究价值，但迄今为止，尚无国内学者对这一思想体系做过系统全面的研究。之所以造成这样的局面，主要是由于在奥古斯丁人学思想研究上所面临的两大困难。首先是由于奥古斯丁的人学思想涉及的内容过于广泛，不仅涉及到本体论、认识论、人性论和伦理学等哲学领域，而且涉及到上帝论、基督论、原罪说和救赎论等神学领域，所以在系统研究其人学思想的时候，一些学者往往因为其涉及的内容过于庞杂而感到无从下手。其次，由于这名拉丁教父未曾像后世的神哲学家那样，撰写一部专门探讨人学问题的专著，而是让自己的人学思想分散在卷帙浩繁且题材各异的众多著作之中，并且在不同著作中还对同一思想观点表现出不同的描述和倾向，从而进一步加大了全面梳理其人学思想的难度。

鉴于该项研究存在的上述困难，我们在考察奥古斯丁的人学思想时，没有无重点和无原则地陈述和罗列其全部相关论述，而是试图紧紧围绕其最为关注的核心问题和最为重要的核心概念，来查考和分析相关的原始文献和研究资料，并由此确立自身的研究起点。我们认为，奥古斯丁人学思想虽涉及众多神哲学领域，但其最为关注的核心问题是《圣经》为基督教人学所提供的几个基本教义的解释：如何解释人所具有的"上帝的形象"、原罪的来源及其在人性中的传递和影响、自由意志与上帝恩典（预定）的关系及其救赎论意义等。通过对奥古斯丁相关著作的文本分析，我们进一步发现，他对上述几大核心问题的论述均在一定程度上反映了他对"灵魂"（anima）这一核心概念的解读，并且均直接或间接地表现了他对灵魂的来源、本质、归宿及其同肉体之关系的认识。

　　因此，在这项研究中，我们意图在对奥古斯丁人学思想进行全面梳理的基础上，重点从奥古斯丁人学思想的核心概念——灵魂问题出发对其进行阐释和剖析，通过这种途径来彰显奥古斯丁人学思想的基本特征和理论意义，并揭示这一思想对当时基督教的重大影响以及对后世神哲学的深远影响。具体而言，我们会从以下几个方面展开对奥古斯丁人学思想的研究。

　　第一，从两个方面探讨和分析奥古斯丁人学思想发展的时代背景和理论渊源。一方面，探讨基督教与希腊哲学的融合是时代为奥古斯丁提供的思想文化处境；另一方面，重点分析了柏拉图主义及斯多亚学派的人学理论对其人学思想的影响，以及他从早期教会对"上帝的形象"、"原罪"、"灵魂与上帝同质"的猜想等基本观念的解释中获得的启发。

　　第二，从神学和哲学两个维度考察奥古斯丁人学思想的理论基础。通过对奥古斯丁之前的希腊罗马哲学与早期基督教神学在人学思想上的发展脉络进行梳理，我们可以说明在奥古斯丁所处的时代，基督教的人学思想何以会逐渐聚焦于灵魂这一核心概念的解读，以及奥古斯丁人学思想建构的两个基本前提：一是人是按照"上帝的形象"所造，二是原罪的介入，人性全然败坏。

　　第三，从基督教神哲学对"上帝的形象"的两条不同解释思路及其引起的一系列神哲学争论入手，重点论述奥古斯丁将"上帝的形象"主要归结于人的理性灵魂而非物质肉体的理论根源、圣经依据及思想特征，指出在奥古斯丁的人学思想中，人的理性灵魂作为上帝形象的领受者，分有了上帝的理性、自由和智慧，但是他并未因此而全盘否定肉体的价值及其与灵魂的统一性。

　　第四，从早期基督教护教士在灵魂起源问题上的三种不同观点（灵魂先在说、灵魂繁殖说、直接创造说）及其同原罪的起源和传递等问题之间理论关联入手，考察奥古斯丁如何通过对这些灵魂起源说的反思和发展，而对原罪的起源和传递（遗传）问题作出不同于前人的神哲学解释。

　　第五，通过探讨奥古斯丁如何看待人的自由意志同上帝的恩典（预定）之间的关系及其对信仰和救赎的意义，说明奥古斯丁虽然认为原罪对理性灵魂的玷污让人的意志丧失了原初的自由，但他并未因此而像后来的加尔文等人那样提出"唯靠恩典"的绝对预定论，因为在他看来，上帝的恩典对人的作用主要体现在它可以从内部更新人的灵魂并促使其坚守上帝的恩典和拣选，而人也需要在上帝恩典的作用下恢复意志的自由并主动配合上帝的救赎。

　　第六，在上述研究的基础上，进一步归纳出奥古斯丁人学思想的基本特征并评估其历史影响。我们认为，奥古斯丁心目中的人是精神性与物质性、无限性和有限性、潜在性和现实性的统一。他一方面承认灵魂是可以脱离肉体而存在的精神实体，另一方面又没有像奥利金等人那样由此导出"灵魂转世"的结论，更没有像柏拉图等人那样把肉体解释为灵魂暂时栖居的牢笼或终将抛弃的工具；他一方面宣称人是按照"上帝的形象"所造，从而具有无限发展的潜能，另一方面又认为原罪的介入限制了意志的自由，只有依靠基督的恩典，才能让意志的自由从潜在转变为现实。他的人学思想不仅对古罗马晚期的基督教产生了巨大影响，而且在很大程度上决定了中世纪基督教人学思想的特征和发展。在历经千年的沉淀和发展之后，他的人学思想又在宗教改革时期再次成为新教改革家和天主教神学家的争论焦点。直到今日，他的人学思想在新教神学中仍有其地位，在天主教哲学中仍有其影响。任何一位现代基督教神哲学家在言说人的问题时，仍然会不可避免地涉及到他所探讨过的问题、使用过的方法和提出过的观点。

可能的创新点：第一，迄今国内尚无学者对奥古斯丁人学思想做过全面系统的研究，不仅尚无专门研究该问题的汉语专著出版，也找不到以奥古斯丁人学思想为主题的硕博士论文——本研究试图弥补该项研究的不足，全面系统分析了奥古斯丁人学思想的神哲学基础、主要观点、核心问题及重大意义。

第二，指出了奥古斯丁人学思想对之前人学思想的超越和发展。尽管柏拉图和普罗提诺等希腊罗马哲学家的人学思想和《圣经》及基督教传统的人学观念为奥古斯丁人学思想提供了丰富的思想质料，但他的人学思想不是对之前人学说的简单继承，也不是对两种传统进行的无原则的调和，而是从"信仰寻求理解"的立场出发，按照其论证和解释基督教信仰的需要，对希腊罗马哲学中的人学思想加以取舍和改造，对《圣经》及基督教传统的人学观念加以重新解释，从而开创了"理性辩护主义"的研究路径，为后世的基督教人学发展指明了方向。

第三，指出了灵魂观念是奥古斯丁人学思想中的核心概念，并从奥古斯丁关于灵魂的本质、来源、归宿及其同身体的关系等方面的论述入手，分析了他对神性与人性、原罪与救赎、自由与恩典等神学观念的经文教义的理性论证和哲学阐释的人学意义，同时也指出了其中存在的内在张力。

为了尽可能真实全面地展现奥古斯丁人学思想的特征，我们从奥古斯丁本人的代表性著作入手，对其在《忏悔录》、《论三位一体》、《论自由意志》、

《论灵魂及其起源》、《论原罪与恩典》等论著中的相关思想加以认真的文本解读，同时将他撰写的其他与人学思想有关的文本作为辅助资源。

为了以客观、理性、严谨求实的学生态度考察文本史料。我们采取了文本分析和文献综述相结合的方法。对研究课题进行大量的资料阅读分析，参考学界对奥古斯丁的研究著作以及人学问题的研究，立足奥古斯丁自身的文本，提炼其思想精华。同时，我们还对奥古斯丁人学思想的主要概念做历时性的比较分析，把对奥古斯丁思想的理解，建立在其自身思维方式的标准上。历时性的方法必须有共时性的或系统性的方法作为补充。对相关概念和词汇在奥古斯丁著作中的专门用法、内在逻辑和思想结构加以系统分析。

研究中可能存在的困难。目前国内对奥古斯丁人学思想的研究仍处于起步阶段，缺乏本研究主题的相关中文资料。受外语水平限制，对国外学者撰写的一些奥古斯丁研究著作，常常不能深刻理解和吸收；尤其是受拉丁文水平的限制，对奥古斯丁的文本理解无法参照其拉丁文原著来展开，而主要依据这些原著的英文和汉语译本来进行。另外，奥古斯丁的人学思想涉及的领域极为广泛，我们不可能面面俱到地加以全面介绍和分析，而只能按照其人学思想发展的基本脉络及其涉及的核心问题，有选择性的搜集和分析资料。因此，这篇论文并非我们研究奥古斯丁人学思想的终点，而只是有待继续完善和深入的阶段性成果。

第一章　奥古斯丁人学思想的背景和渊源

奥古斯丁生活的时代，是希腊哲学与基督宗教信仰的碰撞与融合期：一方面，经过长期的希腊化，希腊文化成为在罗马帝国占主导地位的文化体系；另一方面，基督宗教逐渐获得民众与官方的支持，得以快速发展。两者之间的碰撞与融合是不可避免的事实，因为其中任何一方都无法长期无视对方的存在。奥古斯丁的人学思想正是在这样一种文化土壤中孕育、发芽和成长起来的，所以它必然受到希腊哲学和基督教神学的双重影响。虽然柏拉图主义、新柏拉图主义、斯多亚主义等希腊罗马哲学对奥古斯丁人学思想的影响较大，但是督宗教自身的《圣经》和信仰依然是在其中起决定性作用的因素。他一方面试图利用希腊哲学来论证和解释基督宗教的《圣经》和信仰，另一方面又试图按照基督宗教的《圣经》和信仰来改造和发展希腊哲学，从而建构了一种独特的基督宗教哲学或曰神哲学。

第一节　时代背景

一、基督教和希腊哲学的相遇

脱胎于犹太教母体的基督宗教在遭遇了罗马统治者长达三个世纪的宗教歧视与残酷迫害之后，终于通过公元 313 年的"米兰敕令"而获得合法宗教地位。尤其当君士坦丁大帝在 323 年宣布皈依基督之后，它更是一跃成为罗马帝国的官方宗教。到了奥古斯丁所生活的时代（4 世纪末至 5 世纪初），基督宗教更是超越社会上其他一切宗教和文化，在整个帝国处于万流归宗的主导性地位。

然而，基督宗教的思想体系并非仅仅渊源于古老的犹太教传统，而同样是它所处的希腊罗马文化处境的产物。在基督教信仰诞生的时代，希腊化是一场席卷了整个地中海世界的文化运动。这场肇始于公元前3世纪的希腊化运动，从亚历山大大帝统治时期一直延续到了罗马帝国统治时期，并逐渐渗透到社会生活的方方面面。早在公元1世纪以后，希腊的哲学、文化和精神已经弥漫到地中海世界的各个角落，并得到了统治这一世界的罗马帝国的官方支持。在罗马社会各阶层的精神和文化生活中，随处可见希腊哲学及其多神宗教传统的影响，以至于很多人把当时的罗马文化同希腊文化合称为希腊罗马文化或"希罗文化"。[1]

在维护和捍卫这种以希腊文化为基础的政治生活与精神生活中，"普世主义"的原则逐渐覆盖了广阔的罗马帝国。尽管这种"普世主义"并一定象蒂利希所说的那样，导致了类似"民族与文化崩溃"严重的后果，但它确实产生某种"与个别的民族历史相对立"的"世界历史意识"。[2]这种"意识"不仅强化了罗马帝国的政治控制和文化控制，同时也要求帝国的权力普及于整个世界。而这种普世主义的观念也为脱胎于犹太教的基督宗教超越民族信仰的传播提供了较为有利的环境，正是从这个意义上理解，我们可以认为罗马教会也追随罗马帝国并接受了它的"遗产"（普世主义的观念）。

几乎与此同时，希腊哲学自身也已完成了其从古典时期到希腊化时期的转变。在希腊化时期，最为流行的哲学思想有新柏拉图主义（Neo-Platonists）、斯多亚主义（Stoics）以及新毕达哥拉斯主义（Neo-Pythagoreans）、伊壁鸠鲁主义（Epicureans）和怀疑论（Skeptics）等等。这些哲学思想的流行在一定程度上削弱了古代希腊罗马的传统多神教及其神话传说和宗教礼仪的影响。在各派哲学家中，有许多人已经不满足仅仅通过思辨的方式研究哲学，而是更加注意观察自己身边的现实生活，并试图通过对现实生活的理性思考和分析，来建构自身的哲学思想。在当代美国学者保罗·蒂利希看来，一些盛行于希腊化时代的哲学思想（主要是其中的新柏拉图主义和斯多亚主义）

---

1 翟志宏："早期基督教与古希腊哲学的相遇"，《世界宗教研究》，2011年第2期。

2 〔美〕保罗·蒂利希：《基督教思想史》，尹大贻译，上海：东方出版社，2008年，第10页。

不仅极大地影响了早期基督教的神学思想，甚至还成为了"许多基督教思想的直接来源"[3]。

希腊化时代的罗马为早期基督教信仰的形成和发展提供了一个有利的思想文化环境。然而另一方面，作为一种既不同于希腊罗马的传统宗教，也有别于巴勒斯坦的犹太教的新的普世性宗教，基督宗教在罗马所提供的这种文化土壤中的发展和传播也绝不是一帆风顺的。基督宗教在创立之初，就曾陷入到了非常严重的困境之中，遇到了很多磨难。这些困难的出现不仅有政治上的原因和宗教上的原因，而且有哲学上的原因。后者为基督宗教带来了更长久的理论困境。

从基督宗教的思想源流上看，犹太人的先民（古希伯来人）在其漫长的民族历史中逐渐形成的耶和华一神信仰及其"弥赛亚"观念为基督宗教信仰的产生提供了重要基础。[4]可以说，早期的基督徒就是在传统的犹太教一神信仰和弥赛亚观念的光照下，来思考和认识其救世主耶稣基督的地位和神性的。由于早期的基督徒（包括新约圣经中提到的全部十二位使徒）都是犹太人，而且早期的基督宗教曾长期被罗马统治者视为犹太教内部一个带有异端色彩的新宗派，所以大多数当代学者都把犹太教视为孕育早期基督宗教信仰的母体。例如，有的学者指出："在这一时期的初始阶段，许多基督徒仍是不守基督教规范的犹太人。他们承认耶稣确实就是弥赛亚，也认为旧约中的一切预言都应归结在耶稣身上，也指责正统犹太人的观点。公元 190 年，仍有一支活跃的犹太基督教，他们宣称《马太福音》才是真正的福音，尖锐地批评保罗，批评把希腊语作为教会语言的做法，认为是对希伯来语的放弃。但是到基督教与犹太教真正分离的时候，它已经被降为一个宗派，只是基督教的分支而已。尽管'希腊化'或'真正的外邦基督教'还只是相对而言的，此时教父们的著作都已经浸透着希腊化会堂的基调。"[5]

然而，尽管基督宗教脱胎于犹太教甚至曾经被视为犹太教的分支，但是耶稣及其门徒在创教之初就已经充分地意识到：基督宗教是作为一种不同于传统犹太教信仰的新的信仰形式。他们在这种意识的作用下表现出的不同于传

3　〔美〕保罗·蒂利希：《基督教思想史》，尹大贻译，第 11 页。

4　翟志宏："早期基督教与古希腊哲学的相遇"，《世界宗教研究》，2011 年第 2 期。

5　转引自包利民：《基督教的柏拉图主义》，北京：中国社会科学出版社，2011 年，第 30 页。原载：W.H.C.Fend, *The Rise of Christianity*, pp. 256-257.

统犹太教信仰的言论，使得基督宗教在早期的发展和传播过程中不仅遭到了犹太人的歧视和抵制，也遭到了罗马当局的猜疑和迫害。为了克服这些磨难，基督宗教的第一代护教士们逐渐提出了一套独特的信仰体系。这套信仰体系之所以能最终赢得罗马当局的支持和罗马社会的承认，一定程度上得益于这些护教士对希腊人的哲学传统和犹太人的宗教传统的改造、吸收和融合。

在逐渐脱离犹太教的传统宗教信仰而发展为独立自主的新宗教之后，基督宗教必须为自己找到一种新的文化载体，而当时盛行于罗马帝国的希腊文化或曰希腊罗马文化恰好成为了他们的最佳选择。无论对于基督宗教来说，还是对于希腊哲学而言，两者之间的相遇都是一个极其重大的历史事件。在它们的碰撞与融合中，基督宗教不仅逐渐淘汰了希腊罗马人信奉的传统多神教，而且也给自己深深打上了希腊罗马哲学的烙印。[6]在这一碰撞与融合的过程中，希腊语和希腊文化对基督宗教信仰的重要性日益提升，从而逐渐淡化了早期基督宗教的犹太色彩。借助当时的世界性文化——希腊文化，基督宗教信仰不仅可以更好地表达自身的观念，而且可以得到更好的发展和传播。希腊文化中的众多思想观念和方法也就以不同方式进入到基督宗教的思想体系之中。对基督宗教信仰而言，把理性提高到以自觉的方式走向启示真理也就意味着，理性在自我觉悟中确立起来的原则体系虽然并不是启示真理本身，因为启示真理永远要比理性的原则体系高和多，但是理性的原则体系却成了我们走向启示真理而向启示真理敞开的方式与尺度。

对早期基督宗教的护教士和教父们来说，无论他们自身是否愿意，他们都将不可避免地要面对希腊哲学给他们的信仰带来的挑战。因为他们处在一个被希腊文化所改造了的现实世界，而希腊哲学则是这种文化中最为核心的东西。为了让基督宗教的信仰更容易被罗马上层社会所接受，基督宗教的大多数护教士和教父逐渐改变排斥理性的态度，并转而采用"理性辩护主义"方法，以便把希腊哲学改造成为基督宗教信仰进行辩护的工具。然而这样一来，希腊哲学的思想和方法也就必然会渗透到基督宗教自身的思想之中，成为其建构信仰体系的重要资源。可以说，当早期基督宗教的护教士和教父们试图向罗马帝国上层人士中传播福音时，他们必须首先寻找到一个合适的思想模式和有说服力的表达方式，才能与那些有思想、会思考的异教徒有效地进行真正有效

---

6 黄裕生：《宗教与哲学的相遇：奥古斯丁与托马斯阿奎那的基督教哲学研究》，南京：江苏人民出版社，2008 年，第 2 页。

的沟通交流，从而使这些"受过教育并有思考力的罗马人"能真正理解乃至同情基督宗教的信仰。毕竟，当他们决定利用希腊哲学来为基督宗教信仰进行辩护时，罗马社会的上层人士至少可以把他们的辩护看作一种合理的有说服力的辩护方式来对待。[7] 这种待遇或许是很多早期护教士和教父原意吸收希腊哲学的重要外因。对基督宗教的传播与发展而言，改造和吸收希腊哲学是极其重要的，因为它不仅有助于向罗马人说明基督宗教信仰的意义，而且有助于赢得罗马上层社会的知识分子的支持。

在希腊文化和希腊哲学的思想土壤中，基督教审时度势，充分利用和发挥希腊哲学的理性功能，使其自身获得长足的发展和传播。一方面在启示真理的光照下通过拓展人类有限理性的深度和广度，使人类理性能够以反思和自觉的方式去追问、理解教义系统，或者说使教义系统所隐含的绝对原则与绝对理念能被理性所反思与觉悟，启示真理由此被理性的反思和觉悟展现为一系列绝对原则或绝对理念而被化解为非启示真理；另一方面，理性的反思和自觉不可能穷尽启示真理，因为理性虽然是在坚定信仰启示真理的基础上去反思、理解教义系统，从而展开出一系列所理解的绝对原则，但是作为启示真理的教义系统并非仅仅是理性所反思与理解到的绝对原则，而永远要比理性从中所反思与理解到的原则更多。哲学与基督教的相遇与结合，使两者不仅可以相互接近，而且可以更加接近自己。[8] 正是在这样一种文化环境和思想处境中，基督宗教史上的最伟大的教父之一奥古斯丁通过对希腊哲学施以基督宗教信仰的洗礼，将两者在其学说中融于一炉，从而开创了一种被后世哲学史家称为"基督宗教哲学"的特殊哲学形态。

二、社会文化背景

奥古斯丁生活的时代是罗马帝国晚期，也是基督教与希腊文化深度融合的时期。基督教已经征服罗马帝国并确立了其统治地位，成为罗马帝国国教。基督教在罗马帝国的传播与发展与罗马帝国的社会政治局面的发展紧密相关，诞生起初的三百年里，基督教一直受到各种责难和迫害，因此在教会史上有"三百年教难"之说。到了罗马帝国中后期，社会开始衰落与动荡不安，罗

7　翟志宏："早期基督教与古希腊哲学的相遇"，《世界宗教研究》，2011 年第 2 期。

8　参阅黄裕生：《宗教与哲学的相遇：奥古斯丁与托马斯阿奎那的基督教哲学研究》，南京：江苏人民出版社，2008 年，第 3-7 页。

马人陷入苦难的深渊，而此时的基督教让他们看到了摆脱苦难和重获新生的希望。当时频繁爆发的瘟疫加重了苦难的社会局面，传统宗教却完全无法应付这种局面，导致整个社会出现了普遍的信仰危机。在这个特殊的苦难时期，基督教徒积极传播基督教教义，并开展了一系列卓有成效的社会救助行动；处于苦难之中的罗马人迫切需要基督教的精神慰藉，皈依者迅速增多，使基督教的影响得以迅速扩大，形成对异教的巨大压力和挑战。从某种程度上来看，罗马帝国中后期频发的瘟疫对基督教而言反而是十分有利的局面，它为基督教的发展与壮大提供了契机，加快了它战胜异教的进程，并在一定程度上也改变了西方世界甚至人类历史的发展走向。[9]

罗马帝国的统治者面对基督教徒这股强大的社会力量，也开始转变态度，从先前的残酷镇压迫害转变为镇压和宽容并存，后又开始扶植和利用。在公元311年和313年，罗马帝国统治者先后颁发《宽容赦令》和《米兰赦令》，在政治层面上给予基督教徒宗教信仰自由的制度支持，并赋予基督教在罗马帝国享有合法宗教的地位和传教的自由。此后，基督教在罗马帝国内得以迅速传播，再加上罗马帝国的官方支持，很快发展成为罗马帝国的国教。

在古代希腊哲学发展的晚期，哲学开始成为幸福生活的指南，过一种哲学的生活是"尽可能接近于上帝"。比如，亚历山大里亚的克莱门特（Pope Clement，约91-103）就将哲学研究（philosophein）定义为对一种完美生活的追求。在他看来，完美生活即是按照逻各斯生活，而逻各斯就是神在人的心灵中的活动，是神的自我彰显，是一种"有意义的生活"[10]。这个时期的为数不少的希腊哲学家同时也是基督教的信徒和教会的成员，他们兼具两种身份，熟悉希腊哲学和基督教神学两种不同的思想体系，更易于理解和融合两种思想。

奥古斯丁之所以成为基督教思想史上最伟大的教父，就是因为他创建了融合希腊哲学和基督教神学于一体的特殊哲学形态"基督宗教哲学"。他充分利用希腊哲学的合理成分为自己的基督教信仰进行辩护，与一些异教的主要人物展开辩论，抨击各种异端思想，维护基督教的正统地位。作为基督教哲学

---

9 姬庆红："古罗马帝国中后期的瘟疫与基督教的兴起"，《北京理工大学学报》（社会科学版），2012年第6期。

10 〔美〕保罗·蒂利希：《基督教思想史》，尹大贻译，上海：东方出版社，2008年，第57页。

的主要创建者，奥古斯丁采用了一种被后世称为理性辩护主义的研究径路。这种研究径路既不同于诺斯替派的极端路线，也不同于原教旨主义的极端做法，因为他在理论建构时对希腊哲学采取了折中的方式，没有进行无条件吸收；也没有采取灭绝的态度。他将希腊哲学融化到基督教思想体系中，从而创造出一个整全的基督教哲学体系。[11]

奥古斯丁采用理性辩护主义方式建立的、汇聚希腊哲学和基督教思想于一体的思想体系对后世基督教产生了深远影响，以至于整个中世纪的思想发展都基本按照他的研究径路在推进，甚至近现代的思想研究都无法抛弃奥古斯丁。因此，如果我们不理解奥古斯丁，就无法理解西方思想的基本走向和内在精神。奥古斯丁的"基督教学说"对哲学与神学、信仰与理性的处理方式，一方面构成基督教的理性主义基础，形成中世纪意识形态的基本模式。另一方面，奥古斯丁为之后的神学家提供了如何利用和改造古代哲学的榜样。[12]比如13世纪的托马斯·阿奎那就以同样的方式对待亚里士多德哲学建构其丰富的神学体系，成为经院哲学的集大成者。

奥古斯丁之所以能够在中世纪神学史和哲学史上乃至整个西方哲学中发挥如此重要的影响，一个重要的原因还在于他的学说中还包含着对于人自身的追问和回答，就在于他合理吸收希腊哲学为基督教信仰辩护，用神学的语言建构了丰富的人学思想，尤其是他的人性论思想奠定了整个西方哲学人性论的基础，参与塑造西方的人性论，形成了西方的罪感文化传统。西方文化的人性论既非主性善，也非主性恶，而是认为人具有天赋的善，这种天赋的善通过理性和意志的选择而变恶。虽然人有天赋的善，但恶并不是天赋的，而是人的选择造成的罪，必须由人承担罪的后果。在此人性论基础建构的西方文化与此性格相符，由此形成了一种理性化而又超越理性的文化，一种进取、扩张而又内省、悔罪的文化。

奥古斯丁生活的北非，属于罗马帝国的疆域版图，母亲莫妮卡是一名虔诚的基督徒。当时，基督教已成为罗马国教，但罗马帝国正在走向没落与衰亡，整个社会趋于混乱、人心浮动、怀疑主义及异端邪说盛行。他年轻时代的纵情声色便反映了当时最坏的生活，但是到他皈依基督教之后，则完全掌握到信仰的真正精神。奥古斯丁的一生极具戏剧性，年轻时代私生活不检点，内心却有

11　赵敦华：《基督教哲学1500年》，北京：人民出版社，1994年，第141页。
12　赵敦华：《基督教哲学1500年》，北京：人民出版社，1994年，第126页。

追求真理的愿望，形成了一种极端的性格。但是正是极端的性格才可能把奥古斯丁内在的各种潜能或触角充分展现开来。

美国神学家保罗·蒂利希（Paul Johannes Tillich，1886 年-1965 年）认为奥古斯丁的开创性成就（作为柏拉图体系结束后的又一个新的传统的开始）与他的家庭有密切联系。奥古斯丁有一位信仰异教的父亲和一位虔诚地信仰基督教的母亲，这样的家庭使得他有机会接触到各种不同的宗教信仰团体，从而影响到他的理论思考。[13]他一度受到异教的怀疑论的影响并成为一名摩尼教徒，他自身的生存经历和体验，使他思考人性的善恶以及终极之善等问题时多了感性的认知，最终在母亲的影响下，他皈依了基督教。信仰使得他的思考超越了柏拉图式的纯粹本质领域。他对真理的渴望始于对灵魂的探求，而《圣经》启示则把他从人的灵魂直接引向了上帝。奥古斯丁对灵魂的探索路径是从"认识自己"切入的，进而上升到"认识上帝"（希伯来传统），并把两种不同的方法和传统整合到了他的研究系统之中。因此，他所建构的人学思想具有独特魅力，对当时乃至后世都产生了深远影响。

第二节　哲学渊源

奥古斯丁一生有过多次"思想转变"，这些转变往往与他当时接触到的哲学思想有关。在迦太基求学期间（373 年-375 年），奥古斯丁读到了罗马最伟大的雄辩家西塞罗（Cicero，公元前 106-43 年）的哲学著作《荷尔顿西乌斯》，开启了人生的第一次转变，从世俗生活转向哲学，转向追求不朽的智慧。后来奥古斯丁加入摩尼教，正是由于接触了"学园派"哲学家的思想才彻底摆脱摩尼教。最后奥古斯丁渐渐陷入怀疑主义。正如蒂利希所说：正是因为陷入怀疑主义，才使奥古斯丁一方面接受了启示，另一方面也促使他转向深入灵魂的内在中心[14]。恰恰是对内在灵魂和上帝的追问，把他引向柏拉图主义，柏拉图主义对奥古斯丁人学思想的逐步成熟和完善起了推波助澜的作用。另外，在当时的西方世界，斯多亚派是基督教的伟大竞争者，基督教和奥古斯丁本人必然受到它的竞争者的影响，也吸收了斯多亚派许多基本

13　〔美〕保罗·蒂利希：《基督教思想史》，尹大贻译，上海：东方出版社，2008 年，第 101 页。

14　〔美〕保罗·蒂利希：《基督教思想史》，尹大贻译，上海：东方出版社，2008 年，第 104 页。

的思想。[15]下面我们就一起来看看柏拉图主义的人学思想，是如何令奥古斯丁认识到灵魂的精神性特征，乃至使其个人的信仰发生了重大转向的重要影响和作用，以及斯多亚学派人学思想对奥古斯丁产生的影响。

一、柏拉图主义

奥古斯丁所处的时代正是柏拉图主义盛行的时代，各种柏拉图主义思想伴随和影响着奥古斯丁的成长。在这种成长环境和文化处境孕育出来的奥古斯丁人学思想，必然受到柏拉图主义的深刻影响。而这影响如此深刻以至于学界曾为其思想体系中究竟是柏拉图主义成分还是基督教思想成分占据主导地位而争论不休。事实上，在早期护教士完善基督宗教信仰理论时，可以使用的希腊哲学派别有很多，其中柏拉图主义与亚里士多德主义是最重要的两大派别。而早期教父思想家们大多认为柏拉图哲学本身包含的一些成分与基督教教义具有一致性，就纷纷选择柏拉图哲学作为理性辩护的工具，使基督教理论界掀起了一场柏拉图主义运动。奥古斯丁身处这样的思想背景和文化处境里，思想的形成必然有着深深的柏拉图痕迹，以致于有西方学者评价到："至于柏拉图，在很长一段时间，他的影响主要是通过奥古斯丁的著作才让人感受到"[16]。奥古斯丁人学思想的形成，确实与柏拉图主义思想有着千丝万缕的联系。

希腊哲学的人学思想到了柏拉图（Plato，公元前 427-347 年）那里已经有了很大的发展，开始从人的灵魂角度来认识人的本质，呈现出灵魂与肉体二元对立的特征，柏拉图则将这一特征发挥到极致。[17]柏拉图将灵魂和肉体归属于两个不同的世界，灵魂属于理念世界，人的肉体属于现象世界，其对立的关系有其来源不同的缘故。在《蒂迈欧篇》中，他说，"灵魂就像结网一样在宇宙里来回穿行，从中心到天边，将自个裹在里面。不可见的灵魂是被造物中最好的，它是用最理智和最永恒的实在造成的，并被赋予了理性与和谐。"[18]在柏

---

15 〔美〕保罗·蒂利希：《基督教思想史》，尹大贻译，北京：东方出版社，2008年，第15页。

16 〔英〕安东尼·肯尼：《牛津西方哲学史》，韩东晖译，北京：中国人民大学出版社，2006年，第60页。

17 王晓朝："希腊哲学灵魂观与基督教灵魂观的差别——德尔图良《论灵魂》初探"，《浙江学刊》2001年4期。

18 〔英〕安东尼·肯尼：《牛津西方哲学史》卷1，王柯平译，长春：吉林出版集团，2010年，第72页。

拉图看来，灵魂原是理念世界中最好的被造物，被赋予了理性与和谐，是独立自存的精神性实体。灵魂处于比肉体高级的地位，对肉体具有支配权。应该说，柏拉图对灵魂的认识得到了奥古斯丁的基本认可，并在自己的思想中体现对此思想的传承。奥古斯丁认为，人的灵魂和肉体确实归属于两个不同的世界：精神世界和物质世界，灵魂是高贵的精神被造物，是独立自存的实体，而肉体是人较为低级的部分。

高贵的灵魂为何要与低级的肉体结合呢？柏拉图认为，灵魂的堕落是灵魂与肉体的结合原因。灵魂原本是生活在理念世界里，为何好端端要堕入肉体与肉体结合呢？柏拉图解释说，纯粹灵魂确实都运行在理念世界，但是有些灵魂却自甘堕落，任由欲望控制住理性或者自身活力不够的时候，它们就没有能力继续呆在理念世界，不得不从理念世界跌落，坠入物质性肉体之中，由此人得以存在。[19]从柏拉图的这一解释中我们可以看到，正是灵魂自身的堕落才使灵魂成为"人的灵魂"[20]，而灵魂与肉体的结合赋予肉体生命才形成了人，人的灵魂在"人"中的重要地位可见一斑。柏拉图认为，人的本质在于灵魂。灵魂堕入肉体不是为了与肉体结合，而只是要暂时利用肉体达到自己的目的；灵魂统摄管理着肉体，肉体只是灵魂的工具和暂时的载体。柏拉图对灵肉结合状态的描述进一步加强了灵肉二元对立的程度，强调灵魂，贬低肉体的倾向被他发挥到了极致。

既然灵魂来源于理念世界，人的灵魂的最终追求就是从肉体中解放出来，免受肉体的干扰和污染，恢复到之前的纯粹状态。要想彻底摆脱肉体只有人类的死才能够达到，因为只有纯粹的灵魂才能"观照"[21]本真的理念世界。但是这并不意味着所有的人类灵魂都能够在生死轮回中再次成为纯粹灵魂。因此为了能够从肉体到肉体的轮回中得到解脱，灵魂与肉体结合的时候，就是作为人类存在的时候必须不断地、积极地追求真知。所以在柏拉图看来，灵魂囚禁在人类的肉体之中，作为人而存在的时候，就必须过着哲学追求的生活，经过

---

19 赵敦华：《基督教哲学1500年》，北京：人民出版社，1994年，第126页。

20 中国人民大学林美茂教授在其著作《灵肉之境——柏拉图哲学人论思想研究》中指出：在柏拉图看来，灵魂具有三种存在状态：第一种是纯粹灵魂状态，第二种是与肉体结合成为人的灵魂状态，第三种是动物的灵魂状态。

21 柏拉图将观照分为"第一观照"和"第二观照"，第一观照是灵魂在进入人的肉体之前以及人死后作为纯粹存在状态之观照，第二观照是指灵魂与肉体结合后的观照，第一观照是第二观照的前提与基础，否则，人类探索真知的可能性是不存在的。

周期一千年的第三次轮回之后才能回归到原来的世界。因此，哲学追求就是一种死亡训练。

　　现实的人是由灵魂和肉体组合而成，灵魂代表了永恒、不变，并且属于理念；肉体则代表着短暂、变幻和可灭，灵魂占据着主导地位，支配并掌管着肉体。这是柏拉图的灵肉二元论思想。灵魂可以独立存在于肉体之外，是永恒不死的并可以赋予肉体生命，而肉体是物质性存在则是必朽的，而且要从灵魂那里接受生命才得以生存，离开灵魂，肉体就是一具死尸而已。灵魂与肉体，是相互分离又完全独立的存在，人不是两者的复合体。这是柏拉图与奥古斯丁的基本共识。有所不同的是，在柏拉图看来，灵魂与肉体根本就是两种不同的存在形式，理念是真正的现实，物质世界则仅仅反映理念世界，属于现象世界，灵魂和肉体的结合只是一次堕落的偶然后果，灵魂由此被关在肉体里面，人的本性受到逼迫，而哲学的全部努力就在于从肉体中解放灵魂。而对奥古斯丁来说，不仅灵魂具有实体性，肉体也具有实体性，灵魂与肉体的结合也是出于必然性而不是像柏拉图所说的纯属于偶然性事件。

　　柏拉图对灵魂进行三部分划分的思想也在奥古斯丁的思想中有所体现，并认为在柏拉图的思想里找到三位一体的踪迹。柏拉图将人的灵魂划分为理智、激情和欲望三个部分，理智是理性的，欲望是非理性的，激情介于两者之间，可以被理智利用，也可以被欲望控制。奥古斯丁从"三位一体"的教义来考察灵魂的内在结构，将灵魂分为记忆、理解和意志，这三者具有相异性，但又不可分割，同属于一个本质，一个灵魂，一个精神实体。应该说，这种解释方式与柏拉图的理解有异曲同工之妙。

　　奥古斯丁认可柏拉图的灵魂不朽观念，认为这与他的基督教教义教导是一致的。在解释灵魂和肉体关系问题上，变相利用了柏拉图的"灵魂与肉体是依附性结合"思想，认为灵魂与肉体是"不相融合的联合"，其本质上都是认为人不是灵魂和肉体的复合体。不论柏拉图如何抬高灵魂贬低肉体，在言说灵魂的时候也不可避免要论及肉体，因为灵魂之所以成为人的灵魂就是因为灵魂堕入肉体。而奥古斯丁不仅承认灵魂的独立自存性和实体性，还主张肉体的实体性，认为肉体是一个物质实体。但对于作为精神实体的灵魂与作为物质实体的肉体究竟如何联合的问题，奥古斯丁并没有给出过多的解释。

　　奥古斯丁的"光照论"更是对柏拉图的"回忆说"的直接继承，光照的概念本身也来自柏拉图的"洞穴比喻"。柏拉图在《美诺篇》中首次提出"回忆说"，认为"钻研和学习无非就是回忆"[22]。柏拉图认为，灵魂在堕入肉体之前对理念有所"观照"，因此保留有理念的相关知识，但是肉体的干扰导致灵魂忘记了这种先天的知识。灵魂要回忆起曾经见过的理念必须经过合适的训练。灵魂在回忆过程中越来越清晰地观照到理念，但是由于人类的灵魂受到肉体的干扰，而且是必然会受到干扰，这种回忆只是无限接近"本真存在"（理念）。因为只有纯粹灵魂才能达到理念，所以人类灵魂只有死亡之后彻底摆脱肉体的束缚才和理念重新融合。柏拉图用灵魂回忆证明了灵魂的前世存在，进而证明了灵魂不朽。奥古斯丁的光照论也认为人具有先天的记忆，这记忆是上帝造人时赋予人的，是一种潜在状态的记忆，唯有上帝的光照进人的灵魂，潜在的记忆才得以显现。他们都承认人具有先天的知识或者说记忆，可这些知识都不是现成的，要么是忘记的记忆要么是潜在状态的记忆，需要借助一定的方法使之显现出来，柏拉图利用理性灵魂的"回忆"，而奥古斯丁需要借助上帝之光唤醒人的灵魂，使潜在的记忆显现，所不同的是，柏拉图的回忆是哲学训练，奥古斯丁的光照是灵魂向往耶稣才能获得上帝之光。

柏拉图的上述人学思想一方面说明了灵魂与肉体的二元对立状态，另一方面也揭示了现实人类的生存处境。现实的人类是由于灵魂坠入人类的肉体才得以存在，那么人类就面临着重要的选择。是永远地从肉体到肉体漂泊轮回呢，还是为尽可能回到原来的真实世界（理念世界）而不断进行努力呢，这是人类面临的生存选择。由于纯粹灵魂状态对"本真存在"的"第一观照"，这自然就成为决定人类灵魂的未来的重要提示。人类在存活的时候必须努力探索真理，最大限度地净化灵魂，尽可能使灵魂接近纯粹状态，即是灵魂的本真存在状态。

在人应该如何生活的问题上，柏拉图反复强调，人的幸福与人的德行拥有不可分割的关系。因此，人生在世，就必须不断加强哲学素养，因为在柏拉图看来，只有不断进行哲学训练，才能"养育"灵魂，净化灵魂，才能获得幸福。柏拉图认为，灵魂来自理念世界，理念世界最高的理念是善，灵魂必然以善作为追求的目标，那么人生追求向善的生活才是幸福。这种观点给后世以很大影响，构成了西方人学思想的传统。奥古斯丁的幸福观是拥有上帝（上帝就是至善），这与柏拉图的灵魂向善的幸福观基本一致。因为在奥古斯丁看来，上帝

---

22 〔古希腊〕柏拉图：《柏拉图对话集》，王太庆译，北京：商务印书馆 2004 年版，172 页。

的知识都存在灵魂之中，上帝是一个全善全能的存在，那么人的幸福就是朝向上帝，获得上帝的知识，本质上也是一种向善的追求。

普罗提诺[23]（Plotinus，205-270 年）是新柏拉图主义的创立者，自幼生活在埃及，后居住在罗马著书立说。普罗提诺完全在希腊化的基础上着手解决哲学变成宗教趋势的问题，他的学说被称为"新柏拉图主义"[24]。奥古斯丁对"柏拉图学派的书籍"[25]的深入阅读与反思，使他开始认识到灵魂和上帝的精神性和不朽性，促使奥古斯丁完成思想上的又一次重要"转变"。并于第二年即 387 年复活节，奥古斯丁皈依了大公教。奥古斯丁对普罗提诺十分推崇，也通过阅读普罗提诺和其弟子波菲利的著作更加了解柏拉图的灵魂观。在奥古斯丁看来，普罗提诺简直就是柏拉图的化身，甚至认为他的灵魂与柏拉图的非常接近。普罗提诺的著作，由其弟子波菲利（Porphyrios，233-305 年）按九个一组的原则编纂而成《九章集》。波菲利本人以及他的著作在当时也颇有影响，其中《论灵魂的回归》一书，在当时影响颇深，被认为是米兰宗教生活的座右铭[26]。因此奥古斯丁通过普罗提诺和波菲利的作品不仅可以解读新柏拉图主义的人学思想，还可以了解到柏拉图的灵魂观及其人学思想。

在公元 384 年奥古斯丁刚刚抵达米兰时，他对上帝和灵魂的精神性还并不认识。当时的奥古斯丁正被他苦思不得其解的问题困扰，上帝的本性问题是其中之一。当时的米兰主教安波罗修（Ambrose，340-397 年）以及他的"精神导师"和授洗者辛普利齐亚努斯，也都试图将柏拉图主义与基督宗教结合起来。安波罗修对奥古斯丁的影响远比他们之间的直接接触多多了。他不仅用奥利金的寓意解经法帮奥古斯丁解答《旧约》中的一些疑难文字问题，而且将一些崭新的观念介绍给奥古斯丁：他认为人就是他自己的灵魂，身体只是一件"破旧的外衣"，是灵魂的工具。他还将新柏拉图主义的一些思想，介绍给奥

---

23 在这里把普罗提诺作为柏拉图主义的传承人看待，是对柏拉图主义思想的一种延续，所以把新柏拉图主义与柏拉图主义合在一起进行讨论，就不另外单独列出新柏拉图主义对奥古斯丁的影响。

24 〔德〕文德尔班：《哲学史教程》，上卷，罗达仁译，北京：商务出版社，1997年，第287页。

25 学者们对"柏拉图学派的书籍"多有争论，有些人认为是柏拉图主义著作，有些人认为是新柏拉图主义著作。笔者认为两者之间具有传承性，在此处争论的意义不大，个人倾向于后者。

26 Peter Brown, *Augustine of Hippo*, California: University of California press, 2000, p83.

古斯丁。[27]正是在安波罗修以及另一位基督宗教柏拉图主义者泰奥多卢斯的影响下，奥古斯丁开始逐渐认识到上帝以及人类的灵魂的非物质性。所以当他阅读新柏拉图学派的书籍，看到普罗提诺对三大神圣实体和灵魂的神圣本性的论述时，顿时感觉眼前一亮。奥古斯丁对"灵魂的起源"问题的回答包括两个方面：奥古斯丁对"灵魂来自哪里"这一问题的回答的包括两个方面：我相信，灵魂确切的居所和故乡是创造了它的上帝自己。但是，我不能恰当地说出它的本质（substantia）。因为我不认为它出自一些通常众人皆知的、与身体的感官相联系的性质。我认为灵魂不是由土、水、气、火构成，也不是由所有这些元素或者它们的任何组合构成。如果你问我这棵树是由什么构成的，我会说出那最有名的四个元素，应该相信所有类似的事物都是由它们构成的。然而，如果你要继续追问这土——或水或气或火——又是由什么构成的，我发现我就什么也回答不了了。同样，当被问及人是由什么构成时，我可以回答说：由灵魂和身体。再次，你要询问身体的构成时，我就再一次求助于那四大元素。然而，至于你提出的关于灵魂——因为它似乎是某种单纯的东西而且有其自己的本质——的问题，同你提出"土是从哪里来的"一样令我尴尬。[28]

类似的表述我们在普罗提诺的思想中也能找到。在《九章集》中，普罗提诺说到："灵魂是一种实体，根本不需要通过成为某物的形式而存在，它的存在不是来源于身体，而是在它进入这个特定身体之前就已经存在"[29]。普罗提诺认为灵魂来自神圣的上层世界，这一点被奥古斯丁所继承，发展为灵魂来自上帝虚无中的创造。不过，奥古斯丁所说的上帝、天父是基督教意义上的观念，而普罗提诺的"我们的父"也是唯一的、至善的太一，是创造万物并超越万物的第一原理。虽然指称不同，但本质涵义却基本一致，都是神圣的本源。

灵魂的神圣本性观念是普罗提诺人学思想的核心部分。普罗提诺认为，人的灵魂有着神圣的本性是因为人的灵魂来自理智，而理智来自太一（属于神圣理智领域，是最初的原因）。所以普罗提诺说"理智既是灵魂的父亲，又内在

---

27 汪聂才："新柏拉图主义对奥古斯丁灵魂思想的影响"，《现代哲学》，2011 年第 4 期。

28 转引自汪聂才："新柏拉图主义对奥古斯丁灵魂思想的影响"，《现代哲学》2011年第 4 期。Augustine, De Quantitate Animae, 1. 2, PL32.

29 〔古罗马〕普罗提诺：《九章集》，石敏敏译，北京：中国社会科学出版社，2009年，第 516 页。

于灵魂之中，因此它使灵魂一直保持神性"[30]。普罗提诺认为，人的灵魂是个
有高级原理和低级原理构成的复杂的统一体。低级原理使它向下指向身体领
域，高级原理使它向上指向神圣的理智领域。因此，人的灵魂的本质结构使灵
魂具有两方面的功能：一方面要管理身体，充分利用身体的功能；另一方面要
照顾好自己，发展自己的内在理智，使其走向高级的神圣领域。普罗提诺按照
柏拉图的划分方法，将世界分为可理知的世界和可感知的世界，而人的灵魂是
联系可理知的世界和可感知的世界的中介，它可以通过凝视理智而达到理智，
借助理智沉思而看见至善的太一，因此至善没有排除在灵魂之外。灵魂通过认
识自身的神圣，认识自身的精神性而达到至善，回到神圣的可理知世界。[31]奥
古斯丁认可普罗提诺对灵魂的这一本质认识，他把神圣本性理解为无形的精
神性，用以区别有形的物质，这种精神性也即是普罗提诺所说的灵魂的非质料
性，是来自上帝的直接创造。

　　人是灵魂和身体的组合，灵魂赋有理性，用以支配身体。这一思想源自柏
拉图，并被普罗提诺所继承。普罗提诺认为人是灵魂与身体构成的，人的本质
不是灵魂本身，也不是人的本能。人的灵魂是低级原理和高级原理的统一体，
所以它不仅有生长和感知的能力，与身体领域相连，还有理智能力，与神圣理
智领域相连，灵魂的多项能力中最重要的就是理智能力。人的灵魂正是凭借内
在的理智能力来支配身体和物质世界的，正是凭借理智能力完成认知过程，超
越有形的物质世界指向宇宙灵魂，指向神圣理智领域（即太一）[32]。普罗提诺
谈论灵魂时，尽管表述不同，一般指的都是有理性的灵魂。而奥古斯丁也同样
强调理性的重要性。奥古斯丁在其著作在《论灵魂的宏量》中还多次提到灵魂
与理性，认为理性是灵魂最卓越的能力，也是灵魂独有的方面，灵魂正是通过
理性努力发现和认识自己的。奥古斯丁在《论灵魂的不朽》中也表现出对理性
的推崇，甚至认为理性要么就是灵魂自身要么就在灵魂之内。[33]

　　柏拉图在《斐德诺》中主张灵魂不朽的思想被普罗提诺所继承，普罗提诺

30　〔古罗马〕普罗提诺：《九章集》，石敏敏译，第548页。

31　汪聂才："新柏拉图主义对奥古斯丁灵魂观的影响"，《现代哲学》，2011年第
　　4期。

32　〔古罗马〕普罗提诺：《论自然、凝思和太一》中译本导言第3页，石敏敏译，
　　北京：中国社会科学出版社，2009年。

33　汪聂才："新柏拉图主义对奥古斯丁灵魂观的影响"，《现代哲学》，2011年第
　　4期。

对灵魂不朽做了进一步的详细论述："灵魂是'运动的源泉'，是其他事物运动的原因，它自己则是自动的；灵魂赋予接受灵魂的躯体以生命，它自己的生命则是自有的，并且永不消失，因为它拥有的是自身的生命。"[34]柏拉图和普罗提诺都主张，灵魂赋予身体生命因而永恒不朽的，这一思想被奥古斯丁所继承，同时奥古斯丁还提出了自己的证明作为对灵魂不朽思想的补充。奥古斯丁在其著作《独语录》和《论灵魂的不朽》中都对灵魂的不朽进行论证。在《论灵魂的不朽》中，奥古斯丁认为，永存的原理存在于灵魂内，因而灵魂也是永存的，如果灵魂不是永存的，就无法作为永存的原理的载体。在《独语录》中他在论证灵魂不朽时，用柏拉图学派的哲学家的观点为之辩护，因为这些哲学家认为，灵魂是赋予身体生命的事物，提供生命的事物无论在哪里也不会在自身接受死亡。[35]虽然奥古斯丁与普罗提诺一样认为灵魂不朽，但并不认可普罗提诺的灵魂是永恒不变的观点，因为在奥古斯丁看来，灵魂有时会发生一些突然的变化，但这些变化不是本质上的，因而并不会影响到他的本质上的不朽性。

在认识论上，普罗提诺与柏拉图一样认为，人的灵魂有一个认知的上升过程。柏拉图说的是从现象世界上升到理念世界，普罗提诺说的是从有形宇宙的经验事物的多样性出发上升到神圣理智领域太一，并且还使用了柏拉图的回忆说。他认为灵魂里有关于相的模糊知识，在理智的光照下会越来越清晰，要达到完全的认知，不是靠灵魂自己的力量可以做到的。应该说，奥古斯丁的光照论是融合了柏拉图和普罗提诺的认识论思想，又有自己基督宗教的独特视角所形成的，当然目的还是为确认知识的确定性。

从上面的论述我们已经看到，奥古斯丁一直对上帝和灵魂进行着不懈的追问，当遇到新柏拉图主义者普罗提诺的著作时，欣喜地从其灵魂思想中汲取资源，并用基督宗教的传统对这些思想资源加以改造，使基督宗教的灵魂思想更加哲学化，进而形成自己的人学认识和灵魂观。灵魂思想的成熟在奥古斯丁追寻真理和上帝的旅程中是至关重要的。但是奥古斯丁如果没有阅读和了解新柏拉图主义，没有对普罗提诺灵魂思想资源的借鉴使用，这一思想的认识发

---

34 〔古罗马〕普罗提诺：《九章集》，石敏敏译，北京：中国社会科学出版社，2009年，第516页。

35 〔古罗马〕奥古斯丁：《独语录》，成官泯译，上海：上海人民出版社，2010年，第51页。

展和成熟是完全无法想象的。因为，灵魂精神性的观点是奥古斯丁灵魂思想成熟的关键所在，这恰恰是奥古斯丁从普罗提诺那里的思想解释中得来的。因此，新柏拉图主义对奥古斯丁人学思想的影响，特别是其对灵魂精神性的认识，使得他完成了自己思想发展的一个"转向"。[36]

柏拉图主义传统在奥古斯丁的思想建构中发挥的巨大作用和影响从奥古斯丁对柏拉图和普罗提诺二人思想的解读和借鉴中可以窥见一斑。柏拉图主义之所以如此能够对奥古斯丁产生如此大的影响主要在于两个方面的原因：一个是客观原因，由于奥古斯丁生活的时代恰好是柏拉图主义盛行的时期，身处这样的文化处境之中，奥古斯丁不可避免地要受到柏拉图主义思想的冲击；另一个是主观原因，奥古斯丁自身的生活一直被他百思不得其解的问题所困扰，所关注和思考的问题在柏拉图主义的传统哲学中寻找到解答，自然如同饥渴的人遇到甘泉，欣喜若狂。正因为如此，奥古斯丁充分利用柏拉图主义传统哲学，将之融合入自己的信仰体系从而开创了新的哲学形态"基督教哲学"。奥古斯丁融合两者的做法导致后世学者经常为他究竟是柏拉图主义的基督徒还是基督教的柏拉图主义者而争论不休。

二、斯多亚学派

斯多亚学派是古希腊的一个重要哲学流派，也是古希腊绵延时间最长的哲学学派，与柏拉图的学园派，亚里士多德的逍遥学派和伊壁鸠鲁学派共同被称为古希腊的四大哲学学派。塞浦路斯的芝诺于公元前 3 世纪创建斯多亚学派，该学派一直流行到公元 3 世纪的罗马时期，影响极其广泛，占据了罗马帝国时期的哲学思想主流，成为当时基督教的最大竞争者。由于该学派持续时间较长，一般学者会将其发展历程分为早期、中期和晚期三个阶段进行讨论。思想代表人物除创立者芝诺以外，早期还有克雷安德和克吕西波；中期的代表人物西塞罗等；晚期的代表人物塞内卡（Senica）和马克·奥勒留（Marcus Aurelius）。整体来看，调和、折中的倾向是斯多亚学派在哲学上具有的特点，但这种特点用于人学领域，便有了独创性，因为它整合了之前的人学思想，达到了希腊人学的高级阶段。斯多亚学派的人学把人性和神性、自然和文化、感性和理性等原来二元对立的观念有机地结合起来。

---

36 汪聂才："新柏拉图主义对奥古斯丁灵魂观的影响"，《现代哲学》，2011 年第 4 期。

前面我们提到过，奥古斯丁曾经阅读到西塞罗的哲学著作《荷尔顿西乌斯》，这部以阐释发现和热爱智慧的重要性的对话作品给了他一种"启示"，向他开启了哲学的大门，开启了他精神追求的一个新阶段。斯多亚学派作为罗马时期的主流哲学派别，也是基督教当时的最大竞争者，必然会以各种不同的方式渗入到基督教思想的建构中，基督教也必然会吸收其许多基本的思想观念。[37]

斯多亚学派的人学是要描述那种统治宇宙万物及人间一切事物的神圣理性和普遍法则，从而让人明白自己在宇宙中的地位，并顺应自然法则和理性规律，提出"人应该按照自然生活"的命题，并指出，唯有如此才能最终达到一种智慧而宁静的自由和幸福。

自然法则是斯多亚学派的核心思想。斯多亚学派认为宇宙是有限的，呈现出球形，地球处于中心，并且宇宙在时间上有始有终，是一个统一的整体。"自然法"是一种支配万物的普遍法则，有时又称它为"逻各斯"，"世界理性"、"上帝"或"命运"。这种具有支配万物能力的普遍法则，存在于宇宙万物之中，作为一种自然的必然性支配着宇宙万物，它是宇宙秩序的创造者、主宰者。人作为宇宙的一部分，也一样要受到这种普遍法则的支配，同时，"自然法"还是人类行为的最高准则。因此，自然法作为一种普遍法则，不仅是支配自然而且也支配社会，自然法便从自然领域导入了社会政治领域。斯多亚派经常把世界和神等同于自然，在他们看来，自然是有系统的进行创造的精巧的火。在人学领域，自然更接近"命运"的意义，是一种必然性。所以，他们提出，人要"按照自然生活"，这就意味着人要按照自然法，按照命运的必然性生活。从这个观点可以看出，斯多亚派的命运观是一种严格的决定论，但不一定导致消极无为的宿命论，因为这种严格的决定论依然为自由选择留下余地。斯多亚派认为，虽然命运严格决定着世界上的一切，人却依然有选择行善或作恶的自由，人还有行善的幸运和作恶的不幸。由此可见，斯多亚派存在理论上的自相矛盾，一方面肯定人的自由和自主性，一方面又坚持命运决定一切，导致最终只能是服从命运。

斯多亚派对命运观的论证同时还表明：每一个人都有自己的命运，人不能改变或控制命运，可以控制的只是对待命运的态度。既然命运可以支配任何

37 〔美〕保罗·蒂利希：《基督教思想史》，尹大贻译，上海：东方出版社，2008年，第104页。

人，那么，无论贫穷还是富有，人人在命运面前都是平等的。可以说这种命运面前人人平等的思想蕴涵了最早的平等观。关于不分主人和奴隶、希腊人和异族人、高贵者和卑贱者、富人和穷人，所有人在命运面前，在精神上、人格上都一律平等的思想是西方最早的平等观，它对基督教的平等观和近代的平等观都发挥了重要作用，是现代平等观的先导。奥古斯丁对人的被造性描述以及对人来自同一个始祖亚当的解释其实也体现出上帝面前人的平等地位。

斯多亚派对理性的理解也与众不同，认为普遍的宇宙理性决定着人的本性、活动和价值取向。在斯多亚派看来，宇宙充满理性。斯多亚派又把理性分成不同的等级，理智是最高级的理性，是人与神共享的活动力，灵魂是次之的理性，是人与动物共享的能力。只有神拥有最高级的理性，具有完全的理智；动物只有灵魂；而人介于神和动物之间，与神分享理智，与动物分享灵魂。既然宇宙充满理性，按照自然生活就是按照理性生活，人的内在幸福、人所祈求的价值倾向应当合乎自然合乎理性。因为人只是宇宙的一部分，人的理性也是宇宙理性的一部分。理性与情感相对，情感属于非理性，人按照理性生活的态度就是"不动心"。马可·奥勒留把不动心称为坚忍。他说："像岬角那样屹立，任凭脚下波浪滚滚，直至咆哮的冲击波被制服平息。不要说'我遇到这样的事多么不幸'，而要说'即使遇到这样的事，我却没有创伤，不被现在所压倒，不对未来抱有恐惧，这是多么的幸运！'"[38]理性生活的态度还包括对死亡毫不畏惧，做到对死亡的不动心。我们在前面已经讨论过奥古斯丁对理性的强调和论述，这里就不再一一赘述。

斯多亚派的灵魂论的要旨是自因论。灵魂在宇宙论层面上是那个终极性自因大火——普纽玛，在小宇宙即人身上，就是人的自因——灵魂。而且把灵魂看做与生俱来的生命的气息，并且认为灵魂不是不朽的，他们认为灵魂是一种灵性的本质（因为气和精灵的性质非常接近），所以灵魂是一种有形的本质。作为一种有形的存在，灵魂也有身体的特点并反映身体的相同与不同之处，所以灵魂受到身体相同和不同之处的影响。有形体的事物与无形体的事物在它们的感受性上没有共同点，但灵魂肯定同情身体，在身体受伤的时候分担身体的痛苦；而且身体也与灵魂一道承受痛苦（当灵魂受到焦虑、困顿、爱的影响时），在它的同伴还保持着力量时，身体却失去活力，脸红和苍白证明了灵魂

38 〔古罗马〕马可·奥勒留：《沉思录》，4卷49章，北京：中国社会科学出版社，1989年。

的可耻和恐惧。这种敏感性的内在联系也可以证明灵魂是有形体的。[39]中期斯多亚学派受到柏拉图思想的影响，更多趋向于肯定灵魂不朽。灵魂还是事物的运动原理，一个事物运动的原因是外在的还是内在的，取决于事物本身有没有灵魂。

斯多亚学派认为人的目标是有德性的生活，德性是生活的最终目的和最高的善。当理性驯服情感的时候，人就可以获得德性。当理性动物被赋予一个更加完善的领导者理性时，对它们来说，正确地按照理性生活就是自然的生活。因此，"按照自然生活"也就是"按照理性生活"。那么，选择服从命运就是理性的态度，而反抗、逃避都是非理性的。斯多亚派认为，一个人最高的境界就是摒弃感受与感情，对一切无动于衷，因为一切的情感，如愤怒、痛苦、同情等，都是非理性的。一个有德性的人，应该排除这些感情。斯多亚学派认为，德性就是幸福，德性就是智慧。在他们看来，德性是灵魂的健康状态，是通过理性后天获得的，只有完全实现了理性功能的人才完全拥有德性。他们还坚持德性的整体性以及不能分割性。后期斯多亚派还把德性与职责联系起来。这种人应该向善的德行生活在奥古斯丁的人学思想中也有所体现，奥古斯丁也认为，人应该向善，而上帝就是最高的善，所以人应该朝向上帝。

斯多亚学派还对基督教能成为普遍主义的宗教，具有重要贡献。因为柏拉图主义、斯多亚学派和保罗的因信得救说，为基督教普遍主义提供了主要思想来源，前两者具有最直接的影响。斯多亚学派认为：宇宙之所以是一个井然有序的整体，是因为宇宙深深地打上了理性的烙印。我们所以能够获得知识，晓得宇宙间的一切道理，是因为我们里面的理性，也是宇宙理性的一部分。宇宙理性在自然界形成自然律，在社会生活中，形成道德律。斯多亚派哲学家称宇宙理性为神圣的逻各斯，人在思想中有逻各斯的种子，形成人们的道德意识，人只要服从他里面的道德意识，就可以有高尚的道德生活。人的灵魂一共有四种重要的德性，这就是知识（谨慎）、勇敢、正义、节制（自我控制），由于德行的整体性和不可分离性，因而一种德性在灵魂中出现就必然使所有的德性出现。希腊哲学当中的柏拉图主义以及斯多亚学派以及罗马的法律精神共同构成了基督教的哲学基础，也为奥古斯丁的理论建构提供了丰富的思想资源。

---

39 〔古罗马〕德尔图良：《论灵魂与身体的复活》，王晓朝译，香港道风书社，2001年，第9-10页。

第三节　神学渊源

尽管基督教柏拉图主义运动对奥古斯丁的影响极其深远，但作为基督徒，奥古斯丁的人学思想终究还主要是依赖《圣经》经典，如同他自己所说他论证人也还是为论证上帝，上帝是他最为关注的。当然他也不可避免地要借鉴和吸收之前教会权威们的思想与传统。早期教会的护教士们为了使基督宗教在罗马帝国取得合法地位，为了在与希腊罗马哲学和异教的论战中取胜，已经有选择地吸取了希腊哲学的诸多思想。从希腊教父查斯丁（Justin，约 100-165 年）、伊里奈乌（Irenaeus，约 120-202 年）、克莱门特（Clement，约 153-217 年）和奥利金（Origen，185-254 年），到拉丁教父德尔图良（Tertullian，145-220 年），他们都在一定程度上利用希腊哲学为自己的宗教信仰辩护，形成早期教会的人学问题讨论。他们的人学思想和关注点固然有所差异，但对人的认识却有一致的地方，导致这种一致性出现有哲学方面的因素，但是起决定作用的还是基督教教义和神学的因素[40]。

一、《圣经》传统

《圣经》是基督教信仰的核心，同时也是基督教徒的最高活动准则，具有非同寻常的重要意义。《圣经》也是记录人神关系的历史书，是基督教的基本教义和经典文本。其中的《创世纪》开篇就讲述了上帝创世和造人的记录，这是基督宗教信仰的基础，也是奥古斯丁建构其人学体系的基本思想背景和基础。《创世纪》第一章二十六节到二十八节记载："我们要照著我们的形像，按著我们的样式造人，使他们管理海里的鱼、空中的鸟、地上的牲畜和全地，并地上所爬的一切昆虫。上帝就照着自己的形像造人，乃是照著他的形像造男造女。上帝就赐福给他们，又对他们说：'你们要生养众多，遍满地面，治理这地；也要管理海里的鱼、空中的鸟，和地上各样行动的活物'。"

由此可以看出人是按照上帝的形像所造并被上帝赋予了高于尘世间其他一切受造物的尊贵地位，所以人不仅具有与生俱来的道德能力和无限价值，而且负有管理世界的天赋权力和责任。人具有与动物无异的躯体，但是人却是上帝按照自己的形像创造的，那人所具有的上帝的形像如何具体而现实地体现在人身上呢？

---

40 段德智：《主体生成论——对"主体死亡论"之超越》，北京：人民出版社，2009年，第 99 页。

在基督教的传统中，不少学者认为人所拥有的上帝的形像就是藉着一个非物质的理性灵魂。这一传统在教会享有较高的权威性并持续相当长的时期。2、3 世纪被誉为形像教义鼻祖的爱任纽就认为上帝的形像与人的自然理性有很大关联。他在《反对异端》（Against Heresies）一书中写道："但是人，天生具有理性，在这方面与上帝相像……"他又说"上帝在起初将人造成自由的行为者，使他有自己的能力，有自己的灵魂——而灵魂不是别的，就是人的理性——他的心思、意念、精神趋向等等"。[41]

对于人所具有的上帝的形像究竟如何体现的争论一直没有停止过。克莱门特用典型的柏拉图主义的或者说是斐洛的柏拉图主义的语言，指出父与子的关系就是奴斯与逻各斯的关系，因为，神的形象就是神的逻各斯，是努斯的真正的儿子，是原型之光的光，逻各斯的形象之一就是真正的人，人类中间的努斯就是根据神的形象造的。他还指出逻各斯与人的关系是因为道成肉身，在这一阶段，逻各斯成了人类心灵的源泉。[42]在他的思想体系中，逻各斯被赋予丰富的含义，是世界的律法和导师，是人类与神结合的桥梁，人类通过它认识到神的知识。

在奥利金看来，灵魂，不仅仅是初人的灵魂，同时也是全人类的灵魂，都是"按照神的形象"构成的，因为"让我们根据我们的形象和样子造人"适用于全人类。这种形式是原初的，就如亚当这种形式——就如人们所谓的"根据神的形象"——是优于后面所附加的，优于因为罪而穿戴上的，即"这种肉身的形象"。因此在每个人中间，神的这一形象要优于较低的那一者的形象。我们这些罪人都穿戴上了肉身的形象；由于以后的改变，我们还要穿戴上天国的形象，就如创世所据的是天国的形象一样。[43]由此，人身上出现了两种形象：神的形象和肉身的形象。由于罪，肉身的形象强化并凌驾在人具有的神的形象之上，人类历史开始于这种肉身的形象。唯有通过赎罪，第一种形象（肉身的形象）走向第二种形象（神的形象）。

奥古斯丁认为，人所具有的"上帝的形像"体现在拥有理性、自由和智慧

---

41 许志伟：《基督教神学思想导论》，北京：中国社会科学出版社，2001 年，第 114 页。

42 转引自章雪富：《基督教的柏拉图主义》，北京：中国社会科学出版社，2010 年，原载于 H.A.Wolfson, *The Philosophy of The Church Fathers: Faith, Trinity, Incarnation*, p.211.

43 Origen, Hom. Jer, II, 1(1), *The Catholic University of America Press*, 1998.

的理性灵魂中。因为在他看来，"每一有形之物无论多么卑微，都有其数目，但智慧却并未被授予有形之物，甚至未被授予所有灵魂，而只授予理性的灵魂了，似乎智慧在其中建立起王权来治理一切事物，不论其多么低下，只要智慧赋予其数目"[44]。由于上帝本身就是一个无形的灵，所以人类也只有通过无形的灵魂才能发现自己具有的上帝的形像。按照上帝的形像创造出来的人虽然不可能像创造自己的上帝那样拥有无限的智慧，但他们也理应在一定程度上具有上帝所恩赐的智慧。

"罪"是基督教教义中十分重要的概念。这个"罪"与我们现在所说的罪的涵义是大相径庭，"罪"来自希伯来文的 chata，这个词的原意是射箭偏离了靶心，在基督教里人背离上帝意旨而顺从自己的私欲就是"罪"。在基督教徒看来，罪不仅仅单指人偏离上帝旨意的行为，更是指人背离上帝旨意的内心，一切不正当的念头都可以构成罪。"罪"作为基督教核心的观念，对整个西方文化影响深远，形成西方的罪性文化。如果对基督教关于"罪"的观念没有一个基本的把握和理解，我们不仅难以理解和认识基督教，也难以理解和认识千百年来在基督教文化熏陶下的西方文明。

《圣经·创世纪》中，记载了亚当、夏娃偷食禁果而遭上帝惩罚的故事，这就是人类的"原罪"故事。基督教教义如此解释这个故事，人类的始祖亚当与夏娃听从蛇的引诱而偷吃了禁果，而上帝在此之前已经告诫他们不能偷吃禁果，他们应该遵从上帝的诫命却没有做到，而这一个背离上帝诫命的行为就是犯罪，同时也意味着他们必受惩罚。因此，亚当和夏娃获罪之后被惩以逐出乐园，开始了人类必死且充满险恶的尘世生活。这一罪过成为整个人类的原始罪过，被后人称为"原罪"。

使徒保罗明确阐述过对罪的概念的理解："这就如同罪是从一人入了世界，死又是从罪来的。于是死就临到众人，因为众人都犯了罪。"（罗 5：12）。这也是对创世记的"原罪"故事的解释，人类的始祖亚当就是这里的所说"一人"。亚当和夏娃违背了上帝的诫命偷吃了禁果而受到了上帝的惩罚，这惩罚就是必死。这种罪性从亚当以后就存在于人类之中，就如同成为人的共同基因一样。而人之所以犯罪主要是由于人心中的骄傲。上帝已经告诫过亚当，园子里的果子都可以吃，只除了智慧树上的果子，否则必死，智慧树上的果子代表

44　〔古罗马〕奥古斯丁：《论自由意志》，成官泯译，上海人民出版社，2010年，第 130 页。

了上帝的权威和旨意，人应该顺从上帝的命令而不僭越。但是亚当和夏娃因为内心的骄傲失去了对上帝主权和旨意的敬畏心，以为吃到智慧果以后能够变得和上帝一样有智慧，还可能侥幸逃脱上帝的惩罚。"因为，他们虽然知道神，却不当作神荣耀他，也不感谢他。他们的思念变为愚妄，无知的心就昏暗了"（罗 1：21）。尽管他们推卸责任，认为是蛇诱惑了他们。但是蛇的诱惑只是外在的条件，人还是自己做出决定去违背上帝。因此他们必须接受惩罚，接受必死的命运。

其实圣经中并没有"原罪"明确的概念和定义，这一概念是公元 2 世纪拉丁教父德尔图良最先提出，当时他用的是"始罪"一词。[45]作为基督教早期著名的思想家，德尔图良的理论贡献和影响是非常巨大的，尤其是他关于祭礼的一套规则和理论，成为后世教会的一个理论基础。在德尔图良之前也有思想家讨论善恶问题，德尔图良却是当时时代唯一一个把世间人的罪恶与亚当联系起来的教父。德尔图良认为，一个人从出生就带有内在的罪，恶就在人的本性之中，并且在整个人类中持续传递。这个解释就是"原罪"教义最早的理解。在灵魂的起源问题上，德尔图良用灵魂传殖说（traducianism）代替了希腊神学的灵魂创造说（creationism），认为灵魂的传递，包括罪的传递，这一主张为其内在之罪的教义铺平了道路。德尔图良认为，人是灵魂与身体的组合，而且主张灵魂物质观，灵魂是身体的属性。在人的繁殖过程中，身体连带灵魂借着生一起产生，人的本性并没有丧失其特殊的性质，原来内在于人本性之中的罪，仍然是罪。[46]但是他认为，内在的罪与实际的恶完全是两回事，所以承认婴儿的无辜，因为婴儿实际上没有犯罪。另外，在德尔图良看来，耶稣受刑、替死赎罪并不一定是必须的，悔罪改过才是更为重要的，一个人受洗之后还犯罪，就当认罪悔改，才能满足神的心。他认为公义的神必定惩罚罪恶，同时还强调神的怜悯和爱。

奥古斯丁对罪的探讨是非常深刻的，因为善恶问题一直困扰着他的生活。从《忏悔录》到《论自由意志》到《上帝之城》，奥古斯丁都对罪恶问题和原罪进行过讨论。他对原罪的理解主要借鉴了保罗的思想，应用于证明原罪存在的证据都来自保罗，尽管后来有学者认为他对保罗的思想有所误解，但这丝毫

---

45 参阅周伟驰：《奥古斯丁的基督教思想》，北京：中国社会科学出版社，2005 年，第 208 页。

46 参阅〔古罗马〕德尔图良：《论灵魂与身体的复活》，王晓朝译，香港道风书社，2001 年，第 136-140 页。

不影响他对原罪问题探讨的深度。在奥古斯丁看来，原罪就是亚当的自由意志背离永恒之善（上帝），朝向私己的下善。上帝的永恒之善是原罪的概念得以成立的前提，没有永恒之善，也就无所谓罪了。上帝赋予人自由意志，使人能力行使自己的意志，作出自己的抉择，并对这抉择的后果负责，如果没有自由意志，人也不用为自己的所作所为承担后果了。上帝创造的世界，是一个公义（正义）的秩序，人也处于这个秩序之内。自由的灵魂是上帝所创造的完美世界的组成部分。人之所以犯罪，是人滥用自由意志的结果。上帝惩罚人的罪行，是遵守自己所创造世界的公义秩序。[47]

无论是德尔图良还是奥古斯丁，他们都认为因原罪堕落后，人就失去了上帝赋予的使命，迷失了人生的方向，产生了各种无意义的行为和错误的举动，这些都构成广义范畴上的罪。人顺从自己的私欲违背上帝旨意而犯罪的本质属性，是人通过自身无法改变的，人需要外在的恩典和救赎。于是，上帝差遣其爱子耶稣基督来到世界拯救世人。因此，人的一生，就是赎罪、悔改、归向上帝的一生。所以，原罪论往往是与恩典论和救赎论紧密联系在一起的。

二、早期教会思想

在基督教人学思想中，"人是上帝的形像"是其核心，但是神学家对"形像"含义的诠释却不尽相同。伊里奈乌是早期基督教思想家中的杰出人物，主要著作有《驳异端》和《使徒宣道论证》。他的"上帝的形像"说颇有影响力，无论是对卡帕多西亚教父还是奥古斯丁都有一定影响。他对《创世记》中（神说："我们要按照我们的形象，按照我们的样式造人。"）所提到的上帝的"样式"和"形象"做了区分。起初根据上帝的形象所造的人不过是进一步成为上帝样式的原始出发点，因而，人应该从自身所处的世界出发，通过自己所具有的自由和自在成为上帝的样式。也就是说，具有位格性和道德性的人已经是上帝的形象，但人还有待于成为像上帝那样的位格性存在样式。[48]在他看来，人是一个整全的人，样式赋予了人灵性，形像所赋予的则是人的灵魂和肉体。

伊利奈乌认为神所创造的亚当是个体性的亚当，他是普遍人性的代表

---

47 参阅〔古罗马〕奥古斯丁：《论自由意志》，成官泯译，上海人民出版社，2010年，第135-172页。

48 Michael L, Peterson ed., *The Problem of Evil: Selected Readings*, University of Notre Dame Press, 1992, p.223.

者。神把他的样式印在他的造物中，人的可见的显像就象神一样，因为人的被造出于神的形像。这里没有区分"形像"和"样式"，神的形像内在于人的样式之中并且有所彰显。伊利奈乌认为《创世记》一章 26 节所谓的神创造所得的那个个体性存在就是有形的、可见的显像，就是亚当这个个体的人。伊利奈乌说，"现在人是［灵］魂和[肉]体混合的组织，那是根据神的样式造的，是他的双手即圣子和圣灵所创制的，神就对他们说'让我们造人'。"[49]伊利奈乌认为，无论"形像"和"样式"，它们所代表的都是整个人。伊利奈乌没有将神的创造分为两个阶段：原型的人和个体的人，他认为原型的人即是个体的人。亚当是第一个真实存在的理想的人，这样的个体性的人即是人的原型，它是人与神复和成圣的目的，道成肉身是要恢复人在亚当里面的这种样式即创造之初的神圣性。伊利奈乌使用"样式"和"形像"都服务于他讨论的目的，即上帝一次性地完成创造，所创造的人既是个体的亚当，他也是人类的代表。

奥利金的"上帝的形像"说都以《创世记》为文本背景，不仅清楚完整的阐释了二次创造论，还把创造论、神正论与救赎论结合起来，使二次创造论成形，确立了希腊基督教的"上帝的形像"说的典范。[50]他认为，上帝造人是分为两次完成的，首先是按照"上帝的样式"创造一个普遍性的人，然后照着自己的"形像"创造出具体的人（亚当）。因为从柏拉图主义的角度，唯有普遍性的形式才是真正实在的，故而普遍性的形式先在于个体性存在。只有一个普遍性的人先形成后，才可能出现个体的人，个体的人是普遍的人性与尘土结合的产物。奥利金区分了"上帝的形像"与"照着上帝的形像"两者。"上帝的形像"指的是基督，类似于斐洛把上帝的形像界定为"理念（形式）"。人是照着这个形像即基督造的，有灵魂和肉体之分，这也显出奥利金的柏拉图主义哲学背景。奥利金认为灵魂是真正"照着创造者的形像被造的"，人的身体则是"照着身体造的"。[51]第二次创造的"造男造女"意味创造指向个体性，而亚当的个体性为所有人所有，是亚当之为亚当的个体的普遍性。所谓亚当代表人类，或者说亚当的人性代表人类的人性，乃是指这种创造的个体性说的。

---

49 章雪富："神的形象：从伊利奈乌到卡帕多西亚教父"，《哲学门》2008 年第 1 期。

50 章雪富："神的形象：从伊利奈乌到卡帕多西亚教父"，《哲学门》2008 年第 1 期。

51 汪子嵩等：《希腊哲学史》第 4 卷下，北京：人民出版社，2010 年，第 1519 页。

卡帕多西亚教父对"上帝的形像"解释主要是把人视为"在-之间"的存在物，代表了基督教希腊传统的规范表述。尼撒的格列高利在其《论人的造成》这篇文章中阐释了他对"上帝的形像"的理解，这就是人处在神性和兽性无理性生命的"之间"。他说："我想，圣经借这些话（《创世记》第一章第26和27节中，上帝根据他的形像造人）向我们传达了一个伟大而崇高的教义。这教义是这样的：神圣无形的本性与无理性兽类的生命，是彼此不分立的两个极端，而人性是处于这两者之间的中介"[52]。尼撒的格列高利提出"在-之间"，既在于指出人从上帝的形像所获得的神性相似性，也在于阐释人性与兽性都是被造者；一方面突出上帝的形像是原型，另一方面也指出人性和神性之间有相似性。他利用"在-之间"描述二次创造，指出照着"上帝的形像"造的那个相似于原型的人，乃是为一切人所具有的普遍性即理性、理智和神性，然而个体的人即第27节所说的造男造女，乃是指着为男女所特殊具有的属性，这就是人的身体、生理结构以及人的感性方式的特殊性等。尼撒的格列高利关于两次创造、原型与形像、形像与样式的思想从来源上讲显然受到奥利金和普罗提诺的影响。[53]

在早期教会里，罪也是个争论较多的核心概念，许多基督教思想家都对"罪"的观念进行过论述。前面我们介绍过德尔图良首创罪的遗传说，他是最早提出原罪概念的教父，用的是"始罪"一词。西普里安（Cyprian）、安布罗修（Ambrose）和希拉流（Hilary）也都延续了相似的看法。奥利金借助于二次创造论来论证罪应归在个体性亚当身上。他认为上帝创造了两样东西：一是秩序的好，这是始终不被败坏的；二是个体性存在者的好，这种好只被赋予个体从而可以为个体所败坏。亚当所败坏的正是这种个体性的好，亚当的个体性正是人作为类的个体性，亚当的个体性的败坏是亚当作为人类的好的败坏，需要注意奥利金把所谓的人类的"类"的"好"理解为亚当的个体性。然而在亚当的个体性之"好"外，还有第一次创造所获得的非混合的理智性之"好"。这种"好"在亚当这个个体里面，却不是亚当的个体性的结果。在希伯来语中，亚当代表人类；在那些看起来是把亚当作为个体叙述的部分，摩西所诉求的是一般的人的本性。因为在亚当里面（如圣经《哥林多前书》十五章22节和《罗

52　〔古罗马〕尼撒的格列高利：《论人的造成》16.9，见尼撒的格列高利：《论灵魂和复活》，石敏敏译，北京：中国社会科学出版社，2004年，第4-86页。

53　汪子嵩等：《希腊哲学史》第4卷下，北京：人民出版社，2010年，第1536页。

马书》五章 14 节所说）"众人都死了，"亚当的样式的悖逆受到谴责，神的话语断定如同这是指向整个人类的，它也指向个体的人。因为这一系列相互关联的陈述看似指向一个特殊的个体的，然而这个关于亚当的诅咒被认为是所有人都要承受的，那关于女人的诅咒也无一例外地适用于每个女人。男人和女人在伊甸园里被逐，他们穿上皮子（那是上帝，因着人的悖逆，而为犯罪的人所造的），这里面包含着某种灵魂丧失了翅膀的神秘的教义，被贬黜到大地上，直到他们能够控制某种稳定的居所。[54]

亚当犯罪是个体性的犯罪，人类所堕落的是亚当的个体性的堕落，然而这只是指第二次创造中的人失去了神的样式。奥利金认为这是灵魂丧失了飞翔的翅膀而堕落在大地之上。因为在奥利金看来，圣经中并不存在上帝没有能力阻止罪的发生，因为罪并没有真正地发生在第一次创造的神圣理智区域。而且，个体性的人丧失那种创造时所获得的个体性的好，只是个体性的扭曲而已，人的罪不是上帝的神性创造活动所致，它是创造的结果即个体性的人的不断个体化所致，此时人的个体性已经脱离了个体性的人的原先意义，因为它原本是指被赋予位格性的实体。因此奥利金认为罪是亚当被造的个体性的"好"的丧失，是个体化程度的加深，罪出自人的个体化的自我选择。

卡帕多西亚教父之中，主要是巴西尔和尼撒的格列高利较为集中地论述了罪的主题，他俩的论述构成了卡帕多西亚教父的较完整的罪观。巴西尔在解释《罗马书》第 7 章保罗的罪观时，着重讨论了人内心的挣扎和罪对于世人的辖制；尼撒的格列高利则把耶稣的"登山宝训"当做主要文本，从罪的虚无、人的世界的诱惑和原罪三个角度，阐释了罪的原始性。巴西尔和尼撒的格列高利都注意从物理和心理结合的角度描述罪的特征，注意到人在罪的面前心灵因着那黑暗的吸引力，并追随黑暗所带来的分离性力量。罪导致外物进入人的内部，使人的复合出现裂隙。罪不只是一种伤疤，而且是一种权势，不仅不会自动脱落，还会自动成长。罪所造成的本体论裂隙是所有问题的基础。巴西尔把罪解释为一种动力因的要素，罪的裂隙不应该被看成是罪的程度问题，而应该看成当人的本体处在裂隙的状态时，整个人已经处在非原初性的状态之中。[55]因此当罪进入人性之后，外部世界或恶的东西已经建立了进入的途经，已经

---

54 汪子嵩等：《希腊哲学史》第 4 卷下，第 1518 页。

55 章雪富："神的形象：从伊利奈乌到卡帕多西亚教父"，《哲学门》2008 年第 1 期。

摸清了人所熟悉的恶和黑暗，并且以更体贴人的形式、以更易为人接受的方式进入人的本体之中。最终，人认可了这种罪呈现为人心中的黑暗的原理，情欲成为生活的常态。卡帕多西亚教父认为人的理性就是接受神的指引而担当起管家的责任，理性的最大功能应该是顺服，对神的顺服才是理性的真正本性。但是尼撒的格列高利说"人的理性往往受到兽性的感染，使其较善的部分与较恶的部分同流合污，趋向并受制于非理性部分。无论何时，只要人的心灵能力受制于这些情感，迫使他的理性屈从于情欲，人身上就必然发生某种改变，其美善之像变成了非理性之像，他的整个本性因此全然改变，可以说，他的理性培植了情欲的温床，并使他们渐渐增多起来。理性一旦与情欲为虎作长，就必然产生源源不断的邪恶"[56]。卡帕多西亚教父都没有把情欲作为罪的唯一根源，而是把失去了思想和情欲的平衡的那个状态作为恶的根源，又把这种扭曲的状态作为阐释原罪的根源。人的降生和此后的生命都是在这种扭曲的结构中持续的，罪主导了人的这种生命的连续性。[57]

"灵魂与上帝同质"、"灵魂与上帝相通"的猜想也是早期教会流行的思想。早期教父思想家普遍相信人可以通过自己的本性达到与上帝相通的神圣境界。根据他们对人的本性的不同理解，与上帝相通的途径可以分为三种：理性的、神秘的，以及由理性上升到神秘的。所谓理性的途径就是通过类比关系认识上帝。由于人是按照上帝的形像所造，人与上帝之间就具有相似性。人就通过人类语言把所能描述的最好属性归诸上帝，按照自身形像想象上帝。正是由于上帝与被造物之间的类比关系，人才可以通过认识被造物来认识上帝的存在。而神秘主义认为，人与上帝相通的途径是神秘的，最后达到的境界也是神秘的。最后的途径就是朝向上帝的灵魂上升。上帝是万物之源，上帝不可见的奥秘都表现在有形的世界中，要静观自然，才能发现上帝的存在。仅仅发现上帝的存在还是不够的，还要净化灵魂，最后才能达到与上帝相通的神秘境界。[58]

"灵魂与上帝同质"的猜想是修道主义的其中一派提出的。修道主义有两条不同的神学路线，它们的分歧处在于对冥想（contemplation）有迥异的看法，

56　〔古罗马〕尼撒的格列高利：《论人的造成》18：3，载于尼撒的格列高利：《论灵魂和复活》，石敏敏译，北京：中国社会科学出版社，2004年，第4-86页。

57　汪子嵩等：《希腊哲学史》第4卷下，北京：人民出版社，2010年，第1532-1536页。

58　参阅赵敦华：《西方人学观念史》，北京：北京出版社，2005年，第97-98页。

而冥想的观点则受新柏拉图主义思想的影响。冥想是接触上帝或超自然世界的一个途径。它与我们惯常所说的默想不同。默想是借助某个媒介来思考，例如透过圣经的话语、大自然的现象，我们思想上帝的属性与作为。冥想则不需要任何媒介，以心直指向上帝，与上帝相贯通。冥想的目的不在于获得有关上帝的知识，因为这些知识仍得运用言语和概念来建构；它追求的是与上帝完全契合，就是一个无分别相的本体联系互通。提倡冥想的人都相信人的灵魂有某个内署功能，可以与上帝相通，甚至灵魂是与上帝同质的。

灵魂与上帝同质，灵魂与上帝相通——这些想法绝非基督教的固有产物，而是从新柏拉图主义那里借鉴而来的。新柏拉图主义认为上帝藉流出其本质而创造万有。这种观点一方面确定灵魂与上帝同质，另一方面亦宣告灵魂先于肉体而存在，且与肉体无必然的关系。初期的隐修运动与新柏拉图主义有密切的关系。新柏拉图主义相信在肉眼可见的物质世界之上，还有一个更加真实的理智世界。相对于理智世界，物质世界是虚幻而短暂的。人的灵魂原不属于这个物质世界，而是属于理智世界，只因降落人世间，才被肉体和物质世界所禁锢。人必须竭力摆脱尘世的拘禁，使灵魂重返神圣的理智世界。可行的方法就是通过克制情欲，使灵魂不受肉身的辖制，最后达到不为外物所动的境界。当人做到无知无觉、无动于衷之时，他便走上得救之路，能返回天国了。新柏拉图主义轻视物质和肉体的思想，对基督教产生深远的影响；而否定肉体的价值、追求超脱现世救赎的想法，更助长了隐修主义的发展。隐修主义强调克制物欲、克制情欲，与新柏拉图主义的观点是异曲同工的。

修道主义的其中一条神学路线主张灵魂与上帝同质，灵魂与上帝契合。这条路线是在肯定与罪恶搏斗的同时，更强调冥想的价值。这条路线不仅追求攻克己身，镇压肉体情欲；更进一步期望灵魂可以超越肉体，投奔上帝，并与上帝拥抱和契合。为了使人能摆脱肉体的辖制，主催者大都要求一个更激烈的苦修形式，譬如说：长时间禁食祈祷、禁止说话，并进行各样的灵性操练。

庞义伐（Evagrius of Ponticus, 346-399）是这条路线的代表人物。他将灵魂的属灵进程分为三个阶段：道德（praktikc）、默想（physike）及冥想（theologia）。在道德阶段，灵魂得与魔鬼搏斗，战胜诱惑和肉体的情感，以达到无情的地步。在默想的阶段，这时他仍要借助一些实物，诸如对上帝所造的万物的体会，进而发现隐藏在现象世界背后的道。在冥想的阶段，人放弃一切活动，只是让灵魂自然地与上帝契合，在这种契合关系中上帝向灵魂显现，因此人能认识上帝。这种冥想式的修道主义经若望伽仙（John Cassian, 360-435）传至西方。后者在马赛（Marseilles）附近开设了两间修院，并鼓吹这种让人臻达完全的修道形式。在三、四世纪集体修道主义开始时，为了纠正隐修士的积弊，教会大多不主张这条路线的修道形式；但后来，这种形式却广泛地在不同的修会中被采用，其中包括十三世纪的方济各会和道明会。

早期教会中对"上帝的形像"、"罪"、"灵魂与上帝相通"等观念的讨论，一方面是思想家们对基督教教义的不同理解和阐释，另一方面也反映了基督教人学认识发展的不同侧面。这些教父思想一方面推动了对人的认识的不断深化，一方面为奥古斯丁建构自己的人学思想提供了可供借鉴的思想资源以及理论建构方式。奥古斯丁就是在基督教框架体系里，对先前的人学讨论进行改造和发展，并借鉴和吸收希腊哲学尤其是柏拉图主义和斯多亚学派的合理成分，逐渐形成自己的基督教人学思想。

第二章　奥古斯丁人学思想的
　　　　理论基础

　　人的诞生历史悠久，我们在这里讨论的人不是生物学上的人，而是能够作为第一人称"我"的观念产生作为"人"的诞生，作为研究人的问题的开端。德国人类文化学家蓝德曼在《哲学人类学》中说到："人的问题是决定我们命运的问题"。休谟也认为，关于人的科学是其它一切科学的基础。尽管关于人的研究有很多，但作为科学的"人学"却仍然在孕育之中。人的问题涉及范围之广程度之深恐怕是其它任何问题都无法匹敌的。灵魂以及灵肉关系是古希腊晚期人学思想的一个主题，当时盛行的"智慧人"的形象就是希腊哲学从人的灵魂角度来解读人的本质；《圣经》中也有"个人灵魂不朽"、"肉身复活"等教义，早期护教士为维护基督教教义内容和信仰也必须要阐明灵肉关系。因此可以说，奥古斯丁生活的时代，人学的主题就是紧紧围绕灵魂的本质以及灵肉关系展开的。人的灵肉关系研究既承接了古希腊哲学的人学传统，又开启了中世纪"宗教人"的观念。

第一节　人学思想的两条进路

　　人的问题研究由来已久，从最早的人类有"我"的观念开始，人就开始对自身进行持续不断的思考和认识。古希腊哲学和基督教神学对人的问题研究是按照两条完全不同的路径发展的。本节我们对奥古斯丁之前的人学思想进行梳理，从人学思想发展的哲学进路和神学进路对先前的人学思想进行历时性概括，以揭示人学思想发展聚焦于灵肉学说乃是奥古斯丁所处时代的一种时代投射。

一、哲学进路

古希腊作为西方文化的发源地和摇篮，孕育了西方文化的各种思想萌芽。西方文化的最初形式是希腊神话，神话之中描述的"斯芬克斯之谜"就首先提出了人是什么的问题，这可以说是对人的问题研究的第一问。希腊人对人是什么的问题以及人的形象提供了多种多样的回答，这些最初的人的形象形成了西方不同的人学思想传统的源头。这些最初的人的形象可以概括为四大类："宗教人"的形象、"自然人"的形象、"文化人"的形象、"智慧人"的形象。[1]

宗教是远古时代文化的主要形式，希腊人的宗教就是通过他们的神话表达的。希腊神话所表达的就是一种"宗教人"的形象：神人同形同性。希腊神话中的神是希腊人按照他们自身的形像与观念创造出来的，是对希腊人的模仿，也是对希腊人加以理想化后形成的人。因此，他们的神比希腊男人更健美，比希腊女人更温柔美丽。"宗教人"的形象也反映出希腊人对肉体之美的赞赏，因为希腊人理想中的神比实际的希腊人有更健美的肉体。希腊人不仅对活的肉体充满赞赏，对死的肉体也表现出浓厚的兴趣。这种对肉体之美的赞赏不仅在希腊神话中有所描述，在希腊裸体艺术作品中更体现的淋漓尽致。[2]

希腊神话还将人的命运问题与人是什么的问题结合起来。希腊人的命运观念经历了一个发展历程：早期希腊人认为是神主宰着世界和人的命运；后来他们认为是命运决定人生，命运是一种不可把握的神秘力量，不再受神的主宰，成为支配着人的主要力量；随后又对命运进行了善恶之分，命运的善恶与人的活动的好坏相关；最后出现了命运与道德冲突，反映了人的自主性意识的觉醒。而恰恰是随着人的自主意识的发展，希腊神话表达的世界观和人生观开始被动摇，"宗教人"的形象开始被其它的人的形象所代替。

公元前 6 世纪，希腊哲学取代希腊神话世界观，成为希腊思想的主要成分。"人"也开始脱掉"神"的外衣，成为哲学家关注的话题。早期希腊哲学的主要形态是自然哲学，"自然"不同于如今意义上的自然，而是比较接近"本

---

1 参阅赵敦华：《西方人学观念史》，北京：北京出版社，2005 年，第 5-6 页。
2 参阅赵敦华：《西方人学观念史》，北京：北京出版社，2005 年，第 6-7 页。

性”（nature）的意义。自然哲学家们把人看成宇宙的一部分，与自然物有着相同的本原和本性，人的形象也成为“自然人”的形象。自然哲学家对人的认识主要包括两方面：一方面，他们认为，人与宇宙具有同样的构成。这个共同的同类体究竟是什么，哲学家的解释各不相同：泰勒斯（Thales，约公元前 624-547 年）认为水是万物的本原，赫拉克利特（Herakleitos，约公元前 535-475 年）认为火是万物的本原，而德谟克利特（Democritus，约公元前 460-370 年）认为原子是构成万物的基本成分；另一方面，有些哲学家开始提出人的进化思想。例如阿那克西曼德（Anaximander，约公元前 610-545 年）认为：“人是从另一种动物产生的，实际上就是从鱼产生的，人在最初的时候很像鱼”[3]；而罗马时期的原子论者卢克莱修（Lucrelius，约公元前 99-55 年）[4]认为，人的产生是一个长时期的进化过程，最初地球上只有植物，而后出现动物，最后才出现人类。自然哲学家还把人生的价值和目的归结为善。但对什么是善的回答又有所区别。其中一个被称为快乐主义的派别把善恶归结为人的自然情感，认为善就是快乐，恶就是痛苦。这一观点在当时颇为流行。

　　“文化人”的形象是希腊文化的另一种形态，它与“自然人”的形象一样都是希腊哲学的产物，都是神话中的“宗教人”的形象的对立面。这两种不同的人的形象的差异在于，“自然人”的形象在人与自然的关系中看待人的问题所形成的，而“文化人”的形象是在人际关系以及人与社会的关系中看待人的问题所形成。[5]希罗多德（Herodotus，约公元前 484 年-425）撰写的《历史》是西方第一部人的历史，《历史》标志着希腊人对自身认识的一个转折，就是历史的主体从神转向了人，实现了从神话到人学的转折。因为在他之前，还没有关于人的历史学，只有神话中所叙述的神的谱系学，人在神话中只是陪衬的地位。希罗多德在《历史》中对古代近东社会各民族的来龙去脉和风土人情进行了详尽描述。他说，把人作为历史的主体，为的是保存人类的功业，“使之不致由于年深日久而被人遗忘，为使希腊人和异邦人的那些值得赞叹的丰功伟绩不致失去它们的光彩”[6]。一直以来，希腊人对“人”的界定非常狭隘，

3　北京大学哲学系外国哲学史教研室编译：《古希腊罗马哲学》，北京：商务印书馆，1982 年，第 10 页。

4　〔古希腊〕卢克莱修，Lucretius，约公元前 99～55 年，其著作《物性论》（De Rerum Natura）被认为是一部典型的人学著作。

5　参阅赵敦华：《西方人学观念史》，北京：北京出版社，2005 年，第 23 页。

6　〔古希腊〕希罗多德：《历史》，北京：商务印书馆，1960 年，第 8 页。

他们只把希腊人当做人，文化落后的"野蛮人"不是人，奴隶也被当做"会说话的动物"。希罗多德在著作中表明，希腊人的标准并不是"人"的普遍标准，各个民族都有"野蛮"与"文明"的标准。他还认为习俗统治人的一切，人生的祸福是一种人不能控制的力量所支配，表达了一种宿命论思想。但同时他又充满自相矛盾，认为人为因素好像在人生也起着重要的作用，并以此来解释希腊民族的智慧和强大。[7]

希腊智者派也坚持从文化的角度来理解人和社会，在解释社会起源的问题上出现了自然说与约定说之争。自然说认为，人应该按照自己的本性（自然）决定自己命运，不需要受外在法律和习俗等非自然的社会属性的约束。约定说与此相反，主张用非自然的社会力量约束和改善人的本性。虽然自然说和约定说彼此对立，但是它们在与传统对立方面保持一致，都反对用神或命运来解释社会的起源。"人是万物的尺度"是西方人学的一个重要命题，它强调了人的主体地位和在世界的中心地位。这一命题是由普罗泰戈拉（Protagoras，约公元前 481-411 年）提出，他认为："人是世间万物的尺度，是一切存在的事物所以存在、一切非存在事物所以非存在的尺度"[8]普罗泰戈拉用约定论观点解释了国家的起源，这一观点被柏拉图所继承。柏拉图对国家的起源解释属于当时流行的自然说，但是同时也认为，自然所形成的本性的维护也离不开人为的努力，就把约定说也融合进来，提出"国家是大写的人"。他认为，社会起源于社会分工，社会等级是自然构成的，同时也强调法律的作用。亚里士多德基本坚持自然说的立场，同时又渗透了约定论的观点。他认为人在本性上是政治动物，这是人的自然本性。他说："很明显，国家是自然的产物，人在本性上是政治动物。那些出于本性，而不是出于偶然性没有国家的人，或高于人，或低于人。"[9]按照他的定义，"高于人"的神没有国家，而没有国家的奴隶或流浪人群，是"低于人"的"会说话的工具"，所以，他们都不是政治动物，都不是人。这一切在他看来都是自然天成，合乎自然的事情。

"智慧人"的形象是对西方人学思想影响最为广泛和深入的，以至于现代人类学家把现在存在于地球上的人类称作"智人"。在希腊人看来，灵魂的本质就是智慧。因此，当他们从人的灵魂的角度来认识人的本质，就形成了"智

---

7 〔古希腊〕希罗多德：《历史》，第217页。
8 周辅成：《西方伦理学名著选辑》上卷，北京：商务印书馆，1987年，第27页。
9 转引自赵敦华：《西方人学观念史》，北京：北京出版社，2005年，第34页。

慧人"的形象。[10]事实上，早期希腊人持有"万物有灵论"，认为灵魂并不是人所特有的。自然哲学家则是把灵魂当做与万物具有共同本原的存在或是本原力量。对人的灵魂的专门论述直到毕达哥拉斯那里才开始出现。毕达哥拉斯（Pythagoras，约公元前 580-500 年）的灵魂不朽观念来自奥尔斯教派的灵魂转世说，尽管具有明显的宗教色彩，但与当时流行的"宗教人"形象并不完全一致。这种灵魂观是"智慧人"形象的开端。毕达哥拉斯认为，人为了不失去灵魂，或死后重新获得灵魂，需要净化自己的灵魂；"爱智慧"（即哲学）是净化灵魂的必由之路。[11]

毕达哥拉斯的灵魂不朽观念蕴涵着人的本质是灵魂的意思。苏格拉底（Socrates，公元前 469-399 年）是首次明确把人的本质归结为灵魂的哲学家，并提出"认识你自己"这一著名命题。这一命题将人学研究进行了彻底的转向，从之前的外在研究转向人自身内部，把对人外在自然属性的认识转向了对人的内在精神的认识。苏格拉底认为，人的本质是灵魂，灵魂的特点就是精神和理性，是能够自我认识的理性。在苏格拉底看来，人的理智就是灵魂。"理智"来自希腊文的"奴斯"（nous）一词，指的是无形的、纯粹的实体，它构成了灵魂的纯粹部分，统摄着灵魂的一切活动。苏格拉底的解释使身体和灵魂、感觉和理性成为二元对立的关系。这种哲学思想经柏拉图和亚里士多德的继承，发展为理智主义，从而能够对人的本质做出理性和纯思辨的思考。"认识你自己"不仅是对人的本质的内在性的挖掘，又是对人生原则和目的的阐发，这一命题包含了对人学两个基本问题的回答。苏格拉底要求认识的"自己"是内在于人的心灵（理智）的原则，也就是他常说的"德性"，而德性就是知识。一个人对自己的认识，就是关于德性的知识。因此，德性不仅是指导人生的原则，更是人生的追求目的，因为只有有德性的生活才是有价值的。苏格拉底的人学对后世的人生观、价值观产生了极大的影响。[12]

柏拉图的灵魂观不仅继承了毕达哥拉斯的灵魂不朽论，也继承了苏格拉底的理智灵魂论，并将苏格拉底重视灵魂的价值而轻视肉体的倾向推向极端。与前人一样，柏拉图承认人是由灵魂和肉体构成。柏拉图认为，人的本性在于

---

10 赵敦华：《西方人学观念史》，北京：北京出版社，2005 年，第 36 页

11 赵敦华：《西方人学观念史》，第 35-37 页。

12 赵敦华：《西方人学观念史》，第 37-39 页。

灵魂，人不是灵魂和肉体的复合，而是利用肉体达到目的之灵魂，灵魂统摄肉体，肉体只是灵魂的工具和暂时的寓所。尽管苏格拉底表现出的抬高灵魂贬低肉体的倾向，但也没有将灵魂和肉体完全对立起来。可是柏拉图却把这一倾向发挥到极致，把灵魂与肉体完全对立起来，认为肉体就是灵魂的监狱和临时的载体，并把一切罪恶归结于肉体，对肉体持否定态度。从柏拉图对灵魂和肉体的描述，我们也可以看出这种对立关系：灵魂的纯洁与肉体的肮脏，灵魂的不朽与肉体的必死，灵魂善的与肉体的恶，它们都是完全对立的。因此，灵魂一旦进入肉体就失去自由，因为它受到肉欲的诱惑。对于灵魂如何克服肉体的欲望达到自由，柏拉图认为有两种方法：一是学习哲学，人的灵魂独立思考的时候就会进入本质的、纯净的世界；二是死亡，死亡使灵魂与肉体的分离，成为单纯的灵魂。因此，柏拉图所说的哲学训练就是死亡学习和训练。善是柏拉图哲学的理念世界中的最高理念，其它一切理念都服从最高理念善。既然人的灵魂来自理念世界，也必然以善为追求的目标和归宿。柏拉图的这种追求善的思想对西方人学有着深远的影响，后来的大多数思想家都把善作为人生最高的追求和终极的目的。

柏拉图的学生亚里士多德（Aristotle，公元前 384-322 年）以"我爱我师，我更爱真理"的精神建构了一个与柏拉图不同的人学思想体系。在这一体系中，他主张人的本质是灵魂与肉体的统一。亚里士多德认为，灵魂是生命的现实性原则，所以给灵魂下的定义是"潜在地具有生命的自然形体的形式"，"生命就是靠自身摄取营养和生长（以及相应的朽灭）"。[13]生命又有潜能和现实两个方面，潜能就是指肉体的潜在能力，灵魂使肉体的潜在能力转变为现实的生命活动。因此，亚里士多德认为，人是灵魂与肉体的统一，"灵魂与肉体是不能分离的"[14]。肉体相对灵魂来说是一种质料和载体，而灵魂是它的形式，是使肉体成为现实的东西，质料是潜能，形式是现实。正是肉体的潜能和灵魂的现实的统一，人才成为人。不过，灵魂与肉体的功用不同，灵魂是肉体的统治者。既然灵魂是生命的现实性原则，那么一切有生命的实体都有灵魂，因此灵魂又分为：植物灵魂、动物灵魂和人类灵魂，人类灵魂具有植物灵魂和动物灵魂的功能外，还具有一项特殊功能就是理性思维，正是理性思维将人类

---

13 转引自赵敦华：《西方人学观念史》，北京：北京出版社，2005 年，第 46 页。

14 苗力田主编：《亚里士多德全集》第 3 卷，北京：中国人民大学出版社，1997 年，第 32 页。

灵魂与其它灵魂区别开来。所以亚里士多德还提出一个著名的定义：人是有理性的动物。

古希腊哲学的人学思想影响广泛而深远，形成了西方人学的各种思想源头。希腊人对人的问题的思考非常深刻，经历了从神到人，从身体到灵魂，从人的感性到理性的转变和发展。"宗教人"的形象是把人的本质投射到神的本质上，"自然人"的形象是把人的本质归结为自然本质或合规律的自然过程，"文化人"的形象则是从人的自主创造和人的社会特性来规定人的本质。而"智慧人"的形象是通过对人自身的灵魂来认识人的本质，是希腊哲学四种"人"的形象中影响最为广泛的一种观念，对后世人学造成深远影响。[15]

二、神学进路

基督教诞生之后，早期教父以《圣经》为依据，发展出基督教特有的人学思想。从人学角度看，《圣经》就是一部人所写的关于人神关系的书。基督教的人学围绕人神关系展开，构造了一个"宗教人"的观念。但"宗教人"的观念与古希腊"宗教人"的形象不同：希腊神话构造的是人神同形同性的"宗教人"的形象，而"宗教人"的观念是基督教神学构造的，强调人与神的差别。早期教父基本上还受到希腊哲学的影响，也从灵魂的角度阐释人的本质。因此，"宗教人"的观念还对希腊哲学中的"智慧人"的形象有着一定承继关系。早期教父是在基督教神学范围类接受和解释当时流行的两大希腊哲学传统（柏拉图主义和亚里士多德主义）的灵魂观，从而形成对人的灵魂、人的本质以及灵肉关系的不同看法。

早期教父面临的第一个理论难题就是如何解释"肉身复活"教义。肉身复活有违常识，也与希腊哲学格格不入。当时的哲学家普遍相信"灵魂不朽"、"灵魂转世"，对"肉身复活"的荒诞不经进行谴责。早期教父为证明"肉身复活"的可能性和合理性，形成了对人的灵魂的各种新观点。

早期教父阿萨纳戈拉斯（Athenagoras，2世纪下半叶）首先用"肉身复活"教义证明不可行的基督教信仰也可以用哲学加以论证。在他看来：肉体与灵魂密不可分，既然哲学家都承认灵魂不朽，那么也应该承认肉体不朽，肉身复活。在阿萨纳戈拉斯看来，既然哲学家认为凡是一切不与理性相矛盾的事件都是可能的，既然承认神赋予了人生命，在人失去生命之后，神也可能再把生命交

---

15 参阅赵敦华：《西方人学观念史》，北京：北京出版社，2005年，第36页。

还给人。况且，上帝创造的是人，是有肉体和灵魂的人，而不只是灵魂，人的理性也属于灵魂和肉体两方面。既然哲学家都承认理性不朽和灵魂不朽，那么肉体的不朽也是理所当然的事。[16]他还提出论证说："根据柏拉图和毕达哥拉斯，有形物由无形物组成，是无形物与理智相结合的产物，可感的东西由可知的东西组成，既然如此，那么当一个肉体消解之后，有什么东西可以阻止那些原先构成肉体的（无形）成分再组成同一肉体呢？"[17]他用希腊哲学的论证来维护自己的信仰并说明信仰的真理性。

有些早期教父还进一步提出"物质性灵魂"的概念，主张灵魂是肉体的属性和机能。希腊教父伊里奈乌认为人的灵魂有物质性。他把灵魂与肉体的关系比作水之于容器："正如水一旦注入容器就有了容器的形成，如果它恰在这一刻凝固，它就与这一形式不分离；同样，灵魂也具有身体的形状。"[18]这是对此概念的一个形象说明。正因为如此，灵魂一旦与肉体结合，就保持它的形状，每一个肉体都有一个专属灵魂。灵魂在人死后继续存在，不会从一个肉体转移到另一个肉体，它依然具有人的形式，因此可以被辨认出来。[19]

拉丁教父德尔图良也主张灵魂的物质性。尽管他反对使用希腊哲学解释基督教教义，但在论证这一观点时也不得不借助希腊哲学，他说："斯多亚派使用几乎与我们同样的语言说，灵魂是一个灵性本质（因为气和精灵的性质非常接近），如果做这种理解的话，那我们相信灵魂是一种有形的本质就没有任何困难了。事实上，芝诺把灵魂定义为和身体一起成长的灵"[20]。德尔图良认为：灵魂是上帝创造的气息，在母体子宫里和胎身一同生长，那些宣扬灵魂是从外面降临到身体之中的哲学家一定会遭到妇女们的反对[21]。在德尔图良看来，灵魂就是一种有形体的存在，具有身体的特点并反映身体的相同和不同之处。如果灵魂没有身体属性，它就不可能感知身体受到的伤害并与身体一起承担痛苦，因为无形体的事物与有形体的事物在感受性上没有共同点。灵魂有支

---

16 参阅赵敦华：《西方人学观念史》，北京：北京出版社，2005年，第100-101页。

17 赵敦华：《基督教哲学1500年》，北京：人民出版社，2007年，第63页。原载：阿萨纳戈拉斯：《为基督徒祈求》，31章。ANF,II,P.148.

18 转引自赵敦华：《西方人学观念史》，北京：北京出版社，2005年，第101页。伊里奈乌：《驳异端》，2卷28章2节。

19 赵敦华：《基督教哲学1500年》，北京：人民出版社，2007年，第70页。

20 〔古罗马〕德尔图良：《论灵魂和身体的复活》，王晓朝译，道风书社，2001年，第9页。

21 〔古罗马〕德尔图良：《论灵魂和身体的复活》，王晓朝译，第52页。

配性的力量，并居住在身体的某个特别重要的部分。人的理性成分是自然状态，因为上帝本身是理性的，上帝在创造时已经把理性成分印在灵魂上，非理性的成分是后来生长出来的，是在原罪之后才开始，后来成为灵魂内在的东西，随着灵魂的生长而生长，也具有了自然发展的形式。

德尔图良承认存在两种种子：灵魂的种子与身体的种子。它们不可分离，一起被孕育和成长。灵魂与身体还是具有差异性，灵魂是一个精神本质的有形形体，除了具有身体的物质性外，还拥有它自身专门的东西：不朽、理性、感觉、理智和意志自由。当他在解释人的本质时，陷入了自相矛盾之中。因为在此问题上，他主张灵魂才是人的本质，身体是灵魂的房屋，灵魂想要改良它的住所并让身体受益，[22]这似乎与柏拉图主义又不谋而合。

阿诺毕乌斯（Arnobinus，约 260-327 年）反对"人是有理性的动物"这一定义。在他看来，一切动物都有灵魂，灵魂只是身体的属性，而理性是任何动物通过一定的训练都可以获得的后天技巧。为了证明自己的观点，他还设想了一个"隔离的人"：如果把一个刚出世的婴儿放在一个与世隔绝的房间里，哪怕他是一个柏拉图式的天才人物的后裔，他长大到三四十成熟的年龄，他有何理性？他难道不是像一头猪或一头驴一样愚蠢吗？所以，人并不比动物高明多少。理性不是灵魂的天然属性，人的灵魂也不是与身体无关的纯理性，而是随着身体活动成长的技能和功用。[23]

早期教父的物质性灵魂观突破了当时流行的哲学灵魂观，但并不是与希腊哲学完全无关。希腊哲学是当时希腊文化的主要载体，护教士们为维护《圣经》教义，也不得不借鉴和利用希腊哲学。他们主要利用了原子论和早期斯多亚派的灵魂观，形成了物质性灵魂观念，把灵魂特性归结为身体属性和行为。这一观念主要是为维护"肉身复活"的信仰和教义服务的。

与大多数教父的物质性灵魂观不同，奥利金的灵魂观呈现出灵魂精神性的倾向。为解释"肉身复活"教义，奥利金提出"精神形体"的概念。他认为人死之后，组成肉体的质料散落，但人的精神形体还依然存在，散落的质料还会聚集在这个外壳里复原为以前的肉体。[24]奥利金承认一切活物都有灵魂，但灵魂有等级之分。他给灵魂下的定义是"灵魂是一个属理性而又'有感觉'、

---

22 〔古罗马〕德尔图良：《论灵魂和身体的复活》，王晓朝译，第 80 页。

23 参阅赵敦华：《西方人学观念史》，北京：北京出版社，2005 年，第 101 页。

24 赵敦华：《基督教哲学 1500 年》，北京：人民出版社，2007 年，第 82 页。

'能活动'的实质"[25]。高级灵魂是理性灵魂，低级灵魂具有双重性。人的灵魂就具有双重性。在奥利金看来，理性的本性即精神是永恒的，它们从与上帝统一的状态中堕落了。高级灵魂堕落之后，就变成了低级灵魂。奥利金认为，天使和耶稣也是有灵魂的，不过他们的灵魂是合乎理性的，是高级灵魂，是永恒精神。人的灵魂是已经冷却了的精神，是这些堕落的高级精神与与人的肉体的中介。虽然奥利金并没有讨论灵魂的精神性和物质性归属的问题，但他把人的灵魂理解为永恒精神的堕落而成的思想已经蕴涵了灵魂精神性的倾向，这对基督教物质性灵魂观来说已经是一种革新了。

早期教父的人学思想中有着希腊哲学的痕迹，这是因为他们为维护基督教教义和信仰，必须要借助希腊哲学与当时的异教和哲学家进行论战。既然要采用希腊哲学来解释教义和信仰，希腊哲学也就必然会以各种方式渗入到基督教思想的建构，其人学思想的发展也会受到希腊哲学人学思想的影响。

第二节　灵肉关系学说

奥古斯丁生活的时期正是希腊哲学与基督教教义充分融合的时期。当时正是希腊文化"智慧人"的形象盛行的时期，柏拉图主义和亚里士多德主义作为最重要的两大传统，占据着当时希腊哲学的思想主流。"智慧人"的形象就是希腊人从灵魂的角度出发来解读人的本质所形成的。早期教父在解读《圣经》，阐释基督教教义时也不可避免要讨论人的灵肉问题。尽管他们对灵魂的本质问题仁者见仁，智者见智，但对理解人是灵魂与肉体的组合这一观点却保持了一致性。但是在灵魂与肉体之间的关系问题上，他们又是各抒己见，呈现出灵肉对立性和灵肉和谐性（统一性）两种不同的倾向。

一、特征和倾向

希腊文化的最初形态希腊神话在描述人的时候，主要从人神同形同性的视角看待人，还没有形成把人分为灵魂和肉体的相关观念。自然哲学阶段是把人以及灵魂都看成自然的一部分，都是由共同的本原（水、火、原子等）组成的。例如，原子论认为世界的本原是原子，灵魂是一种更为精细的原子构成，灵魂与肉体都是有原子构成，两者不是分离的。直到毕达哥拉斯的灵魂不朽观

---

25 〔古罗马〕奥利金：《教义大纲》，见《亚历山大学派选集》，台北：基督教文艺出版社，1989年，第358页。

念出现，人的肉体和灵魂才开始被分开看待。真正实现人学研究转向的是苏格拉底，他提出"认识你自己"这一命题，人的问题研究才开始转变到人的内部，人们不再从外部自然来研究人的问题，而是从人的内部灵魂来认识自身。因此，我们可以说是苏格拉底开启了灵肉关系问题的讨论。

苏格拉底的"认识你自己"这一主张一方面要回答人是什么的问题，另一方面要回答人生目的之道德性问题，这恰恰是对人学基本问题的回答。"认识你自己"的命题成为西方人学的重大突破。苏格拉底认为人的本质是就是人的灵魂，而人的理智就是灵魂，灵魂是无形的纯粹实体，其特点是精神和理性。这种理性是和肉体相对立的。因此，灵魂与肉体、感性和理性成为二元对立的关系。尽管如此，苏格拉底只是具有强调理性轻视感性的倾向，并没有完全肯定灵魂而否定肉体。

柏拉图是把灵肉二元对立的关系发展到极致的哲学家。在柏拉图看来，人分为可见的人的形体和不可见的人的灵魂两部分，人的本性在于人的灵魂。人的灵魂是独立自存的纯粹的精神性实体，不仅在人出生之前已经存在，而且在人死后也不会消失。人不是灵魂和肉体的复合，而是利用肉体达到一定目的的灵魂。灵魂主宰肉体，肉体只是灵魂的工具和暂时的寓所。柏拉图对灵肉关系的论述中，极力贬低肉体的意义而强调理性灵魂的价值，把灵魂与肉体完全对立起来，把肉体看成灵魂的监狱与临时的载体，并且把一切罪恶归于肉体，对肉体持否定态度。

柏拉图如此界定灵肉二元对立的关系具有其理论基础。在柏拉图的理论中存在两个完全不同的世界：理念世界和现象世界。现象世界是理念世界的摹本，理念世界才是本真的。人的灵魂与肉体就分别来自这两个不同的世界。柏拉图认为，人的灵魂来自理念世界，肉体属于现象世界。灵魂原本是理念世界最好的被造物，被赋予理性与和谐，为什么要与肉体结合在一起呢？柏拉图对此的解释是，灵魂被折断翅膀，无法上升到理念世界，才堕入肉体之中，附着于肉体作为暂时的寓所。正是因为灵魂堕入肉体，灵魂赋予了肉体生命，人才得以存在。所以，人的本质在于灵魂，人是一个利用肉体的灵魂。灵魂统摄肉体，肉体是灵魂的工具，这是柏拉图对灵肉关系的基本界定。在柏拉图看来，灵魂作为独立存在的实体，是不朽不变的，而肉体缺乏自身的独立存在，是可变的、死亡的；单纯的、纯洁的灵魂，一旦进入肉体就受到肉体的玷污，因为肉体是肮脏的；灵魂能够达到本质的纯净的世界，肉体感觉看到的只是现象的世界。因此，人存活的时候，肉体就是灵魂的监狱，灵魂只能通过肉体来追求真实和自由。灵魂的终极目的就是挣脱肉体的束缚，回归到理念世界。所以，在柏拉图看来，灵魂进入肉体之中代表人的出生，而所谓死，就是灵魂摆脱肉体，恢复独立自存的状态。

柏拉图对灵肉关系的论述肯定了灵魂对身体的统摄作用，承认灵魂的不朽，很容易被基督教护教士利用，作为维护基督教有神论、永生的赏罚福报等教义内容，因此被认为是似乎"最有利于天主教人类学了"[26]。从整个哲学史的发展看，柏拉图的灵肉二元论思想确实对后来的基督教思想家产生了深远的影响，一直被当做基督教人学正统思想的源头。他对灵魂不死以及灵魂精神性的论证，以及他对理性的高度肯定对奥古斯丁建构其人学思想都具有深刻的影响，乃至常常被后世学者称为柏拉图主义——奥古斯丁传统。

柏拉图的学生亚里士多德与柏拉图不同，他坚持灵肉关系的统一性（和谐性）。亚里士多德认为，灵魂与肉体是统一的，"灵魂与身体是不能分离的"[27]。在亚里士多德看来，灵魂与肉体的关系就是形式与质料的关系。肉体对于灵魂来说就是一种质料和载体，而灵魂是肉体的形式，是使肉体成为现实的东西，两者的功用完全不同，却无法分离，灵魂与肉体结合才形成人，灵魂或肉体单独都不能构成人。因此，他对灵魂下的定义是："灵魂就是潜在具有生命的自然躯体的第一现实性；而且，这样的躯体具有器官。"[28]由此可见，灵魂是生命物与无生命物的区别所在；同时，灵魂作为肉体的形式是"现实"，使肉体得以实现出来。在亚里士多德的实体学说中，现实和潜能对应于形式与质料，而所有的形式都是实体，因此灵魂作为肉体这一质料的形式，就是实体。所以，亚里士多德说"灵魂是在原理意义上的实体，它是这样的躯体是其所是的本质"[29]。

灵魂与肉体之间这种形式与质料的关系表明：作为形式的灵魂优于作为质料的肉体，但形式又体现在质料中。所以，灵魂先于肉体，并决定肉体之为

---

26 〔法〕吉尔松：《中世纪哲学精神》，沈清松译，台北：商务印书馆，2001年，第164页。

27 苗力田主编：《亚里士多德全集》第3卷，中国人民大学出版社，1997年，第32页。

28 苗力田主编：《亚里士多德全集》第3卷，第31页。

29 苗力田主编：《亚里士多德全集》第3卷，中国人民大学出版社，1997年，第31页。

肉体，就如亚里士多德所说，"灵魂将肉体结合在一起"，"灵魂一旦完结，肉体就会在空气中消散并腐败"[30]。除此以外，灵魂也必须存在于特定的肉体之中，而不能像毕达哥拉斯学派那样，"把灵魂硬塞进任一躯体之中"[31]。因此，灵魂与肉体不可分离。这一观点妥当解决了灵魂与肉体结合的难题，而且从根本上否定了柏拉图的灵肉二元对立的学说。但是，亚里士多德在解释灵肉关系又存在自相矛盾。因为他又认为，灵魂是肉体的目的，说灵魂"合乎自然地为生物提供了这样的目的，所有的自然躯体都是灵魂的工具"[32]。这种"工具说"又是对柏拉图"人是利用肉体的灵魂"思想的一脉相承。

奥古斯丁在讨论灵肉关系的问题时，认为当时主要存在三种看法：第一种就是摩尼教的看法。他们认为，灵魂和肉体是两个彼此独立的部分，处于相互平行的关系中，灵魂代表光明，肉体代表黑暗，这两种势力相互斗争，灵魂战胜肉体，人就表现善的本性，肉体战胜灵魂，人就表现出恶的本性；第二种柏拉图主义的观点。柏拉图认为，人的实质就是独立自存的灵魂，肉体缺乏自身的独立存在，只是灵魂暂时的居所和达到目的的工具；第三种看法认为，人是包含着灵魂的肉体，灵魂离不开肉体，主张灵魂是肉体的属性物质观，这是一些强调身体复活教义的基督徒的观点。[33]

奥古斯丁在灵肉关系上的看法在前后期有所变化。奥古斯丁早期深受摩尼教的影响，认可第一种看法，但是皈依基督教后一直力图从摩尼教的平行二元论中摆脱出来，开始反对肉体和灵魂平行相对的观点。后来奥古斯丁虽然深受柏拉图主义的影响，但他并不贬低人的肉体的价值，在灵肉关系问题上，并不用灵魂取代肉体的地位，因此他也不完全同意第二种观点。至于第三种观点，只是为了维护肉身复活的教义而强行拼凑论证的，缺乏逻辑性，奥古斯丁当然不予赞同。

奥古斯丁在灵肉关系上形成自己的思想特点：首先，在对灵魂的认识上，奥古斯丁基本上坚持了柏拉图主义的观点，主张灵魂的精神性和实体性，认为灵魂是非物质的、本性善的、活跃的、无广延和不可分的。其次强调了灵魂和肉体的相对独立性和差异性。灵魂是精神实体，肉体是物质实体，灵魂与肉体

30 苗力田主编：《亚里士多德全集》第3卷，第28页。

31 苗力田主编：《亚里士多德全集》第3卷，第35页。

32 苗力田主编：《亚里士多德全集》第3卷，第39页。

33 赵敦华：《基督教1500年》，北京：人民出版社，2005年，第145-146页。

结合为人，但都没有失去各自的独立性。但是，灵魂与肉体是具有差别的实体，因此，奥古斯丁才说，人所拥有的是"一个不是肉体的灵魂和一个不是灵魂的肉体"[34]。最后，奥古斯丁进一步说明灵魂与肉体是具有主从关系的两个实体，两者的结合是"不相混合的联合"。他说"我的灵魂的肉体是不同于灵魂的另一个实体，虽然两者在同一个人之中的关系不同于两个人的灵魂之间的关系。"[35]

奥古斯丁的灵肉关系学说一方面是对柏拉图灵肉学说的继承和改造，另一方面也具有自己的独创性。他把人分为"外在的人"和"内在的人"，"外在的人"指的就是人的外形、表象，也就是人的肉体；"内在的人"就是不与肉体混合的灵魂。外在之人与内在之人结合成为一个人，也就是灵魂与肉体"不相混合的联合"。但是，奥古斯丁对于一个精神实体和一个物质实体究竟如何联合的问题缺乏足够的论证，以致使我们在他的著作里总能感受到的不是灵魂与肉体的"联合"，而是灵魂与肉体的对抗和分裂。

二、肉身的地位

尽管柏拉图引导了一种贬低肉体的人学思想倾向，使人的肉身一直处于被轻视和被压抑的状态。但是对人是灵魂和肉体的组合这一观点，无论是希腊哲学家还是早期教父都予以赞同，灵肉二元论已经占据主导思想地位。因此，古代思想家在言说灵魂的问题时也不可避免的要涉及到肉身的论证，我们就从这些思想脉络中发掘肉身在"人"中的独特地位和意义。

希腊神话时期，希腊人对人的肉体是充满赞赏的。这种赞赏不仅表现在他们所塑造的具有健美肉体的神的形像上，更多展现在其裸体艺术中。自然哲学阶段，人是一个整体，作为万物的组成部分，与万物具有共同的本原，肉体基本还没有单独被抽离出来。毕达哥拉斯的灵魂不朽观念尽管蕴涵着人的本质是灵魂的意思，但他所理解的"灵魂"并不是独立自存的存在，灵魂既不与肉体对立，也没有完全脱离肉身。灵魂存在肉身的从心到脑的一个具体位置，还需要"从血液中取得养料"[36]，而且"灵魂的纽带是血管、肺和

---

34 〔古罗马〕奥古斯丁：《论三位一体》，周伟驰译，上海人民出版社，2005 年，第 410 页。

35 〔古罗马〕奥古斯丁：《论三位一体》，周伟驰译，第 47 页。

36 北京大学哲学系外国哲学史教研室编译：《古希腊罗马哲学》，北京：商务印书馆，1982 年，第 36 页。

神经"[37]。在毕达哥拉斯看来，知觉和理解活动完全是由于物质上的原因，完全依赖于肉身的状况[38]。从这些论述中，我们可以得知，毕达哥拉斯派的灵魂不朽与灵魂转生都要依赖于肉身，肉身是灵魂的存在场所；人的认识活动也离不开肉身。

柏拉图是强调灵魂贬低肉体的极端二元论。无论柏拉图如何贬低肉体，否定肉体，但有两个方面却不得不承认肉体的积极作用。一方面，柏拉图认为，肉体是灵魂的工具和暂时的寓所。大多数人都从中看到了肉体的消极作用而忽视了积极的一面。试想一下，如果没有肉身，堕落的灵魂何以寄存，人又如何得以出现，单独的堕落灵魂不能称为人。肉体是灵魂的工具也表明肉体具有可利用的价值。另一方面，在认识领域，柏拉图认为肉体是灵魂的桎梏，可也不得不承认肉体感觉的积极作用。肉体的感觉是一种刺激和促发，触动和开启灵魂对知识的回忆。

亚里士多德认为人是灵魂与肉体的统一，尽管主张灵魂对肉体的统治地位，但也肯定肉身的积极意义。在他看来，灵魂存在于特定的肉身之中，而不能像毕达哥拉斯学派那样，可以"把灵魂硬塞进任一个躯体之中"[39]，因此，肉身与灵魂不可分离。肉身先于灵魂，灵魂的非理性部分先于理性部分，理性部分只有成人时才逐渐产生。人类作为唯一能够直立行走的动物，是因为肉身的结构原因，人的脑容量最大，数量过多。人的手不仅是多种工具，也是工具的工具，更是智慧的体现。潜在的灵魂要变为现实的灵魂，也必须与作为质料的肉身相结合，因为只有形式和质料结合，生命才会产生。在认识活动中，感觉的质料是感觉器官，在感觉活动中，感觉对象的质料作用于感觉器官。在亚里士多德对理智的细致分析中，他还认为，被动理智混居与肉身之中，并与肉身共存亡。[40]从亚里士多德的思想中，我们可以看出肉身在"人"中的不可或缺的独特地位和积极意义。

罗马时期的原子论者卢克莱修（Lucretius，约公元前 99～55 年，以著作《物性论》（De Rerum Natura）而闻名）认为，人的灵魂和精神都是有精细的

37 北京大学哲学系外国哲学史教研室编译：《古希腊罗马哲学》，第36页。
38 W.K.C.Guthrie, A history of Greek Philosophy, vol. 2, Cambridge University Press, 1980, p.68。
39 苗力田主编：《亚里士多德全集》第3卷，中国人民大学出版社，1997年，第35页。
40 赵敦华：《西方人学观念史》，北京：北京出版社，2005年，第101页。

原子构成，它们与构成身体的原子有共同起源和相互作用，因此"心灵的本性不能没有肉体单独生出来，也不能远远离开血肉而存在"[41]。心智作为灵魂的主导部分，位于心脏之中，灵魂的其余部分遍布整个肉身，应心智之邀而动。灵魂与肉身紧密地交织在一起，并与肉身一起成长，同时与肉身一起腐朽。因此，人之所以为人，是因为灵魂与肉身都在同一个躯壳之内。[42]由此可见肉身在人中不可或缺的地位和积极意义，因为灵魂不能离开肉体而存在，肉体与灵魂同生同长。

柏拉图之后的许多哲学家受其影响貌视肉身，认为肉身是灵魂的败坏者。但是德谟克利特却采取了相反的观点。在德谟克利特看来，肉身负责肉身自己的事，灵魂负责灵魂自己的事，决不能混淆在一起。肉身既不能因自身所遭受的种种痛苦和疾病而起诉灵魂，也不能因忽视导致肉身某部分损害而谴责灵魂的错误，更不能因纵情声色而毁坏肉身的某部分而责备灵魂。如果把肉身当做灵魂的所用的工具，那么，工具的状态不佳，我们完全可以不埋怨工具（肉身），而只会埋怨工具的主人（灵魂）。[43]

使徒保罗在描述肉身时用了两个不同的词：身体（希腊词 soma，即 body）和肉体（希腊词 sarx，即 flesh）。在保罗看来，肉体总是呈现出意志薄弱、死亡的倾向，以及对本能的罪的倾向，而身体被置于这些肉体力量的阴影之中。肉体是肉身中次等的部分，常常被保罗将之与罪联系在一起。相对而言，身体具有积极的内涵，保罗甚至用"精神性的身体"（其含义多有争论）来指称肉身中的这些高等部分。身体还与死人复活的教义紧密相关。部分学者认为，保罗所指的身体的积极意义是从圣经意义上的理解。但是保罗对肉身的积极价值的肯定逐渐取代了柏拉图二元论对肉体的贬低。这种将肉身区分为身体和肉体的思想，一直对摩尼教、诺斯替主义和基督教二元论产生重要影响。奥古斯丁在解释保罗的观点时，有时将身体与肉体分离，有时将身体与肉体合并。[44]

---

41 参见〔古希腊〕卢克莱修：《物性论》，北京：商务印书馆，1962 年，第 171-173 页。

42 〔英〕安东尼·肯尼：《牛津西方哲学史》第一卷，王柯平译，长春：吉林出版集团，2010 年，第 295-296 页。

43 〔英〕安东尼·肯尼：《牛津西方哲学史》第一卷，王柯平译，长春：吉林出版集团，2010 年，第 306 页。

44 Andrea Nightingale: *Once out of Nature: Augustine on Time and the Body,* The university of Chicago Press, p211-213.

对于主张灵魂物质性的早期教父思想家而言，肉身的地位和意义不言而喻。因为他们主张人的本质就是肉体，灵魂只是肉体的功能和属性。早期教父阿萨纳戈拉斯主张肉身与灵魂一样不朽，因为两者密不可分。希腊教父伊里奈乌认为，灵魂是肉体的属性和机能，灵魂也具有身体的形状。拉丁教父德尔图良也主张灵魂的物质性，认为身体与灵魂共同孕育、生长和成熟，不可分离。在亚当犯罪时，灵魂是主犯，身体是从犯，它们协同完成犯罪。在拯救中，上帝的恩典不仅仅针对灵魂，也包括身体的救赎，身体是表现上帝的恩惠和力量的最好手段。阿诺毕乌斯认为，身体才是人之为人的根本，灵魂只是身体的属性，会随着身体活动成长，而理性是任何动物通过一定的训练都可以获得的后天技巧。早期教父的物质性灵魂观突破了当时流行的哲学灵魂观，赋予肉身极高的地位和意义，把灵魂特性归结为身体属性和行为。这一观念主要是为维护"肉身复活"的信仰和教义服务的。

奥古斯丁对肉身问题的看法具有双重性。一方面，他主张肉体的实体性，认为人是由一个精神实体和一个物质实体构成的，灵魂作为精神实体，是"内在之人"，肉身作为物质实体，是"外在之人"，兼顾人的内、外两种向度。另一方面，当他在讨论罪恶问题的时候，认为人的罪恶是自由意志作用的后果，肉欲的贪婪使罪得以延续，在这里贬低肉体的柏拉图主义倾向又展现得淋漓尽致[45]。

第三节　奥古斯丁人学思想的基本前提

奥古斯丁的人学思想的形成虽然深受柏拉图主义及斯多亚学派的影响，但主要还是依靠基督教经典文本《圣经》，因为《圣经》不仅是基督教的基本教义，更是神的启示。奥古斯丁利用希腊哲学对基督教教义进行解读和阐释，形成了包括人性论、原罪论、自由意志说、基督论、救赎论等一系列丰富的人学思想，这些丰富的人学思想都建立在两个基本的出发点之上：第一，人是按照上帝的形像被造的，因此，人与其他任何受造物不同的地方就是，人具有上帝的形像；第二，因为始祖亚当的原罪，整个人类都处在败坏的人性之中，要获得拯救，必须依靠上帝的恩典。这两个基本前提都与灵肉关系学说密切联系在一起。

---

45 赵敦华：《基督教哲学 1500 年》，北京：人民出版社，1994 年，第 164 页。

一、人具有上帝的形象

《圣经·创世记》中描述了上帝创造天地万物的过程，在创世的第六天，"神说，我们要照着我们的形象，按着我们的样式造人，使他们管理海里的鱼，空中的鸟，地上的牲畜和全地，并地上所爬的一切昆虫"。对这段经文，基督教思想家基本都一致将之理解为上帝"按照自己的形像"造人，并赋予人管理世间万物的尊贵地位。

奥古斯丁作为基督教神学家，自然也一脉相承地认为"人是按照上帝的形像被造的"，这也是他建立自己人学思想的起点和基础。他非常重视对圣经文本的解读，自 401 年前后开始，就不遗余力地致力于《〈创世记〉字义》（*The Literal Meaning of Genesis*）[46]这部著作的写作中。在本书中，奥古斯丁对上帝通过不同层次的因果关系造人的理解和阐释，对于我们理解"人是按照上帝的形像所造"的涵义具有启发意义。根据奥古斯丁的理解，上帝对人的创造是一个复杂的过程，是分为两次完成的。上帝在第六日的第一次创造是创造了人的道理和原因，是包含灵魂与身体的道理在内的，整体之人的原因，他按照"自己的形像"创造了灵魂的道理，"造男造女"创造了肉体的道理。而后来在伊甸园里，上帝"用地上的尘土造人，将生气吹在他鼻孔里，他就成了有灵的活人，名叫亚当"，具体的人才得以创造实现出来。[47]

这两次创造的人是完全一样的人，可是创造的意义完全不同。第一次的创造是以不可见的方式创造，即第六日的创造的人是不可见的潜在的人，是包含灵魂和身体在内的，人的形式和原因。第二次的创造是以可见的方式创造，伊甸园的创造是将人的原因实现出来，创造出可见的实在的人。很多学者认为，奥古斯丁在解释《创世记》中上帝的创造时，主张上帝的创造是一种整体的、一次性的创造，但这不是指时间上的，而是强调上帝创造的万物的整体共存性。因此这与他对人分两次被创造的解释之间并不矛盾。

《创世记》第二章第 7 节说："上帝用地上的尘土作人，将生气吹在他脸上，他就被造成了有灵的活人"。对这段经文，用尘土造人，可以直接理解为，人的肉体来自物质的土；但用气造灵魂，却不能理解为就是用物质的空气造了灵魂，因为灵魂不是物质的，所以它不可能是物质元素造成的。这一点比较容

---

46 目前这本书还没有中文翻译出版，有学者译为《〈创世记〉字解》，有学者译为《创世纪字义》，笔者在此选取《〈创世记〉字义》。

47 参阅吴飞：《心灵秩序与世界历史》，北京三联书店，2013 年，第 104-108 页。

易证明。奥古斯丁认为，"用尘土造人"就是上帝用肉体的道理为物质质料（尘土）赋形，使肉体的道理得以显现，形成具体的身体。

在奥古斯丁看来，灵魂的创造，与身体比起来，是更为重要，更为棘手的问题，因为这是理解人之创造的一个关键环节。既然灵魂不是从物质元素创造的，那么就存在三种可能性：要么是从上帝自身造出来的，要么是从另外的精神造物中造出来的，要么是从虚无中造的。下面我们就对这三种可能性进行一一分析，看看灵魂究竟从何而来。

奥古斯丁对人的形式（道理）和人的灵魂之间做了区分。因为奥古斯丁笔下的"内在之人"有时候指灵魂，有时候指人的道理。当讨论灵魂的创造时，他发现了存在的问题，于是在此进行了区分，确定了"内在之人"指人的灵魂。上帝在第六日创造了人的道理（人的种子），包含了灵魂的道理和肉体的道理，可是这只是潜在的人。在谈天使的创造时，奥古斯丁明确区分了精神质料和道理。精神质料是上帝创造的天，道理却永恒存在于上帝的圣言中。精神质料在转向上帝时，就被圣言的永恒之光照亮了，于是，道理为精神质料赋形，就创造了天使。

然而人的灵魂的可变性显而易见，既然灵魂是可以由好变坏，是可变的，那么它就不可能来自上帝本身，因为上帝是绝对不变的。有些人认为上帝向人吹了一口气，就造出了人的灵魂，那么灵魂就应该是来自上帝的实体本身的某种东西。但奥古斯丁认为这绝不可能，也不可能正确，因为绝对不变的上帝绝对不会从自身创造出一个可变的东西来，这个说法本身就是渎神的。在《论灵魂及其起源》一书中，奥古斯丁批评维克多的观点时说到："他几乎没有意识到，他革命性的思想已经回到了他自认为已经避免的观点，甚至认为灵魂不是别的，就是神的本性，因而就有一种现实的东西是自我同一的神从神的本性中造出来的，因为这种东西的创造与创造的质料就是创造了它的神自身。这样，神的本性就成为可变的了；神的本性既变出了低级的事物，就必招来自有永有之神的谴责！"[48]

由此可见灵魂不可能来自上帝本身，那么也就还剩下两种可能：灵魂要么来自虚无，要么来自精神之天。在讨论灵魂来自虚无的可能性时，奥古斯丁认为，我们相信上帝在同时创造万物之后，就不再从虚无中创造某物，相

48 〔古罗马〕奥古斯丁：《论灵魂及其起源》，石敏敏译，北京：中国社会科学出版社，2004年，第188页。

信他完成开始造物的工之后就安息了，以至于后来造的都出自已经造的；如果这样，我们就不知道如何理解上帝从虚无中造出灵魂。[49]也就是说，上帝在前六日的创造完成之后，就不再从虚无中创造；后来的都是从他已经创造的存在物中创造出来的。但是在奥古斯丁对人的创造的解释中，他认为人是在伊甸园里的时候才被创造出来的，也就是说在上帝结束造物的工之后发生的，所以不可能是上帝从虚无中造出灵魂。但是，从奥古斯丁的著作中，我们还可以看到，他说"无论他（上帝）从自身创造了什么，他必然保持自我同一的本性，因而是不变的；但灵魂是（如所允许的）可变的。因而它不是从他出来的，因为他事实上是不可变的。那它（灵魂）必然是从虚无中创造出来的，当然是神自己创造出来的"[50]。奥古斯丁所说的"灵魂必然是从虚无中创造出来"指的是在第六日，灵魂的道理是上帝从虚无中创造出来。但是这里的灵魂还只是一种潜在的形式，并没有获得现实的存在。在第六日，上帝创造了人的道理（形式）或者说人的种子，是包含灵魂的道理和肉体的道理。尽管灵魂的道理（形式）被造于第六日，但灵魂的被造却是在六日之后发生的，那它就不可能还是出自虚无，而必须出自上帝在前六日所造的某物或者说某种质料。[51]

那种精神造物就是灵魂的质料，但这种质料到底是何种质料呢？正如前面叙述的那样，既然灵魂不可能来自上帝本身，也不可能来自虚无，那么就必定是来自某种质料。为此，奥古斯丁提出了"精神质料"这一说法。因为在他看来，质料不等同于物质，形式不等同于精神，而是存在精神质料，这是他区别于很多基督教教父的地方，也是他提出精神质料的内在原因。灵魂的可变性决定了它只能来自某种质料，那这种质料不可能是物质质料，那就只能是某种精神质料。但这是一种什么样的精神质料呢？这种精神质料具有什么存在特征呢？奥古斯丁自己也感到了前所未有的困惑，对这种精神质料的性质提出了种种可能性和追问。经过一番考查论证，奥古斯丁认为：天使就是灵魂的精神质料，灵魂来自天使，灵魂的道理最初就被造在了天使当中。[52]

---

49 参阅吴飞：《心灵秩序与世界历史》，北京，三联书店，2013 年，第 107 页，奥古斯丁，《〈创世记〉字义》，7: 5 [7]。

50 〔古罗马〕奥古斯丁：《论灵魂及其起源》，石敏敏译，北京：中国社会科学出版社，2004 年，第 189 页。

51 参阅吴飞：《心灵秩序与世界历史》，北京，三联书店，2013 年，第 109-114 页。

52 吴飞：《心灵秩序与世界历史》，北京，三联书店，2013 年，第 114 页。

奥古斯丁详细描述了造人的过程以及灵魂被赋形对于人的意义：在第六日，上帝按照"自己的形像"造了灵魂的道理，"造男造女"就是造了肉体的道理。当他用土造人，就把肉体的道理实现出来；当他吹气造灵魂时，就以灵魂的道理为灵魂的质料赋形，造出人的灵魂。人的灵魂为人的肉体赋予生命，就成了既有肉体，又有灵魂的活人。[53] 由于奥古斯丁将人的道理（形式）与人的灵魂、人的肉体区别开来，所以这个过程就变得复杂了。肉体和灵魂要成为具体的存在，都需要被赋形，而肉体又需要被灵魂赋予生命。奥古斯丁认为，对于肉体的道理潜在地存在于肉体的质料，即"地"当中，就像种子那样；可是，灵魂的道理被造在什么自然当中呢？当每种形式被造，但还没实现的时候，它已经潜在地存在于相应的质料当中了。灵魂的道理在第六日被造的时候，就也应该潜在地存在于灵魂的质料当中了。所以，为了产生灵魂，某种精神被造物已经被建立，将来的灵魂的道理就存在于其中。只有当上帝通过吹气把灵魂造在人之中的时候，灵魂才得以实现存在。上帝在第六日按照"自己的形像"，对灵魂的道理的创造，就是造在了这种精神被造物当中，这种精神被造物只能是天使。

从奥古斯丁上述的论述中，我们可以推断：灵魂的道理，最初是被造在了天使当中；天使，就是灵魂的精神质料。这样的理解，一方面可以避免将灵魂理解为从物质、虚无、上帝的实体，或非理性质料中创造的各种困难，另一方面也揭示了人与天使之间的内在关系。可是我们也应该看到，人的创造与万物的创造还是有区别的。物质造物的道理虽然造在了天使之中，但天使不是它们的质料。它们的质料是"地"，即物质质料，它们的道理也已经潜在存在于地之中。所以它们的道理即可以说被造在天使之中，也可以说被造在了物质质料当中。这是从不同的两个角度说的。所以，当上帝通过天使为它们赋形的时候，那天使所认识、潜在地存在于物质质料中的道理，就在物质造物中实现了出来。然而，对于人的创造而言，人和所有造物都不同，不需要在天使那里获得认识，只要人自己认识了自己的道理，就能获得完美。但是，人也需要一种质料，以便在其中实现自身。当灵魂的道理被造的时候，它就作为原因形式存在于这一质料中。可是由于人的灵魂与天使一样，都是有理性的，它的质料就应该是精神质料。可是，除了上帝所造的天使之外，哪还有什么精神性的存在物

---

53 吴飞：《心灵秩序与世界历史》，第108页。奥古斯丁，《〈创世记〉字义》，7:
8 [11]。

呢？因此，人的灵魂只能来自于天使。[54]

由此可见，奥古斯丁对人的创造，采取了与之前基督教思想家截然不同的解释模式，这种解释模式的确具有独特之处。在笔者看来，这种解释模式一方面隐含了人是灵魂与肉体的合一体，因为上帝在第六日创造的人的道理（形式），是包含灵魂和肉体在内的统一体，而这形式正是人的本质。另一方面，上帝"按照自己的形像"，创造了灵魂的道理，说明人所具有的上帝形像体现在灵魂上；天使作为灵魂的质料，也使人具有了与天使类似的性质。而人作为"上帝的形像"被造，这是奥古斯丁人学思想的一个出发点，他对"人"的所有讨论都是建立在这一基础之上。

二、原罪与人性的败坏

罪恶及人的本性的问题一直围绕着奥古斯丁，其皈依前的种种生活经历也都在寻求某种未解决的道德问题做理论和实践上的探索。从摩尼教皈依基督教之后，奥古斯丁对摩尼教的善恶二元论进行了彻底的理论清算。先后在《论自由意志》、《忏悔录》、《论原罪与恩典》和《上帝之城》等重要著作中，奥古斯丁对恶的实质、种类以及原因等进行了深入的探讨，形成著名的原罪理论，这一理论成为基督教的正统思想，对当时时代乃至后世都产生了深远的影响。[55]

在上帝的创造物中，人的地位是最高贵的，被赋予了管理世界的权能；然而，最高贵的人面对上帝也要保持绝对谦卑与顺从。上帝把创造的"初人"安置在伊甸园里，告诉他们可以随便吃园子里树上的果子，只是分别善恶树上的果子不能吃，吃的日子他（初人）必定死。这个忠告可以看作是上帝给人的一条诫命，"初人"正是违背了这条诫命，才招致必死的命运。《圣经》的这个描述就是对原罪故事的记录，奥古斯丁根据《圣经》的这个故事，详细阐发了基督教的"原罪"理论。

原罪产生的原因在于"初人"亚当滥用了所拥有的自由意志。在奥古斯丁看来，一切的存在都是善的，意志属于中等之善。所谓中等之善就在于自身的可变性，因此可变性就是意志的特性，表现为自由选择的能力。奥古斯丁认为，"意志本身，虽是中等的善，若顺服公诸大家的不变的善，就获得人生中主要

---

54 参阅吴飞：《心灵秩序与世界历史》，北京，三联书店，2013 年，第 115-116 页。

55 赵林："罪恶与自由意志——奥古斯丁'原罪'理论辨析"，《世界哲学》，2006 年第 3 期。

的善。若意志离弃那公诸大家的善，而归向一种私善，无论是处于它以外还是以下的，它就犯了罪"[56]。因此，尽管意志在本性上是善的，可由于其可变性特征，经常处于不稳定的状态，当其意愿性上有自我膨胀和不服从的倾向时，就可能导致对上帝的背离而犯下罪恶。当人被创造时，被赋予了意志，其目的和功用就是为了趋向至善的。可是，当意志违背了自身的本性和功用，转而寻求自我之善，那就是犯罪。亚当犯罪正是因为意志被滥用，违背了上帝的诫命，背离了至善。

自由意志来源于上帝的创造，但上帝赋予人自由意志不是让人犯罪，罪恶不能归于全善的上帝。上帝按照善的原则创造世界，赋予世界以完美的秩序。人作为自然的一部分，必须服从那永恒的法则和秩序，按照"上帝的形像"所造的人的灵魂中虽然带有上帝至善的印记，但人的行为不是在永恒秩序下强制完成的，而是在自由意志的选择下进行的，人的理性有能力知道和理解上帝的法则，人的意志决定自己的选择，或遵从，或是违抗，都是人自己做出的决定。自由意志的意义在于一方面体现了人的独特的尊贵地位；另一方面彰显上帝对人进行审判的公正性。如果人没有自由意志，就无需对自己的行为负责了；行为不是自己所能决定的，自然就不用承担责任，否则无法彰显上帝的公正性。[57]因此，奥古斯丁强调，尽管上帝是万物的创造者，但不是一切意志的支配者，人的选择是出于自己的自由意志，与全能至善的上帝无关。

罪显然不是"初人"被造时的本性，而是堕落后的本性。被造之初的亚当，本性是无暇的，那无暇的本性为何导致罪恶的产生呢？亚当的堕落犯罪始于偷吃禁果。亚当明明知道吃禁果会违反上帝的诫命，但还是选择了吃禁果。亚当自始至终都知道吃禁果是犯罪，却在女人劝他时就行动了。奥古斯丁认为，亚当犯罪不是因为他对女人的爱，亚当犯罪的最终原因是自己内心的骄傲。因此，人类原罪的根源在于人的骄傲。在奥古斯丁看来，"骄傲的开端就是离开上帝"，而"骄傲是一切罪的开端"[58]。奥古斯丁认为：骄傲就是一种想要得到有悖常情的提升的欲望。这种欲望的实现会导致人放弃心灵安身的永恒基

---

56 〔古罗马〕奥古斯丁：《恩典与自由》，奥古斯丁著作翻译小组译，江西人民出版社，2008年，第89页。

57 黄裕生："原罪与自由意志——论奥古斯丁的罪责伦理学"，《浙江学刊》2003年第2期。

58 〔古罗马〕奥古斯丁：《论原罪与恩典》，周伟驰译，北京：商务印书馆，2012年，第120页。

础，使心灵成为它自己的基础。当一个人对自己感到喜悦时，骄傲就发生了；他原本应该对上帝的不变之善感到喜悦，骄傲发生的时候就偏离了不变之善。[59]因此，人犯罪是由于灵魂中意志的自我膨胀，因骄傲而离开上帝，意欲自我，这是败坏本性的第一因，是原罪的最终原因。

原罪的出现使人陷入人性的另一种局面：本性的败坏。奥古斯丁认为，原罪之前，人没有自我意欲，上帝的意志就是人的意志，人以服从上帝为主要生命的目的，他的存在是在上帝之中的存在，他与上帝合一，分享着上帝的良善、智慧和自由，所作所为皆是顺应其原初本性。也就说，在亚当堕落之前，人的本性是无暇而善的，虽然这种善与至善之间存在差异，这差异只是世界秩序中高低等级的差异。原罪之后，亚当的善的本性即刻亏缺，在存在的大链条中，滑落到低于原先存在的位置，表现为"善的缺乏"，这就是蒙罪后的状态。蒙罪后的人性被败坏而表现为无力和无能，失去了向善的能力而趋向下坠状态。而灵魂受制于各种欲望，被低等的本性（身体及自然需要和功能）所奴役，失去了原初的对上帝顺从的本能。这是人性败坏的后果，是作为罪的惩罚出现的。

人性败坏使人的本性之善下降和匮乏，恶于是就产生了。在奥古斯丁看来，恶就是"善的缺乏"。这是他对新柏拉图主义的"恶不存在"观念的继承，认为恶不是一种积极的实体，而是一种虚无，是一种败坏后的本性的善的滑落与下降。因此，奥古斯丁说："我探究恶究竟是什么，我发现恶并非实体，而是败坏的意志叛离了最高的本体，即是叛离了你天主，而自趋于下流，是'委弃自己的肺腑'（《德训篇》10章9节），而表面膨胀。"[60]恶不是实体，因为所有的实体在奥古斯丁看来都是善。由此可见，原罪是由于意志的错误转向，有意违背自然秩序而造成的。原罪导致人性败坏，恶也随之出现了。

亚当的罪不仅使自己的本性败坏，而且将整个人类拖入一个罪恶的深渊。"既然因为亚当的罪孽，全地都受到诅咒，那么这诅咒扩散到他所有的后裔是理所当然的。所以，当神在亚当身上的形像被破坏之后，不只是他一个人受惩罚——神起初赐给他的智慧、美德、圣洁、诚实，以及公义都变成极可怕的灾

---

59 周辅成：《西方伦理学名著选辑》，北京：商务印书馆，1964年，上卷第10页。
60 〔古罗马〕奥古斯丁：《忏悔录》，周士良译，北京：商务印书馆，2013年，第138页。

病、心盲、无能、污秽、虚妄，以及不义——甚至牵连他一切的后裔。"[61]由此，整个人类都从始祖亚当那里获得了败坏的人性，这就是遗传在人身上的"原罪"，人类从起初就从良善和圣洁的本性上堕落了。败坏的本性让人表现出无能，灵魂和肉体处于一种永久的不和谐状态，肉体开始对抗灵魂，"灵魂与肉体本来一直在亲密地共生共栖，而今被一种力量撕开，就产生了一种绝望和违背自然的感觉"。[62]而且原罪导致人丧失了意志的部分自由，人因此只具有了选择犯罪的自由，失去了选择不犯罪的自由，结果只能在罪恶中游走，在此罪和彼罪中间进行选择，所以整个人类都陷入罪恶的深渊。"我们都是生来有罪的，我们又加上自己罪恶的生活，所以全世界都变为邪恶了。"[63]因此，奥古斯丁认为，如果没有上帝的恩典，人类依靠自身的力量是无法摆脱这一局面。

亚当对上帝的背离还导致了人的必死。死亡是灵魂与肉体的分离，是身体之死。对奥古斯丁来说，死亡永远是人类的软弱性最痛苦的标志。原罪之前，亚当的灵魂与身体处于和谐状态，物质性的身体在上帝的应许中也可以不朽坏。但是，原罪使灵魂与肉体开始了不和谐的状态，肉体的欲望开始反抗理性的意志。当这种状态开始，几乎就可以说，人就处在通向死亡的过程中；当欲望彻底战胜了理性，使人的一切敏感和警醒的想法都被遮盖的时候，就是对死亡的一次模仿。堕落后的人处在身体与灵魂的永恒冲突中，最终导向身体之死。[64]奥古斯丁在解释《圣经》保罗书信也认为，死亡临到所有人，因为世人都在亚当里面犯了罪。尽管后来很多人都指出这是奥古斯丁对这段经文的误译，但他本人的理解以及他自己的观点的确如此：我们都是来源于亚当的族类，生来就具有亚当的罪与败坏。死亡是本性败坏的结果之一，也是一种惩罚。所有的惩罚也都是罪，我们就活在罪里。本来，人类被造是不朽的，上帝赋予人有使自己不朽的能力，如果他一直保持对上帝的敬畏心，他就会在圣洁中的得到坚定。但是人背离了上帝而犯罪，上帝必须惩罚人而维护正义，结果人就进入了不可能不犯罪与必死的境况。

61 〔法〕约翰达尔文：《基督教要义》，孙毅等译，北京三联书店，2010 年，第 223 页。

62 〔古罗马〕奥古斯丁：《上帝之城》，香港道风书社，中册第 156 页，2004 年版。

63 周辅成：《西方伦理学名著选辑》，北京：商务印书馆，1964 年，上卷第 11 页。

64 参阅吴飞：《心灵秩序与世界历史》，北京：三联书店，2013 年，第 167-168 页。

　　奥古斯丁的原罪论主要是为揭示人的生存状态和解释善恶的问题，从而彰显上帝的恩典。初人在伊甸园的生活本是幸福无忧的，他们的一切活动都关乎于上帝，自我的本性与上帝的本性合为一体，呈现出和谐一致；他们的意志也是自由的，意志享有对肉体行为的调配。只因骄傲和贪欲，意志屈从了肉体而犯下悖逆之罪，这罪既破坏了原本具有的和上帝之间的和谐关系，人的幸福、宁静和自由的状态也完全被击溃。人的本性因这罪而遭到败坏，意志从对上帝的爱和服从转向爱自我、服从自我的状态，无力对抗肉体的各种欲望，从而陷入屈从于对肉体的贪恋之中。整个人类都是从始祖亚当而来，就生来处于这种败坏的本性之中；人类生生不息，原罪代代相传。这就是人的生存状态，人类自身无力扭转这种局面；唯有依靠上帝的恩典和基督的救赎，人才能彻底摆脱罪的捆绑，获得重生。

　　奥古斯丁的原罪论解释了一直困扰他的罪恶来源问题，也对现实生活中的人的生存处境进行了生动的描述。从中我们可以看到，尽管奥古斯丁非常关注罪恶的根源问题，但是他并没有对这一根源过分追究。其实，作为一位基督教教父思想家，他最为关注的是如何在历史中寻求人性救赎的方式，在现实的社会生活中实现罪的蜕变，最终完成从俗世走向天国的旅途，从而彰显上帝的荣耀和恩典。因此他的救赎论、恩典论都与原罪论紧密联系在一起，人类历史也是因为原罪才得以展开；从这个层面来说，原罪论是人学思想的另一个基础。

　　总之，在奥古斯丁的眼中，人在本质上是上帝按照自身的形像创造出来的适合统摄身体的理性灵魂，并由此享有高贵的地位和意志的自由，但因为原罪的介入扭曲了"上帝的形象"，所以已"全然败坏"的人性唯有凭借上帝的恩典，才可能恢复自己原初的自由和善良。

第三章　灵魂的本质与上帝的形像

基督教《圣经》中有关人的基本观念和思想，是基督教思想家思考人学问题的基础和前提。虽然对灵魂的本质和身体的功能争论不休，人是有灵魂和肉体构成的，已经成为当时思想家对人的认识的一个共识。无论是奥利金、德尔图良还是奥古斯丁，"尽管在灵魂的本质和功能方面见仁见智，但在把人理解成一个有灵魂和肉体组合而成的复合实体方面似乎没有根本的差别。其所以如此，固然有其哲学方面的因素，但是起决定作用的当是基督宗教教义和神学的因素。"[1]本章就是围绕基督教文本《创世记》中"人是按照上帝的形像所造"这一思想展开，探讨基督教思想家对"上帝的形像"和灵魂的本质的理解和阐释，进而通过分析奥古斯丁对灵魂与肉体的认知和关系界定，揭示他所说的"作为内在之人的灵魂是精神实体"和"灵魂和肉体是不相混合的联合"的丰富内涵。

第一节　上帝形象的两条解释思路

尽管基督教思想家对《创世记》中人是按照"上帝的形像"所造这一教义都深信不疑，但是对"上帝的形像"的含义的理解却大相径庭。早期基督教思想家主要受到基督教教义和希腊哲学两方面的影响，而希腊哲学灵魂观的基本精神是理性主义、自然主义。毕达哥拉斯首先提出并为柏拉图主义者承袭的"灵魂不朽"、"灵魂转世"、"灵魂净化"之说在希腊哲学占有重要位置。

---

1 段德智：《主体生成论——对"主体死亡论"之超越》，北京：人民出版社，2009年，第99页。

亚里士多德把生命看做肉体与灵魂相结合的自然过程，死亡是肉体与灵魂的分离。他虽然猜测人类灵魂以一个永恒的理智为共同来源，但并没有得出"个人灵魂不朽"的结论。[2]这些灵魂观念和哲学思想对早期基督教思想家阐释"上帝的形像"具有重要影响。他们正是结合基督教教义和希腊哲学思想形成了各种不同的"形像说"，他们的观点归纳起来主要有两种倾向：一是强调灵魂的独立性和优越性，一是强调灵魂和肉体的关系性和统一性。

一、强调灵魂独立性和优越性的解释

在基督教的历史发展过程中，有不少学者都认为人所拥有的上帝的形像就是体现在人所拥有的一个非物质的理性灵魂，因为上帝就是一个非肉体的灵。这一传统认识在教会享有较高的权威性并持续相当长的时期。2、3 世纪时的爱任纽被誉为形像教义鼻祖，他就认为上帝的形像与人的自然理性有很大关联，灵魂就是人的理性，就是上帝的形像。他在《反对异端》（Against Heresies）一书中写道："但是人，天生具有理性，在这方面与上帝相像……"他又说"上帝在起初将人造成自由的行为者，使他有自己的能力，有自己的灵魂——而灵魂不是别的，就是人的理性——他的心思、意念、精神趋向等等"。[3]由此可见，在爱任纽看来人具有的理性才使人与上帝具有相像性，而这理性不是别的，就是人的灵魂，就是人的理性能力如心思、意念、精神趋向等。这理性灵魂恰恰就是上帝起初造人时使人所具有的，使人与自己相像的具体体现。

亚历山大里亚学派的创建者斐洛对"上帝的形象"诠释是以《创世记》为主要文本背景，主要使用摩西五经来进行解释和说明。斐洛在人的创造论上是典型的二次创造论，认为上帝造人不是一次造成而是分为两次完成的。他所理解的有关"上帝的形像"的思想的文本依据是《创世记》一章 26 节和一章 27 节，这一点与其他思想家并无差异，然而他更重视两节经文间的细微区别，从而来阐释自己的二次创造论观点。

> 我们要照着我们的形像，按着我们的样式造人，使他们管理海里的鱼、空中的鸟、地上的牲畜和全地，并地上所爬的一切昆虫。
>
> （《创世记》一章 26 节）

---

2 赵敦华：《基督教哲学 1500 年》，北京：人民出版社，2007 年，第 50-51 页。
3 许志伟：《基督教神学思想导论》，北京：中国社会科学出版社，2001 年，第 114 页。

上帝就照着自己的形像造人，乃是照着他的形像造男造女。（《创世记》一章27节）

斐洛认为，这两节经文区分了人的两种存在形式：一是感觉形式；二是理智形式。在他看来，人的存在包含着不同层次的诸部分，并且只有当高级的部分控制了低级的部分时，人才算得上是真正的人，而二次创造正是要体现出上帝赋予人的属性这一控制工作的特殊性。斐洛认为，上帝在创造个体的人（亚当）之前，首先创造了一个理念，而作为个体之人的亚当则是这个先被创造的普遍存在者和尘土之后的存在者的复合。斐洛尤其强调创造的秩序。他宣称，只有首先形成了一个普遍的人之后，才可能形成作为个体的人，因为个体的人是普遍的人性与尘土相结合的产物。人的普遍本性（人的理念）是一个先于个体之前而存在的原理。人的理念（印记或种）作为上帝第一次创造的产物，其本身是"无形"的。"无形"这一概念原本出自柏拉图对理念的表述，后来因为斐洛和奥利金等人的影响，而逐渐发展为后世基督教哲学家用于描述永恒世界和现象世界之区分的重要概念。"无形"被他们用于描述普遍的和不朽的理智的本性。在第二次创造中，上帝创造了有形体的感觉性存在，即个体的人（亚当）。[4]

《创世记》一章26节和27节的前半句讲的是普遍人性的创造，因为它没有涉及造男造女的问题，只讲照着形像造人，这就完全有理由说上帝所造的是普遍的人性，而这普遍的人性就是被后来学者所理解为无形体的灵魂，也就是"上帝的形像"。[5]27节的后半节则清楚地讲到上帝所造的是个体性的人，因为经文讲照着形像造男造女，就创世记的上下文看显然分别指亚当和夏娃。既然如此，那么创造普遍人性（即灵魂）必是在先的，创世记在经文排列上也把它放在较前面。个体的人的创造，则肯定居于后面。无论从叙述秩序还是从创造秩序讲这就相当合理。斐洛的二次创造论将"上帝的形象"解读为普遍人性，也就是无形体的灵魂，并强调灵魂的优越性和独立性。

奥利金更完整地阐释了上帝造人的二次创造论。奥利金使用二次创造论反驳当时的希腊罗马知识分子以及基督教的异端如诺斯底主义的神正论，他的二次创造论与救赎论以及神正论有丰富的联系，形成了人的创造论的解释

4　章雪富："'神的形像'——从伊利奈乌到卡帕多西亚教父"，《哲学门》，2008年第1期。

5　刘素民："解读基督宗教'人是上帝的肖像'"，《世界哲学》，2012年第2期。

典范。奥利金坚持上帝是纯粹精神，除上帝以外的一切存在都是有形体的。奥利金对上帝是纯粹精神的坚持主要是因为可以利用柏拉图的分有说解释人与上帝的关系，否则不是意味着上帝的形体要被分割。他认为，形体可分为物质形体和精神形体两大类。物质形体是由质料和性质组成的实体。他设想上帝从无到有创造出质料，然后附加上他所意愿的性质，构成了物质形体。物质形体依据与理性结合的紧密程度可以下降为更粗糙更实在的物质形体抑或追求理性上升为"精神形体"。[6]奥利金认为人有两种本性："可见的、有形的本性和不可见的理性。[7]"前者是支配身体欲望和活动的动物本能，后者是灵魂的目的与自由意志。不可见的理性属于精神形体，来源于上帝的第一创造，属于"照着上帝的形像"所造的。奥利金区分了"照着上帝的形像"和"上帝的形像"，认为两者内涵完全不同。"上帝的形像"指的是基督，因为耶稣基督是所有造物的头生者，说明他不是造物，而在永恒之中，因此才是上帝的形象；而所谓的"照着上帝的形像"不是指照着身体和灵魂的复合物，而是指照着那单纯地存在于灵魂中的内在的人。第二次创造中的个体性的最初个体的位格性，因此第一次创造与第二次创造的"好"不相矛盾。然而两种"好"仍然有所分别，第一次创造时人所赋得的"好"是指向神作为独一存在的关系性，第二次创造时人所赋得的"好"是指向人的存在的位格性。奥利金用二次创造论展示了他的宇宙性基督的观念，即"好"或者说"上帝的形像"耶稣基督在人被罪败坏掌控的情况下，仍然始终与罪人同在。即使指向个体性的第二次创造的位格性之好随着个体化而败坏，第一次创造的"好"依然没有离弃罪人。[8]

奥利金认为上帝创造了两样东西：一是秩序的好，这是始终不被败坏的；二是个体性存在者的好，这种好只被赋予个体从而可以为个体所败坏。亚当所败坏的正是这种个体性的好，亚当的个体性正是人作为类的个体性，亚当的个体性的败坏是亚当作为人类的好的败坏，需要注意奥利金把所谓的人类的"类"的"好"理解为亚当的个体性。然而在亚当的个体性之"好"外，还有第一次创造所获得的非混合的理智性之"好"。这种"好"在亚当这个个体里

6　赵敦华：《基督教哲学 1500 年》，北京：人民出版社，2007 年，第 81-82 页。

7　转引自赵敦华：《基督教哲学 1500 年》，北京：人民出版社，2007 年，第 82 页。原载奥利金：《第一原则》，3 卷 5 章 7 节。

8　参阅汪子嵩等：《希腊哲学史》第 4 卷下，北京：人民出版社，2010 年，第 1517-1518 页。

面，却不是亚当的个体性的结果。[9]

第二次创造的"造男造女"意味创造指向个体性，而亚当的个体性为所有人所有，是亚当之为亚当的个体的普遍性。所谓亚当代表人类，或者说亚当的人性代表人类的人性，乃是指这种创造的个体性说的。亚当犯罪是个体性的犯罪，人类所堕落的是亚当的个体性的堕落，奥利金则说是灵魂丧失了飞翔的翅膀而堕落在大地之上。其次，个体性的人丧失那种创造时所获得的个体性的好，只是个体性的扭曲而已，人的罪不是神性创造活动所致，它是创造的结果即个体性的人的不断个体化所致，此时人的个体性已经脱离了个体性的人的原先意义，因为它原本是指被赋予位格性的实体。

奥利金的二次创造论是一种内涵丰富的神学理论，是对柏拉图哲学传统在基督教内部的卓越的创造性使用。奥利金使用二次创造论，除了说明耶稣基督的普遍的、不可言喻的爱之外，还在于用希腊的理性主义指出理性造物的生命处在高的等级，它是"超越了形体性"的生命，天使所具有的就是类似的生命。一直以来，学者们把奥利金的"内在的人"等同于"先在灵魂"，认为奥利金主张灵魂先在存在，导致魂与灵不分，曲解了基督教创造中的人的一元性。然而近来有学者研究提出，奥利金所肯定的是所有造物与神的平等及自由的关系，指出神的意志和个人的自由意志的互动，认为这是他选择二次创造或者类似于先在灵魂这种内在的人的理论的依据。奥利金则使用宇宙性基督的观念，阐释耶稣基督之于罪人的不离不弃，不离不弃体现出真正的爱，也体现出真正的惩罚。对罪人的最好的惩罚就是不离不弃地爱他，使爱不断地显明出来以致于见证罪不是出自上帝，乃是出自人。依据奥利金的解释，摩西五经所讲述的神才真正是没有离弃爱的神，他的义藉着二次创造始终与人同在，这驱使奥利金及希腊基督教传统不采纳预定论的神学人类学。[10]

二、强调灵肉关系性与统一性的解释

早期基督教思想家中的杰出人物伊利奈乌对"上帝的形象"解释方面独树一帜，影响广泛，无论卡帕多西亚教父还是奥古斯丁都深受其学说影响。伊利奈乌的"上帝的形像"说属于一个独立的思想模式，它既不特别支持希腊基督教神学创造论视野下的救赎论，也不特别支持拉丁基督教神学救赎论视野下

9　参阅江子嵩等：《希腊哲学史》第 4 卷下，北京：人民出版社，2010 年，第 1517-1518 页。

10　江子嵩等：《希腊哲学史》第 4 卷下，北京：人民出版社，2010 年，第 1520 页。

的恩典论。伊利奈乌否定上帝造人是二次创造，力主一次创造。伊利奈乌认为"样式"赋予人灵性，形像赋予灵魂（魂）和肉体（体）。虽然采用的还是希腊哲学的灵魂三分法，然而伊利奈乌并没有落入希腊哲学传统的身心二元论，他认为人的创造源自同一位神，而不是柏拉图主义所认为的灵魂来自形式，身体来自质料。伊利奈乌认为身体（体）和灵魂（魂）都来自上帝，上帝所创造的不是只有灵的人，还有形体和灵魂的具体的人（亚当）。[11]

伊利奈乌认为逻各斯（基督）是神的形像，人又是逻各斯的形像。伊利奈乌引证《创世记》九章 1-6 节的经文并解释说："这个'形像'就是神子，人是以他的形像所造的。因此，他在末了被显明出来，说明这形像就是他自身"[12]。基于圣经的观念，伊利奈乌还注意到肉身在神人关系复和上的重要性。一般而论早期基督教思想家在讨论人的问题时都侧重于灵魂，很少关注过肉体。但伊利奈乌确实注意到身体的必要性和重要性，认为人的身体也是"上帝的形像"。他批评异端（主要是诺斯底主义者），他们认为耶稣虽然籍童女马利亚所生，却没有从她获取任何东西。伊利奈乌则指出肉身继承与神人存在关系复和的重要性，如果那生于大地之上并成形的人只有上帝的本体却没有其他成份，那么道成肉身的耶稣与根据上帝的"形像和样式所造"的人之间就没有可比性了。[13]其实这里面包含了神人存在关系的两方面内涵：一是神的本体性与人的本体性必须有所区分，"相似性"厘清了这一层面，否则人可成为神，身体则是人的同一性的不可或缺的记号；二是从耶稣基督作为救赎的神看，他的行为之所以能够代赎不只是因为他是神，还在于他的救赎行动是关联于人的活动，这需要通过耶稣基督肉身的真实性来说明，唯有如此，神的苦难、行动与人的罪的代赎之间才有联结。

伊利奈乌还对人的"身体"作了细致的分析。他首先肯定人的身体来自基督。当然基督的身体不是质料性的，而是纯净的原初的、无罪性的。如果"样式"在语义上倾向于表示灵性的非形式性，那么"形像"在语义上则倾向于表述其存在的形式性。用到"上帝的形像"学说上，就是指人原初所具有的身体乃是无罪的身体。由于人是根据上帝的形像造的，它就是圣父、圣子和圣灵的共同工作，人的灵来自圣父，身体来自圣子，然而如果没有圣灵的工作，那就

---

11 汪子嵩等：《希腊哲学史》第 4 卷下，北京：人民出版社，2010 年，第 1509 页。

12 章雪富："'神的形像'——从伊利奈乌到卡帕多西亚教父"，《哲学门》，2008 年第 1 期。

13 汪子嵩等：《希腊哲学史》第 4 卷下，北京：人民出版社，2010 年，第 1506 页。

只有形像而没有样式，圣灵将人的灵和身体整合为整体。人既是三位一体创造的同工，那么人作为整全的人就是上帝现世的呈现。伊利奈乌认为《创世记》一章 26 节所谓的神创造所得的那个个体性存在就是有形的、可见的显像，就是亚当这个个体的人。伊利奈乌说，"现在人是灵魂和肉体混合的组织，那是根据上帝的样式造的，是他的双手即圣子和圣灵所创制的，上帝就对他们说'让我们造人'"[14] 伊利奈乌用比喻的语言，以"样式"替代"样式"和"形像"，指出无论"形像"和"样式"，它们所代表的都是整个人。他认为"（灵）魂"和"（身）体"是逻各斯（圣子）的形像，"样式"则来自圣灵。这意味着人里面存在形像和样式的分别。伊利奈乌还指出神用自己的双手造人具有特别的涵义。"双手"分别指"圣子"和"圣灵"，暗示在创造中三位一体对于人的承担有所分别。论到"形像"时，伊利奈乌说它与作为基督的这只手的比喻相呼应，神用最纯净、最精细的土，把他自身的权能混在土里面，按照适当的比例创造。所谓"上帝的形像"，所依据的就是基督（逻各斯）而被创造。根据另一只手即圣灵所获得生命之气，伊利奈乌说神把生命之气吹在他脸上，因着这生气，人获得了上帝的样式。当神的道成为肉身降卑为人，籍此使人成为他自身之时，人就重新与神和好。在道成肉身的基督里面，他坚固了两个方面：第一，他显明真正的形像，因为他成为了他自身，也就是他的形像取代堕落的亚当的形像；第二，籍着这有形的道，这人与无形的父同化重建人的样式，即上帝的样式。

　　伊利奈乌的上帝形像说主张上帝创造的是一个本体性个体，即个体的亚当。如果说这个个体有普遍性，那这种普遍性就是基于三位一体真神的本体性，是包含了灵、魂、体的混合。因为他说："灵和魂混合在造物中的时候，这样的人因为圣灵的浇灌被认为是灵性的和完全的，这就是根据上帝的形像和样式被造的人。……肉体不是一个完全的人，只是人的一部分，魂魄本身也不是一个完全的人，人的灵也是如此，否则他就该被称为灵而不是人了；然而所有这些混合和结合才构成人"[15]。对伊利奈乌而言，上帝的形像就体现在灵、魂、体三者结合的人身上，而不是独立的灵魂上，强调灵魂的统一性和关系性。

<hr />

14　转引自汪子嵩等：《希腊哲学史》第 4 卷下，北京：人民出版社，2010 年，第 1510 页。原载伊里奈：《驳异端》第四卷序第 4 节。

15　转引自汪子嵩等：《希腊哲学史》第 4 卷下，北京：人民出版社，2010 年，第 1508 页。原载伊里奈乌：《驳异端》第五卷，第 6 章第一节。

早期的拉丁教父德尔图良，坚决反对用哲学来思辨基督教，提出"雅典与耶路撒冷何干"的著名命题，原教旨主义是其神学思想体系贯彻始终的原则。对他而言，人所具有的"上帝的形像"是灵魂和身体的统一体，因为这灵魂不仅仅是精神本质，也是必须与身体共生共长的物质实体。他反对用灵魂来单独表示"上帝的形象"，而是从灵肉一元论的立场指出："神圣的造物主用他的双手按照上帝的形象塑造了身体，用他自己的气息按照他自己的生命力的样式使之具有生命，将它安排在他创造出来的所有作品中，使之享有和统治它们，用他的圣体和教训包裹身体，上帝喜欢它的纯洁，赞同它的禁欲，身体受到的痛苦在上帝看为珍贵，（我要说）与上帝如此相近的身体还会不复活吗？"[16]他警告那些持有上帝的形像仅仅体现在人的灵魂观点的人说："神无论有什么目的对人作什么应许，都不仅仅是对灵魂而言，也是对身体而言；如果灵魂与身体在起源上没有什么联系，那么后者在名称上就具有拥有一切事物的特权。"[17]在他看来，灵魂与身体一起孕育、生长和成熟，两者不可分离。上帝的惩罚和荣耀也是对整体的人，不是仅仅惩罚和荣耀灵魂，也惩罚和荣耀身体，才会有身体的必死和复活。

德尔图良还对希腊哲学家的灵魂观进行了详细的批驳，尤其是毕达哥拉斯和柏拉图的灵魂转世说，论证了灵魂的物质性和物质的不朽性。他援引斯多亚派的观点反对柏拉图："我召来斯多亚派帮助我，他们使用几乎与我们一样的语言宣称说，虽然灵魂是一个精神本质（因为气息和精神在本性上是非常接近的），但可以毫不困难地证实灵魂是一个物质实体。事实上，芝诺把灵魂定义为和身体一起产生的精神。"[18]在德尔图良看来，灵魂就是产生于上帝的气息，不朽的、占据着身体、具有形式的简单实体，本性中有理智，用各种方式发展它的力量。[19]而在人的一生中，身体和灵魂的共体性是人所皆知的道理，无需论证。那么人死后灵魂是否还保持着物质性呢？德尔图良承认人死后灵魂与身体的分离，但分离之后的灵魂依然保留着身体的踪影，绝不会像柏拉图所说的那样忘记以前的身体到新的身体转世。他是用梦的经验来论证这一观

16 〔古罗马〕德尔图良：《论灵魂和身体的复活》，王晓朝译，香港道风书社，2001年，第129页。

17 〔古罗马〕德尔图良：《论灵魂和身体的复活》，王晓朝译，第124页。

18 赵敦华：《基督教哲学1500年》，北京：人民出版社，2007年，第89页。

19 〔古罗马〕德尔图良：《论灵魂和身体的复活》，王晓朝译，香港道风书社，2001年，第46页。

点的。在他看来,梦就是灵魂暂时脱离身体的状态,可灵魂依然保留对身体的记忆;而死亡就如一个长梦,直到灵魂与身体再次结合。这与他对"肉身复活"的教义阐释也紧密相关。

德尔图良用上帝用泥土造人,用气造就灵魂的故事说明"人首先是泥土(物质),只是到了后来才成为完整的人"。他认为人的身体本身是善,而且永恒,身体与灵魂同样重要,都来自上帝的创造,上帝创造出来的是一个灵魂与身体统一的人,而不是人的灵魂。希腊哲学家眼中灵魂的完善性被德尔图良移植到肉体里。在讨论身体的复活时,德尔图良指出:身体不仅是造物主的尊严和技巧,连基督都分有我们的身体;身体还是表现上帝恩惠和力量的最好工具。因此,只有肉体得到基督的血和肉的喂养,灵魂才能靠着神而育肥。当灵魂与肉体一道侍奉神的时候,当灵魂和身体在犯罪的时候,当灵魂和身体接受惩罚的时候,当灵魂和身体在赎罪的时候,它们都是不能分离的。

德尔图良在《论灵魂》与《论身体的复活》两本书中维护了圣经中灵魂与肉体统一论的基本立场,批判了柏拉图主义灵肉二元论的截然对立的倾向,赋予人的肉体以恰当的地位,从而有效地维护了基督教的基本教义;他非常巧妙地从圣经神创论中引出肉体为神所造,因神之大能大全而有其尊严,灵魂也为神所赐,因此具有神圣的来源的观点,有效地纠正了晚期希腊哲学和早期基督教异端中普遍存在的轻视肉体的倾向;他还通过对圣经经文的解读,充分肯定了肉身复活的确定性,并使之与基督教的末世审判结合起来,从而坚定地捍卫了肉身复活这一基督教特有的教义,也为整个基督教的信仰之根本作了有力的维护。后来不少学者在评论德尔图良关于灵魂与身体关系论述上都认为他比当时的任何哲学家都更接近于唯物主义。[20]

第二节 奥古斯丁的解释模式

奥古斯丁在《论秩序》中说:"哲学主要讨论两个问题,一个关于灵魂,一个关于上帝。第一个问题让我们认识自身,第二个则认识我们的来源。前者让我们值得过幸福生活,后者则给予我们幸福。第一个是为初学者的,后者则是给受到良好教育者的。这就是智慧的各研究分支的秩序,通过它,人变得有能力把握事物的秩序,分辨两个世界,认识宇宙的作者,关于他,灵魂除了知

---

20 赵敦华:《基督教哲学1500年》,北京:人民出版社,2007年,第89-90页。

道自己对他是多么无知之外一无所知。"[21]由此可见，奥古斯丁一方面强调对灵魂与上帝的极度关注，一方面又承认对灵魂研究的无能为力。因此奥古斯丁在阐释人所具有的"上帝的形像"时采取了中间路线，既没有像第一种路线那样强调灵魂的独立性和优越性，也没有像第二条路线那样强调灵魂与身体的统一性。奥古斯丁认为，在天地人神宇宙结构中，"人乃是中间的是者，介于动物与天使之间。动物是非理性的、有死的是者；天使是理性的、不死的是者；而人，次于天使，但优于动物，就其理性来说与天使一样，就其终有一死来说与动物无异，因而他是理性的、有死的是者"[22]。在奥古斯丁看来，上帝造人时"上帝的形像"恰恰就体现为人的理性灵魂，但人具有双重人格，即每一个人都是"外在的人"和"内在的人"。"外在的人"是人的外形、表象，即被灵魂统辖的肉体。"内在的人"是理性灵魂的深幽之处。灵魂只是相对的本质，不能离开外在的人，来谈论人的本质。

一、作为"内在之人"的灵魂

灵魂是奥古斯丁思想中的核心概念，也是奥古斯丁思想体系的一个研究主题，更是奥古斯丁人学的思想核心和理论基础。在奥古斯丁看来，人的灵魂是不与肉体相混合的"内在的人"，就是生命的原则和载体，赋予肉体生命，并独立自存。在不同的著作里，奥古斯丁曾经用到过 anima、animus、Spiritus、mens、Intellentus 来指称灵魂，不管用哪一个词来表达灵魂，都具有一个共同点，就是都承认理性是人的灵魂的重要部分，而这理性灵魂是人区别其它受造物的独特之处。在《独语录》中，他说："我爱他们（他们指人）并不是因为他们是动物，而是因为他们是人，我是说因为他们是有理性的灵魂，我爱这理性灵魂，即便它在盗贼身上，因为我可以爱每个人都拥有的理性，即便他利用它作恶时我正当地恨他。因此，我爱我的朋友们，他们越好地利用理性灵魂（或至少渴望用好），我便越爱他们。"[23]由此他把人定义为"一个使用可朽及世间肉体的理性灵魂"[24]。

---

21 Robert P.Russell: *Divine Providence and the Problem of Evil, A Translation of St.Augustine's De Ordine*, New York: Cosmopolitan Science & Art Service, 1942, p159.
22 〔古罗马〕奥古斯丁：《上帝之城》9:13，王晓朝译，北京：人民出版社，2006 年。
23 〔古罗马〕奥古斯丁：《论自由意志》，成官泯译，上海人民出版社，2010 年，第 9 页。
24 赵敦华：《基督教哲学 1500 年》，北京：人民出版社，2007 年，第 146 页。

在奥古斯丁看来，既然上帝是无形的灵，那么"上帝的形像"便不可能被有形的肉身所领受，而只能被无形的灵魂所领受。尽管他并没有彻底否定肉身的价值，可依然对灵魂与肉身进行区分，把灵魂看成高于肉身的另一实体，而把肉身看成"内在之人"（理性灵魂）所支配的工具。[25]同时，由于他在解释上帝的位格时所强调的是圣父、圣子、圣灵的"本质合一"，而非三者的个殊性和关系性，所以相应地，他在阐释这个内在于灵魂的"上帝的形象"时，所关注的也仅仅是每个灵魂与创造它的独一神之间的"垂直关系"，而非它与肉身之间及其与他人、社会和世界之间的"平行关系"。[26]

因此奥古斯丁把人所具有的"上帝的形像"归结为拥有理性、自由和智慧的理性灵魂而不是作为"有形之物"的肉身及其具有的物质属性。他指出："每一有形之物无论多么卑微，都有其数目，但智慧却并未被授予有形之物，甚至未被授予所有灵魂，而只授予理性的灵魂了，似乎智慧在其中建立起王权来治理一切事物，不论其多么低下，只要智慧赋予其数目。"[27]由于上帝本身就是一个无形的灵，所以人类也只有通过无形的灵魂才能发现自己具有的上帝的形像。按照上帝的形像创造出来的人虽然不可能像创造自己的上帝那样拥有无限的智慧，但他们也理应在一定程度上具有上帝所恩赐的智慧。对于人来说，真正的智慧无非是"辨别和获得至高之善的真理"，从而引导自己走上一条追求精神价值和至高之善的幸福之路。反之，如果有人为了追求肉身的情欲以及其他的次等之善而无视来自上帝的至高之善，那么他们便会丧失原初的智慧而偏离（errare）这条导向幸福的道路。[28]然而，由于智慧的实现需要以人的灵魂特有的理性和自由意志作为其必要条件，所以智慧只能属于人的灵魂，而与肉身以及其他的低等灵魂（如动物的灵魂）无关。理性和意志在人的灵魂中的主要作用体现在：理性的本性是正确地理解上帝的启示和命令，意志的本性则是在理解的基础上自由地遵行上帝的启示和命令，而遵行启示和命令便是智慧的开端。就此而论，惟有理性灵魂才是人所具有的"上帝的形像"或人之为人的"种质"之所在。

---

25 周伟驰：《奥古斯丁的基督教思想》，北京：中国社会科学出版社，2005 年，第187-188 页。

26 Colin Gunton, *The One, the Three and the Many*, London: Cambridge, 1993, pp.64-65.

27 〔古罗马〕奥古斯丁：《论自由意志》，成官泯译，上海人民出版社，2010 年，第 130 页。

28 〔古罗马〕奥古斯丁：《论自由意志》，成官泯译，上海人民出版社，2010 年，第 132 页。

作为"内在之人"的理性灵魂在何种意义上是人的本质，奥古斯丁是这样论述的，他写到："本质本身并不是本质，我们至少可以这样说，被称之为本质的东西是相对内在的东西。当我们说起主人的本质时，并不是指内在的东西，而是相对于他与奴隶的关系而言的。然而，当我们谈及人，或者任何只与自我、不与他人有关的东西，他的本质就是内在的。因此，当人被称作主人，他是他的本质，但只是相对的主人。因为相对于自身，他被称作人；相对于奴隶，他被称作主人。回到我们开始所说的观点，可以说，相对而言的本质不是本质。进而言之，纵然不谈关系，相对而言的本质总是其它的东西，如一个作为主人的人，一个作为奴隶的人。"[29]从这句话我们可以知道，奥古斯丁所说的"内在的人"只是相对的本质，"总是其它的东西"，我们不可能离开外在的人即人的肉体来谈论人的本质，因为人是"内在之人"与"外在之人"的组合，它们任何一个单独都不能称之为人。尽管作为"内在之人"灵魂是上帝形像的领受者，但是它并不是人的全部本质。在前面的的章节（第二章）中，我们已经论述过奥古斯丁对上帝造人的解释，人的道理（包含灵魂的道理和肉体的道理）在第一次创造中产生，人是作为一个整体被创造，灵魂按照上帝的形象被造，肉体按照上帝的样式被造；在第二次创造中用尘土做肉体的质料，天使做灵魂的质料，具体的人按照人的道理被赋形才得以实现。人的道理（原因）才是人的真正本质，是人之为人的原因和人的理性种子。

奥古斯丁认为，尽管现实世界中的人已经"全然败坏"，亏欠了上帝的荣耀，但人所具有的本质依然在上帝之道中有其理念，在"理性灵魂的幽深之处"有其影像。况且，即便人不能仅凭自身的力量去发现和实现它，它依然是人之为人的根据和人所应有的本质规定。这一"上帝的形象"不仅只能存在于无形的理性灵魂之中，而且只能存在于理性灵魂的最高级部分——心灵之中。因此，他才认为，"灵魂确实不是整个人，但却是人的较为优秀的部分，身体也不是整个人，而是人的较为低劣的部分，当两部分联合在一起的时候，它们才得到人的名称。然而，当我们单独提到某个部分时，它们都不会失去人的名称"。[30]

29　〔古罗马〕奥古斯丁：《论三位一体》，周伟驰译，上海人民出版社，2005年，第196页。

30　〔古罗马〕奥古斯丁：《上帝之城》，王晓朝译，北京：人民出版社，2006年，第572页。

尽管在奥古斯丁看来，我们不能离开肉体而单独使用灵魂来定义人的本质，但是作为"内在之人"的灵魂是不与肉体相混合的灵魂。在其著作中，奥古斯丁还把人的灵魂定义为"被设定为主宰肉体的理性实体"，这一定义反映了灵魂所处的特殊等级——上帝之下肉体之上。作为造物主的上帝是永恒不变的，肉体是在时间和空间都变化的，而灵魂作为上帝的形像分享了上帝的存在，它不占据空间，仅仅在时间里变化。[31]正是因为人的灵魂处于较高等级的位置，灵魂的等级高于肉体的等级，灵魂才对肉体具有支配权。灵魂可以向上仰望最高级的上帝，灵魂也可以因为肉体的"重量"而下坠，只关注外物。[32]

此外，奥古斯丁认为上帝是圣父、圣子、圣灵的三位一体的上帝，那上帝所创造的万物都留下了"三一"的烙印。上帝的"三一"痕迹也体现在"内在之人"（即灵魂）里面，成为人身上的"上帝的形像"。真正的形像有两个：一个是心灵（即灵魂）对它自己的"记忆—理解—爱"，一个心灵（即灵魂）对上帝的"记忆—理解—爱"。此外上帝的形像还体现在人的时间意识中有"永恒"的形像。奥古斯丁的"主观时间说"通过对人的时间意识（过去—现在—将来，记忆—注意—期望）的分析，而得出时间是"心灵（灵魂）的伸展"（过去的现在—现在的现在—将来的现在），是"永恒"在人身上的投影的结论。由此可知，"形像说"是连接奥古斯丁"人学"与"神学"的枢纽，把握了它就掌握了理解奥古斯丁人学思想的一把钥匙。[33]

奥古斯丁在上帝的形像领受者是灵魂这一思想原则的前提下对人的灵魂进行了深入研究，因为对他而言，哲学主要研究的两个问题，一个是上帝，另一个就是灵魂。因此灵魂观在他的思想体系中占据重要地位。在希腊哲学的影响下，奥古斯丁对基督教的灵魂学说进行改造，形成正统的灵魂学说，对后世造成深远影响。他认为，人是有一个身体的理性灵魂，强调灵魂在人这个灵肉合一体中的重要性。他在指称灵魂和界定灵魂的定义时也有多种不同说法，在其早期著作和晚期著作中甚至出现一些相互矛盾和冲突的地方。尽管如此，我们依然可以从其著作和论述中梳理出灵魂的本质同一性是他始终坚持的：那就是灵魂是一个精神实体。这也正如他在《论三位一体》所主张的：灵魂是以

---

31 Roland Teske: *Augustine's theory of soul,* Cambridge University Press, 2001, p116.
32 周伟驰：《奥古斯丁的基督教思想》，北京：中国社会科学出版社，2005 年，第187 页。
33 周伟驰：《奥古斯丁的基督教思想》，第184 页。

类似于"三位一体"的方式寄居在肉体之中的精神实体。

正如我们在第二章已经提到,在奥古斯丁之前,灵魂的本质已经成为古希腊哲学家讨论的主题,他们从灵魂本质的视角出发来讨论人的问题,对灵魂的本质发表了许多不同的看法。这些观点中对后来的基督教思想家产生巨大影响的主要有三种。第一种是古希腊的自然哲学家们的观点,他们认为,人的灵魂与肉体有共同的本原(自然),是由火、气、水或者原子之类的物质性本原所构成的实体。这一观点,被一些早期教父所继承,发展成基督教的物质性灵魂观。德尔图良是比较典型的一位教父,他就把灵魂看成一种极其精细、看不见的物质实体。第二种是柏拉图的观点,他认为灵魂是来自理念世界的精神实体,肉体只是灵魂暂时的寓所和使用的工具,而人的本质就在于利用肉体达到目的之灵魂。不少基督教思想家认可和追捧这一观点,认为它与基督教的一些基本教义相吻合,将之用于改良基督教的灵魂观念。中世纪哲学研究专家法国学者吉尔松也认为柏拉图的观点是当时最有利于天主教人类学的观点。第三种是介于前两种观点的中间派的观点。这种观点认为,灵魂是潜在地具有生命的肉体的形式或现实性,也是肉体生命的第一原则。这种观点的源头可以追溯到亚里士多德,亚里士多德认为,灵魂与肉体的结合不是两个相互独立的实体的联合,而是同一个生命体内部的形式和质料的结合。因此,亚里士多德既没有完全反对他的老师柏拉图对灵魂和肉体所作的区分,也没有彻底否定自然哲学家的同一论,而是主张在首先肯定两者区别的基础上,去寻求它们之间的联合和同一。[34]

奥古斯丁在论证人的灵魂时,整合了第二种和第三种观点。当然他不是对前人观点的简单综合,因为他既没有像第二种观点那样认为灵魂是来自理念世界的精神实体而极力贬低肉体的价值,也没有像第三种观点那样认为灵魂与肉体是在同一个共同体如形式和质料那样的结合在一起。在坚持了人是由灵魂与肉体组成的传统观点的前提下,奥古斯丁提出了灵魂的实体性观点。他认为,"灵魂对我而言似乎是一个有规定性的实体,是由理性武装起来的用以主宰肉体的实体"[35]。当然,他也如同柏拉图一样,认为人的灵魂是一种精神性实体而非物质性实体。因为在他看来,上帝是按照自己的形像创造人的灵

---

34 徐弢:《托马斯阿奎那的灵魂学说探究》,上海人民出版社,2007 年,第 58-61 页。

35 转引自张荣:"奥古斯丁的灵魂观",《河北师范大学学报》1998 年第 3 期。

魂，那上帝的形像就不该是物质的，因为上帝本身就是一个灵（绝对精神）。为此，奥古斯丁提出了"精神质料"这一说法。他认为，质料不等同于物质，形式不等同于精神，而是存在精神质料，这是他区别于很多基督教教父的地方，也是他提出精神质料的内在原因。灵魂的可变性决定了它只能来自某种质料，那这种质料不可能是物质质料，那就只能是某种精神质料。奥古斯丁通过一系列论证，最后认为灵魂与天使一样来自共同的精神质料，也就是上帝创造的"天"。由此可见，奥古斯丁把人的灵魂理解为，上帝用灵魂的道理为精神质料赋形形成的精神实体；人的灵魂类似于天使，因为它们来自共同的精神质料。[36]

在奥古斯丁看来，灵魂自身"不与他人相关"的本质与永恒的理性——上帝相通，是上帝之光的受体，也是道德活动的主体。上帝作为造物主，其永恒不朽是不言自明的，那么作为上帝的形像的理性灵魂理应该也是不朽的。灵魂不朽是毕达哥拉斯学派最早提出的。毕达哥拉斯学派在解释古老的灵魂轮回说时指出，灵魂不朽而且可以在多个躯体之间进行转生。这种灵魂不朽的观念后经柏拉图的解释和说明以后，就成为希腊哲学灵魂观的一个基本信念。柏拉图的基本解释是，个体灵魂是世界灵魂的分有者，灵魂就其最真实的意义上讲，是一个中介性的存在，它起着连接理念世界和现象世界的作用，它是真实的理念世界和现象世界的边界。灵魂是独立自存的实在；灵魂是自身运动的原因，因此它永远不会停止运动；灵魂永恒不朽，灵魂推动肉体如同水手划动船。

灵魂不朽的观念在奥古斯丁这里也得到了继承，虽然有来自柏拉图主义以及新柏拉图主义的影响，但更重要的是奥古斯丁对《圣经》文本的解读。在奥古斯丁看来，灵魂来自上帝的创造，且不论是用气还是虚无中创造，灵魂的精神性与不朽都可以从灵魂的创造过程来进行解释和说明。灵魂的创造，与身体比起来，是更为重要，更为棘手的问题，因为这是理解人之创造的一个关键环节。《创世记》第二章第7节说："上帝用地上的尘土作人，将生气吹在他脸上，他就被造成了活的灵魂。"对这段经文，用土造身体，可以直接理解为，人的身体来自物质的土；但用气造灵魂，却不能理解为就是用物质的空气造了灵魂，因为灵魂不是物质的，所以它不可能是物质元素造成的。这是比较容易

---

36 吴飞：《心灵秩序与世界历史》，北京三联书店，2013 年，第 122 页。

证明的一点。[37]既然灵魂不是从物质元素创造的，那么就存在三种可能性：要么是从上帝自身造出来的，要么是从另外的精神造物中造出来的，要么是从虚无中造的。

所以在谈人的灵魂创造的问题时，奥古斯丁说："如若灵魂是某种不变的东西，我们就不该以任何方式追问其质料。但是，现在其可变性显而易见，因为它有时因欠缺和错误而变得畸形，有时因德行和对真理的认识而被赋形，尽管它仍然保持在灵魂之为灵魂的自然之中。"[38]灵魂既然是可以由好变坏，是可变的，那么它就不可能来自上帝本身，因为上帝是绝对不变的。

经过一番论证，奥古斯丁认为灵魂就只能来自第三种可能：灵魂来自另外的精神造物。那种精神造物就是灵魂的质料，但这种质料到底是何种质料呢？在奥古斯丁，灵魂与天使一样来自上帝创造的"天"，"天"就是灵魂的精神质料。因此，与天使享有共同的精神质料的灵魂必然是精神性的，也必然是不朽的。只是灵魂与天使虽然享有共同的精神质料，依然有所区别，是因为天使一开始就转向上帝，被圣言照亮。正是从灵魂的被造过程中，我们可以看到，上帝按照自己的形象创造灵魂，采用自己所造的"天"作为精神质料，用自己创造的人的灵魂的道理为其赋形，人的灵魂得以被造。因此，灵魂的精神性和不朽性也就不证自明了。

此外，奥古斯丁还从真理的永久存在、错误的永久存在、学科的主体三个方面论证了灵魂的不朽。在论证开始之前，奥古斯丁首先从现存的事实出发：人知道自己的存在，知道自己活着，知道自己能理解，因为理解让人有知识，知识让人快乐，没有谁会因为有知识而不快乐，而理解是属于灵魂的，感官知觉也属于灵魂。这是奥古斯丁论证灵魂不朽的基础和前提条件。在论证真理的永久持存时，奥古斯丁首先分析了真之本性——永久持存。在他看来，一东西之所以是真的就是因为它正是它看起来是，真的东西的存在是因为真存在，如果真不存在，真的东西就不能存在。所以无真就无物存在。所以真之本性就是永久持存，哪怕世界停止存在。就如人们不管那些几何形状存在于真中还是真存在于它们之中，都会认为它们存在于我们的灵魂之中，因此真也必定存在于

37 转引自吴飞：《心灵秩序与世界历史》，三联书店，2013 年，第 109 页。奥古斯丁，《〈创世记〉字义》，7: 4 [6]。

38 转引自吴飞：《心灵秩序与世界历史》，三联书店，2013 年，第 110 页。奥古斯丁，《〈创世记〉字义》，7: 6 [9]。

灵魂。真理是不可能朽坏的，所以灵魂不朽。

　　当看同一个东西时，不同的两个人却说成两种不同的东西，那么两者中就有真假之分了，而认定为假的其中一人必定是得到错误的印象了。那这错误是源于东西本身，还是源于人的感觉呢？奥古斯丁认为，错误不在东西本身，而在感觉，一个人认同假东西就是错。而人之所以犯错误就是因为灵魂的感觉出错了，正如他所说："没有灵魂就没有感觉，而且有错误就必有感觉夹在其中，因此，或者是灵魂行动错误，或者是它协助犯错误"。[39]人在探究真理的漫长道路上，任何时候都不犯错误是不可能的，也就是说错误不可能不存在。因此奥古斯丁得出结论：既然错误不可能没有感觉而存在，而错误也不可能不存在，因此感觉一直存在。此外没有灵魂就没有感觉，因此灵魂是永远存在的。除非灵魂活着，它不能去感觉。所以灵魂永远活着。[40]这就是奥古斯丁关于从错误的持续存在论证灵魂不朽的逻辑推理过程。

　　接着奥古斯丁从学科的主体这一角度对灵魂不朽进行了论证。在奥古斯丁看来，一物会以两种方式存在于另一事物中。第一种方式是，它在另一物中，可以离开和去别处，比如木头在这个地方，或太阳在东方。第二种方式是，一物在一个主体上，不能与它分离开，就像光之于太阳，热之于火，学科之于灵魂以及任何这类事物。如果主体上的事物永久持存，那主体自身必定永久持存。而任何一门学科之所以成为真学科，就是因为它已经被证明为没有虚假的一门技艺，其中界定和划分的准则都是使它成为一门学科的东西。而包含界定、划分和区别的原理正是论辩的准则，既然每一学科是通过真本身才成为真的，那作为论辩准则的学科就是作为真永远持存的。由此，我们可以推断，如果学问永久持存，那么灵魂就必定永久不朽，因为学问之于灵魂就如事物之于主体。而学问本身就是真，真之本性就是永久持存，所以灵魂必定是持存永远的，如果它有死，我们就不叫它灵魂。[41]

　　在奥古斯丁这里，我们可以看到，作为"内在之人"的灵魂是上帝形像的领受者。这形象使人区别于万物，享有比万物更高的地位和尊严，具有管理世

39　〔古罗马〕奥古斯丁：《论自由意志》，成官泯译，上海人民出版社，2010年，第35页。

40　〔古罗马〕奥古斯丁：《论自由意志》，成官泯译，上海人民出版社，2010年，第35-36页。

41　〔古罗马〕奥古斯丁：《论自由意志》，成官泯译，上海人民出版社，2010年，第64页。

界的特殊能力和使命。作为"上帝的形像"的灵魂是一种独立自存的精神实体，分有上帝的理性、自由和智慧，并且灵魂不朽。

二、灵肉学说

尽管奥古斯丁认为"上帝的形像"体现在作为"内在之人"的理性灵魂上，但他并没有因此而否定肉体的价值。他承认灵魂与肉体的差异，认为人所拥有的是"一个不是肉体的灵魂和一个不是灵魂的肉体".[42]。灵魂或肉体单独都不是整个人，灵魂是人的较为优秀的部分，肉体是人的较为低劣的部分，它们结合才成为一个人。在此基础上，他与柏拉图主义者一样坚持了灵魂对肉体的统辖作用，用他的话说，人是使用会朽的、尘世的肉体的灵魂，灵魂高于肉体，肉体是灵魂所使用的工具。但是，奥古斯丁对柏拉图贬抑肉体的做法无法接受，因为这与基督教肉体复活和末日审判等教义相互冲突。《罗马书》十二章1节也记录："肉体并非主人，故此信徒不能沉溺于情欲；肉体也不是敌人，故也不能让其受损害。肉体要献给神。"

在奥古斯丁看来，肉体分为堕落前后两种状态：堕落前亚当的肉体和堕落后人的肉体。堕落之前，人的肉体可以说既是可朽的又是不可朽的，可朽指的是肉体的物质属性使肉体可朽，不可朽指的是上帝的荣耀让人永生。堕落之后，人的肉体就处于必死的状态了[43]。尽管如此，奥古斯丁也没有像柏拉图主义那样把灵魂作为人的全部，极力贬低肉体，而是积极肯定肉体的价值和意义。

首先，从人的创造的层面来说，肉体也来自上帝的创造，是一种物质实体。奥古斯丁对上帝造人的过程分析和描述可以充分展示他对肉体的认识和重视。在奥古斯丁看来，上帝对人的创造也是分为两次的，不过不是时间上的两次，因为上帝的创造不是在时间中进行，"六日"只是一种描述顺序和逻辑。我们知道，《创世记》第一章26-27节讲到上帝在第六日造了人；而在第二章7节写到，上帝又在伊甸园里造了人。对此，奥古斯丁认为，这两处说的创造不是同一种创造。上帝在第六日按照他的形像造男造女，是以一种原因的方式创造；而后来在伊甸园中的创造，则是在时间中分别造出具体的男人和女人。关于第六日《圣经》说的非常清楚：上帝"造男造女，并赐福给他们"，等等，

---

42 〔古罗马〕奥古斯丁：《论三位一体》，周伟驰译，上海人民出版社，2005年，第410页。

43 Margaret Ruth Miles: *Augustine on the Body*, Scholars Press, 1979, p.21.

这说的是男人和女人，也是对男人和女人说的。因此，当时的他们和后来的他们是不同的：当时，他们显然是根据潜能藉着上帝的言造的，就好像种子一样播在世界中，这发生在上帝同时造万物（他在第七日歇了这工，安息了）的时候。后来，他们则是根据上帝在时间中给定的工造的，是根据上帝工作直到如今的工造的：在特定的时间，亚当要从泥土中被造，他的女人要从男人的一侧被造。[44]

对此，奥古斯丁解释说，上帝在第六日创造的是不可见的人，是包括灵魂和身体在内的，整体之人的原因和种子。上帝第一次创造的人不是具体的人，只是一种潜能形式的人，可称作是人的形式或道理（ratio），是不可见的，不仅仅包括灵魂，还包括肉体。然后，就如《创世记》第二章第 7 节说的："上帝用地上的尘土作人，将生气吹在他脸上，他就被造成了活的灵魂"。这就是上帝的第二次创造，具体的人才得以产生。上帝用尘土造成人的肉体，并赋予肉体以灵魂，由此人才变成现实的、具体的人，从不可见的人变成可见的人，从一种潜能变成一种现实。这就是奥古斯丁所说的人的两次创造。

从奥古斯丁的解释我们可以了解，肉体来自上帝的创造，是上帝借助物质质料（尘土）让肉体的道理实现出来，形成的一种现实的物质实体。在《论原罪》一书中，奥古斯丁还说："他们（始祖）的身体本是上帝创造的，配得一切的赞美"。[45]在奥古斯丁看来，上帝在人的两次创造的时候都描述了肉体的创造："造男造女"创造了肉体的道理；用"土"造了具体的人的肉体；这充分说明肉体在人这一整体之中具有的基础意义。人是包含灵魂和肉体的，离开肉体，人的创造本身就无从谈起。

其次，从人的现实存在层面来讲，奥古斯丁认为，灵魂和肉体结合才能成为一个现实的人，肉体是灵魂不可缺少的工具，也是灵魂的运动场所。在人的现实存在中，肉体和灵魂不可分离，肉体也是灵魂得以展示自我的工具。没有肉体这种物质实体，人也就失去了存在的物质基础，也就不能被称为人了。一个完整的人是肉体和灵魂两个实体共同组成的，尽管灵魂在这一整体中占据主导地位，但离开肉体，人也不成其为人。正如我们在前面讨论中说过的一样，

---

44 参阅吴飞：《心灵秩序与世界历史》，三联书店，2013 年，第 104-106 页，奥古斯丁：《〈创世记〉字义》，6∶5。

45 〔古罗马〕奥古斯丁：《论原罪与恩典》，周伟驰译，北京：商务印书馆，2012年，第 338 页。

尽管希腊哲学家和早期教父对灵魂的本质问题争论不休，仁者见仁，智者见智，但对现实的人是由灵魂和肉体组合而成这一认识上却基本保持了一致性。哪怕是声称肉体是灵魂的坟墓的柏拉图，他也不能宣称人的灵魂离开肉体还能称之为人。尽管在希腊哲学里，柏拉图引导了一种重视灵魂追求而轻视肉体欲望的倾向，但是在他研究灵魂的时候，发现不可能离开肉体来单独谈人的灵魂，人的生存实际上是由灵魂和肉体组成的，肉体是有欲望的，灵魂是有追求的，肉体和灵魂之间存在着张力。

奥古斯丁还认为，肉体是灵魂的运动场所，成就灵魂的事业，两者是不能分离的。他说到："一个灵魂占有一个肉体，造成一个人，而不是两个人。"[46]在他看来，灵魂与肉体的联结有下降与上升两种方式。灵魂的下降并受制于肉体的捆绑是一种意志的选择，是作为中等之善的意志趋向小善"肉体"，这是一种沉沦，是罪恶的开始。他非常反对这种灵魂的下降，但同时也看到这种下降为灵魂的上升埋下了伏笔。灵魂要摆脱肉体的束缚，重新回到灵魂自身，这就是灵魂的上升，也可以说是"弃恶从善"。灵魂的这种上升既有其自身的本性（作为上帝的形象的领受者，优于肉体的自然秩序）趋向至善的上帝的倾向，又有上帝的恩典和救赎。因为"沉沦"是罪，赎罪的完成有赖于上帝。正是灵魂的一降一升构成了生命的全部底蕴，灵魂也只有经过这一双重运动，才可能最后回到上帝的右边，享受永生。所以肉体是灵魂的运动场所，正是灵魂在肉体中的运动，才成就灵魂的事业，使人的灵魂才有回归上帝的可能性。[47]其实，柏拉图在解释灵魂的三部分（欲望灵魂、激情灵魂和理性灵魂）的地位和作用时，也将其与人的肉体的三种运动（欲望需求、情感需要、秩序要求）分别对应起来，指出正是由于灵魂在进入人的肉体之后分别居住在肉体的不同位置，才分为三种类型，继而对肉体会发生不同的影响和作用。

最后，从认识论层面来看，肉体也具有重要的作用和意义。肉体是人的认识活动不可或缺的部分，灵魂也需要借助肉体才能发挥其理性功能。奥古斯丁将人的认识能力分为感觉和理性两个层次，而感觉又分为内感觉和外感觉。外感觉属于身体感官，内感觉属于内感官，内感官是在灵魂之中的。在奥古斯丁

---

46 赵敦华：《基督教 1500 年》，北京：人民出版社，1997 年，第 163 页。

47 张荣："奥古斯丁的灵魂观"，《河北师范大学学报》（哲学社会科学版），1998年第 3 期。

看来，感觉就是一种灵魂驱动肉体的活动，如同音乐家用乐器演奏。这一观点肯定了肉体在认识中的重要价值和意义，与先前的哲学家的认识完全不同。先前的希腊哲学家都把感觉视为灵魂接收身体感官的"印象"，只把这种感官印象当做知识形成的基础，从而否定肉体的积极意义。奥古斯丁把感觉视为内感官和身体感官的配合使用的一种活动，彰显了肉体在认识活动中的主动地位和积极意义，因为，外感觉属于肉体，内感觉关乎灵魂，感觉就是灵魂协调肉体进行的认识活动。

理性是灵魂的最高级别，人要发挥自身的理性功能也离不开肉体的配合。在奥古斯丁看来，人的认识途径就是，外感觉以物体的外形为对象，内感觉以外感觉为对象，理性是最高的层次，以内感觉为研究对象，这样就将认识对象和知识理解为层层递进，由低到高的等级关系。肉体是人的认识的基础，因为身体感觉是认识的起点，"很明显，有形事物被身体感觉所感知，身体感觉不能感知自身；内感觉不但可以感知被身体感觉所感知的有形事物，而且可以感知身体感觉自身。理性却认识所有这一切，并且认识自身。因此，理性拥有严格意义上的知识。"[48]奥古斯丁在这里充分肯定人的感性知识的可靠性和确定性，同时也指出只有靠理性才能认识事物。但是，理性认识事物和把握知识的功能发挥要建立在身体感官之上，要借助肉体才能得以实现。尽管理性是灵魂的眼睛，是最为尊贵的，可是离开肉体，却无法发挥其认识事物和把握知识的功能，因为如果没有身体感官传达给我们的东西越过内感官，我们是不能有知识的，尽管知识是我们通过理性把握的东西。

奥古斯丁在建构自己的人学理论时，给予了肉体实体性地位，并强调肉体的积极意义，超越了柏拉图主义的贬低肉体的做法。他认为尽管灵魂赋予肉体生命，并掌管肉体。但是，肉体也是人的灵魂不可缺少的工具，"它（灵魂）较肉体单纯，是因为它不散布在空间里，但它在每个肉体中，无论是在整体里，还是在各个部分里，都是以整体的'形式'临在的。"[49]肉体是灵魂居住的处所，没有肉体，人的灵魂[50]存在于何处。肉体和灵魂组合才构成完整的人，它

48　〔古罗马〕奥古斯丁：《论自由意志》，成官泯译，上海人民出版社，2010年，第108页。

49　〔古罗马〕奥古斯丁：《论三位一体》，周伟驰译，上海人民出版社，2005年，第186页。

50　在奥古斯丁看来：人的灵魂只有两种存在状态，人的肉体之中的状态和人的死亡与复活之间的"中间状态"。

们单独都不能被称为人。肉体还在人的认识活动中发挥积极作用，配合灵魂的活动形成人的认识的起点和基础。

在奥古斯丁看来，人的确是由灵魂与肉体构成的理性实体[51]。对于灵魂和肉体的关系，奥古斯丁主张的是一种具有主从关系的灵肉二元论，认为在灵肉关系中，灵魂占据主导地位，肉体低于灵魂，处于附属地位。但是奥古斯丁在描述这种灵肉关系时，又表现出两种完全不同甚至相互矛盾的思想倾向。一方面，他认为灵魂高于肉体并赋予肉体以生命，灵魂具有统辖肉体的主导作用，但并不因此看轻肉体的积极作用，因为灵魂是一个精神实体，肉体是一个物质实体，它们都很重要，不能因为灵魂高于肉体而忽视肉体的功能和作用。在整体的人中，肉体配合灵魂的活动，表现出灵肉和谐的倾向。奥古斯丁肯定灵魂与肉体相交的意义，认为灵魂与肉体的具体结合乃是一种"不相混合的联合"。另一方面，奥古斯丁的灵肉二元论包含一种灵魂与肉体相互抗争的倾向，这种思想倾向的形成既受到奥古斯丁曾为摩尼教徒的切身经历的影响，又受到柏拉图主义和新柏拉图主义的深刻影响。

灵魂与肉体之间的主从关系确切来说是一种等级秩序，在灵魂与肉体组合体人之中，灵魂处于比肉体更高的等级，能够赋予肉体生命并支配和管理肉体，肉体属于低级的部分，它们按照自身的等级相互配合完成各项活动，由此表现出灵肉和谐。柏拉图用灵魂和肉体的来源不同来解释这种等级秩序，认为灵魂来自理念世界，肉体来自比理念世界低级的现象世界，才造成两者之间的等级差别和主从关系。奥古斯丁则从上帝的创造来说明这种等级分明的灵肉二元论思想，认为按照上帝的形象所造的灵魂处于比肉体以及其它万物更高的等级秩序中，灵魂最靠近上帝并意欲永恒的上帝，每一个存在物都以更高一级的存在为目标，由此构成完美的世界秩序。在奥古斯丁看来，灵魂与肉体是具有本质区别的两种实体，"正如我身体的实体与我心灵的实体之间不同——虽说它们是同在一个人里面——大于别人的心灵与我心灵之间的不同"[52]。尽管灵魂对肉体具有统辖作用，但也不能以偏概全的过分夸大一方而贬低另一方。灵魂与肉体的结合是"不相混合的联合"，一个精神实体如何与一个物质实体结合确实是奥古斯丁面临的难题。他利用了普罗提诺"恶是善的缺乏"观

51　〔古罗马〕奥古斯丁：《论三位一体》，周伟驰译，上海人民出版社，2005年，第410页。

52　〔古罗马〕奥古斯丁：《论三位一体》，周伟驰译，上海人民出版社，2005年，第47页。

点来解释这一联合关系。尽管灵魂与肉体都是实体，但对于上帝的存在而言，它们的实体性都是相对的，都处于缺乏状态。因此它们只能是相对的实体，拥有不完善的存在、真实与善。奥古斯丁正是在上帝这一绝对实体的统辖之下，基于肉身复活的教义，正视灵魂之于肉体的优越性，从灵魂的高贵性来理解灵魂与肉体的联结[53]。

奥古斯丁认为，在这样一种主从关系的灵肉关系中，灵魂和肉体都保持各自相对的独立性并且和谐相处。从奥古斯丁对人的理解：人所拥有的是"一个不是肉体的灵魂和一个不是灵魂的肉体"[54]，我们可以看出他强调灵魂和肉体的相对独立性。尽管肉体是人的联合体中低级的部分，可依然具有积极的意义和作用。在前面的讨论中已经对肉体的地位和意义进行过详细的分析，这里就不再一一赘述。无论是在创造论、存在论还是认识论里，肉体的作用和意义都表明，灵魂与肉体是一种和谐的相处：灵魂支配肉体和协调肉体，肉体配合灵魂的一切活动。这与基督教教义是一致的，因为圣经记载：身体与灵魂相配合，身体是荣耀神的工具，因为它是神的殿（哥林多前书6:19）。

与此同时，奥古斯丁的灵肉二元论又呈现了一种灵魂与肉体抗争的倾向。我们知道，奥古斯丁曾经加入摩尼教长达九年之久，摩尼教主张灵肉平行二元论和善恶二元论，它们相互争斗，谁占据上风就表现出相应的善恶。尽管奥古斯丁离开摩尼教之后对其理论进行了清算，在奥古斯丁的生活中持续如此长时间的摩尼教生活没有在其思想中留下痕迹是难以想象的。

毋庸置疑，柏拉图的思想中灵魂与肉体的抗争也极其激烈。柏拉图把肉体视为灵魂的牢笼，灵魂终其一生就是要挣脱肉体的束缚获得自身的自由，这样的极端二元论把灵魂与肉体完全对立，灵魂不仅掌控肉体还终将抛弃肉体。在他看来，人的灵魂如果在生活被肉体欲望的事物所困扰，那么灵魂就会被物质欲望的污染力量所控制而堕落下降，这种力量把灵魂推向死亡，并使灵魂一直被困于肉体的牢房。为早日从肉体的束缚中获得自由，柏拉图提醒哲学家要尽量避免肉体的快乐和痛苦带来的干扰。肉体被视为灵魂上升的障碍，灵魂要一

53 张荣："奥古斯丁的灵魂观"，《河北师范大学学报》（哲学社会科学版），1998年第3期。

54 〔古罗马〕奥古斯丁：《论三位一体》，周伟驰译，上海人民出版社，2005年，第410页。

直与肉体抗争，才能获得自身的上升和自由。

新柏拉图主义者普罗提诺和波菲利也延续了灵魂与肉体对抗斗争的二元论思路。对普罗提诺而言，肉体要依赖灵魂赋予生命就如同附着于灵魂的寄生虫。灵魂天性优于肉体，独立自存、是肉体生命的原则。尽管他在描述肉体的时候也把它当做灵魂的工具，可这并不意味着肉体是有用的工具，而主要是指肉体是灵魂必须要适应的等级附属物，肉体依然被视为灵魂解脱自身获取自由的障碍。因此，普罗提诺的二元论主张：作为较高等级的原则（灵魂）必须尽可能抗争肉体争取早日解脱出来，以免受到低级的物质性原则的影响。[55]灵魂与身体的抗争思想被普罗提诺的学生波菲利所继承并被推向一个更深的程度，从而表现出一种强烈的禁欲主义倾向，而这种倾向可以说是奥古斯丁二元论中的禁欲主义的源头。波菲利依然坚持灵魂优于肉体的灵肉二元论，但对肉体表现出比普罗提诺更为悲观的态度。他认为，灵魂与肉体的关系就是灵魂堕落进入肉体之中而被肉体暂时捆绑，灵魂的目标就是尽可能从肉体的控制中脱离而去控制肉体，从而摆脱堕落力量的支配。波菲利认为，肉体使灵魂愚钝从而丧失自我控制能力，因此他谴责肉体并要控制肉体，而他所理解的控制肉体就是避免一切肉体欲望的情感：不为肉体的快乐而高兴，不因肉体的满足而愉悦。因此，为了让灵魂遵从理性和让肉体屈从于灵魂，我们就要完全控制住自我，就要断绝灵魂与肉体的一切联系，因此就要不断进行节欲练习，这是波菲利论证的目的，也是他倡导禁欲主义的缘由。他还提出"应该为养育灵魂而做好截去整个肉体的准备"，甚至认为自杀是极度渴望努力去摆脱肉体的束缚。[56]可以说，波菲利将灵魂与肉体之间的斗争推向了极致。

奥古斯丁的灵肉二元论深受柏拉图主义和新柏拉图主义的影响，在其灵肉二元论中，灵魂与肉体的斗争也一直伴随着他。在《忏悔录》里，奥古斯丁多次提到灵魂与肉体的斗争，让人的行动与意愿不一致：去做一些根本不想做的事情，又不做非常强烈的意愿想做的事情。"肉体的感官沉溺于外在虚无事物的美好之中，并用传染性的欲望撕裂着灵魂"[57]，"这个腐朽的躯壳重重压

---

55 Dera Sipe: *Struggling with Flesh:Soul/Body Dualism in Porphyry and Augustine*, p.6, from www.publications.villanova.edu.

56 Dera Sipe: *Struggling with Flesh:Soul/Body Dualism in Porphyry and Augustine*, p 8, from www.publications.villanova.edu.

57 〔古罗马〕奥古斯丁：《忏悔录》，周士良译，北京：商务印书馆，1997年，第61页。

着灵魂，这个由泥土垒成的居室压制着泛滥的思想；肉体的沾染拖着我下坠，使我不能与上帝契合"[58]。由此可见，肉体的否定意义彰显无疑。我们为养育灵魂也需要征服肉体，让肉体跟随灵魂而不是让灵魂跟随肉体，奥古斯丁的这一观点与波菲利倒有异曲同工之妙。

奥古斯丁还将新柏拉图主义的体系应用到基督教的思想建构中。在奥古斯丁看来，人为了避免恶必须专注于自己的灵魂而不是肉体，因为灵魂距离上帝最近，而肉体披戴着人类原罪的重担从而远离上帝，要做到这样的专注并不容易，必须依靠上帝的恩典才能控制肉体的干扰。即便在上帝的恩典之中，人要控制肉体也不是轻而易举的事，灵魂还需要与肉体进行持续的斗争以避免肉体腐败力量的影响。在《忏悔录》里，肉体的习惯被描述为一种重量，拖着灵魂趋向与肉体相关的事物；败坏的肉体拖累着灵魂，严重阻碍灵魂的上升。灵魂与肉体之间的斗争更是灵魂内部力量的相互争斗，它们的斗争使灵魂处于撕裂状态。应该说奥古斯丁的自我挣扎曾在奥古斯丁转变信仰的道路上发挥了重要的作用。

奥古斯丁的二元论思想是奥古斯丁融合柏拉图主义与基督教教义的结果，还带有摩尼教的些许痕迹。灵肉关系的两种不同认识倾向（灵肉和谐与灵肉对抗）形成二元论内部的张力，以至于对立两派的学者都能从其思想中找到有利自己的文本来支持自己的观点，都以为自己把握了奥古斯丁灵肉学说的精神实质。奥古斯丁的二元论既是对之前的二元论思想的融合，又是对传统二元论的改造。

在奥古斯丁生活的时代，人是由灵魂和肉体构成的观点基本是一种共识。但奥古斯丁的思想并没有停驻在这一点上，他进行了更加深入的追问和探讨。人究竟是什么？是灵魂和肉体两部分，还是只是肉体，或者只是灵魂？奥古斯丁分析代表当时流行的三种观点。第一种人是灵魂与肉体的共同体是摩尼教的观点。他们把灵魂和肉体看做势均力敌、相互平行的两个独立部分，分别代表着光明和黑暗两种势力。人是两者展开斗争的战场，又是被它们争夺的对象。第二种人是肉体是一些基督徒的看法，他们基于肉身复活的信念，认为人的肉体是灵魂不可离开的寓所，人是包含着灵魂的肉体。第三种人是灵魂是柏拉图主义的观点，认为人的实质在于灵魂，肉体缺乏自身的独立性，只是被灵

---

58 〔古罗马〕奥古斯丁：《忏悔录》，周士良译，北京：商务印书馆，1997年，第130页。

魂暂时利用并终将抛弃的工具。

奥古斯丁对这些传统观点进行改造和综合，形成自己独特的认识。他抛弃了一些基督教徒宣称人是肉体的观点，也反对摩尼教的灵魂与肉体平衡的二元论，认可柏拉图主张的灵魂对肉体的统辖和主导作用，但又没有像柏拉图主义那样完全否定肉体的实体性。但是，奥古斯丁对灵魂与肉体的联结作出的回答并不令人满意。尽管如此，这一点还不足以影响到奥古斯丁的灵魂学说的魅力，它依然占据中世纪灵魂学说的正统地位，也成为后世基督教正统灵魂观的思想源头。

三、阿奎那对奥古斯丁的发展

阿奎那对奥古斯丁的继承和发展主要表现在三个方面：首先是都认可上帝的形像在灵魂中。"经院哲学之王"阿奎那像奥古斯丁一样认为："就灵魂可以趋向神或拥有趋向神的能力而言，上帝的形象在灵魂中。"[59]同时，正如奥古斯丁反对用家庭关系或社会关系来类比上帝三个位格的关系一样，他也反对把圣父、圣子和圣灵的关系比作一个"神圣家庭"的"家庭三一论"和"社会三一论"，而认为上帝的形象只能存在于个人灵魂之中。[60]此外，他还在强调"本质合一"的奥古斯丁主义的影响下提出，作为"上帝的形象"之所在的灵魂是既无形式和质料的区分，又无性别等方面差异的单一精神实体，并具有不依赖肉体的"依靠自身而存在"的特性。[61]由于他的上述观点与奥古斯丁主义具有明显的历史承继性，所以研究者常把它们合称为"奥古斯丁阿奎那传统"。

其次是灵魂的精神性和实体性。奥古斯丁认为灵魂自身"不与他人相关"的本质与永恒的理性——上帝相通，是上帝之光的受体，也是道德活动的主体。从这一理解我们可以看到，灵魂是纯粹的精神实体是奥古斯丁对灵魂的本质认识。阿奎那也承认这一认识并向前推进。在阿奎那看来，灵魂就是一个特殊的精神实体，说它是精神实体，是因为它是无形的，也没有质料，并且不同于动物灵魂，它能够独立存在。阿奎那认为，人必须要借助于作为理智原则的灵魂才能认识有形事物的本性，但是凡是认识一些事物的，为了要认识所有这

---

59 Thomas Aquinas, *Summa Theologica*, in *Basic Writings of Saint Thomas Aquinas*, Part I, ed. A. Pegis, New York: Random House, 1945, Q.93.8.

60 Thomas Aquinas, *Summa Theologica*, Part I, Q.93.6, ad2.

61 Thomas Aquinas, *Summa Theologica*, Part I, Q.75.6.

些事物，它在自己的本性之中就不能够具有所认识事物中的任何一种，因为"它所包含的东西将阻碍它认识别的任何事物"，灵魂具有了所认识事物中任何一种事物的本性，就会阻碍它认识其他事物的本性。因此，阿奎那说："我们称之为心灵（mind）或理智（intellect）的理智原则（intellectual principle）具有一种脱离形体的自身的运作，只有独立存在的东西才能够具有一种自身的运作"，所以，"人的灵魂，也被称为理智或心灵，是某种无形和独立存在的事物"[62]。从这段话可以看出，阿奎那论证灵魂的非形体性和独立存在性都是在与有形体的肉体的对照中去认识灵魂的本性的。这对强调灵魂和肉体统一性的阿奎那来说是十分重要的，只有首先将灵魂与肉体区分开来，才能够在论证它们结合为人时说明它们两者以及它们各自的活动的不可或缺。并且对阿奎那而言，灵魂可以独立存在，就可以推论灵魂不朽的教义，并且将灵魂落实为精神实体。

最后是灵魂和肉体的不可分离性。奥古斯丁认为灵魂和肉体不可分离，尽管他强调了灵魂具有统辖肉体的本性，但一个缺乏肉体的灵魂不成其为人。他还借用亚里士多德的说法把灵魂与肉体解释为形式与质料的关系：灵魂是肉体这一质料的形式，使肉体生活在一个和谐的统一体中，确保和维持它的完整。可是在谈到两者的具体结合时，奥古斯丁又认为灵魂与肉体是有主从关系的两个实体，两者的结合是"不相融合的联合"。他说："我的灵魂的肉体是不同于灵魂的另一个实体，虽然两者在同一个人之间的关系不同于一个人与另一个人的灵魂之间的关系。"[63]这恰恰是奥古斯丁思想的独特之处，也是他的困难所在。

阿奎那也认为灵魂与肉体的不可分离，但是更强调灵魂与肉体的统一性。阿奎那深受亚里士多德主义的影响，所以在解释灵魂和肉体的关系时也采用其形式和质料的理论，这一点与奥古斯丁也是一脉相承。他不仅认可"灵魂是肉体的形式"，还更一步提出灵魂正是作为肉体的形式与肉体结合的，这种结合是一种本质性的结合。这种本质性结合意味着两个方面：第一，这种本质性结合不需要借助于任何形体或者偶性性向（accidental disposition）为中介；第二，这种本质性结合还使得整个灵魂存在于肉体的每一个部分。[64]在阿奎那看

---

62 Thomas Aquinas, *Summa Theologica*, I, Q. 75 a. 2.

63 〔古罗马〕奥古斯丁：《论三位一体》，周伟驰译，上海人民出版社，2005年，第47页。

64 白虹：《阿奎那人学思想研究》，北京：人民出版社，2010年，第146页。

来，一件由质料和形式组合而成的事物的统一性是要通过形式本身的，而形式是由于它的本性而同作为其现实的质料联合在一起的。这个活动主体就是由形式和质料构成的，除此以外不可能有别的什么事物作为它们联合的原因。灵魂作为肉体的形式就是肉体的现实化，它自身本质上就是一种现实，就是要与作为其现实的质料——肉体结合在一起的，因此无须借助任何中介提供存在。对于灵魂与肉体的本质性结合使整个灵魂存在于肉体的各个部分，阿奎那是这样进行论证的。灵魂作为使肉体现实化的实体形式，它就不仅使这个整体，而且也使这个整体的每一个部分都完满化。因为肉体这个整体就在于它的各个部分，那么，作为这个整体的实体形式，灵魂就必然要把存在赋予肉体的各个部分，否则，这个形式就不是实体形式，而是偶性的形式了。因为实体形式必定是"那种不仅关乎整体而且也关乎每一个部分的形式和现实"[65]。一旦灵魂从肉体中撤出，肉体就不再成其为一个身体了。因为肉体的任何一个部分都不能保存它的特有的活动了。所以整个灵魂必定存在于肉体之中，并存在于它的每一个部分之中。这里所说的灵魂整体是就完满性和本质进行划分的整体意义。也就是说，灵魂作为实体形式，不仅使肉体获得现实的存在，而且也是肉体的各个部分的实体形式使其各个部分获得现实存在。

"奥古斯丁阿奎那传统"不仅是古代和中世纪的基督教人性论的主流，而且在宗教改革之后依然有着一定影响。宗教改革时期的新教领袖加尔文曾说："神的光荣，虽表现在人的外形上，可是祂的真正形像，无疑的是在灵魂中。"[66]另一新教领袖马丁·路德也发表过类似言论："一个人虽然有两种性质，即肉体和灵魂，但他得称为教会的教友，不是按照他的肉体，乃是按照他的灵魂。"[67]当代新正统神学的代表人物尼布尔（Reinhold Niebuhr）亦指出："不是人的身体，而是人的灵魂，才是上帝按照它的形像造的，让我们从那与上帝相似的灵魂中去追寻上帝。"[68]

总之，在探讨内在于人的"上帝的形象"时，这条肇始于奥古斯丁和阿奎

---

65 Thomas Aquinas, *Summa Theologica*, in *Basic Writings of Saint Thomas Aquinas*, Part I, ed. A. Pegis, New York: Random House, 1945I, Q. 77 a. 8.

66 〔法〕加尔文：《基督教要义》上册，徐庆誉等译，北京：宗教文化出版社，2010年，第158页。

67 〔德〕路德："罗马教宗权"，见《路德选集》，徐庆誉等译，北京：宗教文化出版社，2010年，113页。

68 〔美〕尼布尔：《人的本性及其命运》，成穷译，贵州人民出版社，2006年，第143页。

那的传统思路表现出两点突出特征。第一，相信"上帝的形象"与肉体无关，而仅仅体现在灵魂或灵魂的某种属性和能力中。第二，把灵魂视为一种与独一的上帝相对应的单一存在，认为灵魂既无肉体所具有的物质属性，也无需借助肉体来实现与神的交流。[69]

69　〔德〕莫尔特曼，《创造中的上帝：生态的创造论》，隗仁莲等译，北京：三联书店，2002 年，322 页。

第四章　灵魂的起源与原罪的遗传

　　"原罪"是基督教所特有的一个宗教观念，也是其救赎论的前提之一。为了说明始祖亚当所犯下的一次罪恶何以成为了全人类的罪，以及这一原罪是如何在亚当的后裔中传递下去的，基督教的早期护教士和教父们曾经提出过多种不同的灵魂起源说，并由此对原罪的遗传问题作出了多种不同解释。奥古斯丁通过分析这些灵魂起源说在被用于解释原罪的遗传问题时的利弊得失，对这两个问题（灵魂的起源与原罪的遗传）作出了不同于前人的重新解释。

第一节　早期基督教哲学家的灵魂起源说

　　尽管大多数早期教父对原罪教义并没有足够的重视，但依然有人对其进行了解释，也形成了完全不同的传统。由于原罪教义涉及到原罪遗传的问题，因此才出现了早期三种完全不同的灵魂起源说：灵魂先在说、灵魂繁殖说、直接创造说。

一、奥利金等人的灵魂先在说

　　灵魂先在说（theory of preexistence）就是认为人的灵魂在人形成之前就早已先存在了。[1]亚历山大城的希腊教父奥利金（Origen，185 年-254 年）是最早提出"灵魂先在说"的基督教哲学家之一。正如我们在前一章中指出的那样，奥利金认为上帝对人的创造不是一气呵成的，而是分两次完成的。他认为，上帝在创造作为个体的人（亚当）之前，就已经先行创造了普遍的人性或理念（内

　　1　殷保罗：《慕迪神学手册》，姚锦译，香港：福音证主协会，2001 年，第 421 页。

在之人），而作为个体的人（亚当）不过是上帝将这个先行创造的普遍本性同地上的尘土相结合的产物。奥利金把这种先于个体之人的普遍人性称为先在的灵魂，并试图按照这种"灵魂先在说"来解释原罪的遗传。

在奥利金看来，一切存在（除了上帝）都是有形体的。形体存在物质形体和精神形体两大类。精神形体是由纯粹性质构成，而物质形体是由质料和性质组成的实体。他认为，物质形体就是上帝从无到有创造出质料，然后附上他所意愿的性质所形成的。物质形体还可以转化，既可以疏远理性而下降为更粗糙、更坚实的形体，也可以追求理性而上升为"精神形体"，或者说是脱离了质料的形体外壳。奥利金之所以提出"精神形体"概念的就是为了解释"死者复活"的基督教教义。他认为，人死以后，组成肉体的质料散落，但精神形体仍然存在，散落的质料最后还会聚集在这个外壳里复原为以前的身体。[2]按照奥利金这里的解释，我们可以把灵魂理解为一种精神形体，或者说灵魂是身体的外壳。因此，奥利金认为，第一次创造的是作为"精神形体"存在的灵魂，它作为普遍人性而存在，是一个内在之人。当上帝将它与物质质料尘土结合，才形成具体的、现实的、个体的亚当，这是上帝的第二次创造。也就是说，上帝对人的创造是分两个阶段得以完成的。在他看来，人虽是物质性的身体与精神性的灵魂的结合，但灵魂才是人之为人的普遍本质之所在，而身体不过是它的物质躯壳或牢笼。正因为如此，奥利金对"死者复活"教义的解释比较接近于古代希腊人所信奉的"灵魂转世说"，并由此被认为是对柏拉图主义的"灵魂转世说"的继承和发展。

在奥利金的理解中，人是"照着上帝的形像"所造的，不是指身体和灵魂的复合物，而是指那单纯地存在于灵魂中的内在的人（即普遍人性）。因此，在上帝对人的第一次创造中，并没有包含个体化的因素（那个按照上帝的形像所造的人仅仅是普遍人性，即所谓的灵魂）。上帝对人的第二次创造之所以被说成"造男造女"，是因为它意味着上帝的创造指向了个体性的人。用于始祖亚当的个体性是为他的全体后裔所共同分有的，所以亚当可以被视为人的"类"的普遍性。也正是在这种意义上，奥利金才把亚当作为全人类的代表。他对人类来源的上述理解是其"灵魂先在说"的基础，因为在他看来，人的灵魂源自上帝的第一次创造，而作为个体的人则是第二次创造的产物，故灵魂是先于个体的人而存在的。

2　赵敦华：《基督教哲学 1500 年》，北京：人民出版社，2004 年，第 101 页。

奥利金在解释作为创造者的上帝与作为受造物的人之间的关系时，无疑借鉴了柏拉图主义的"理念论"与"分有说"。他指出：作为受造物达到人类"首先从上帝即圣父那里获得了自己的存在，其次从圣道那里获得了他们的理性本性，第三从圣灵那里获得了他们的圣洁。"[3]他认为，这三次获得是三次具有不同程度的普遍性的"分有"，其中最为普遍的是对存在本身的"分有"，其次则是对理性本性的分有，最后则是对圣灵圣洁的分有。因为在他看来，包括人在内的一切受造之物（无论它们是理性的受造物，还是没有理性的受造物），都必须首先分有上帝圣父的存在；然而，只有作为理性受造物的人才能分有上帝圣子的道，并由此成为一种具有理性的精神性存在；同时，只有一部分人（善良的义人）才能分有上帝圣灵的圣洁。通过对上述三种"分有"的区分，他一方面解释了不同事物之间的等级差别，一方面又彰显了人类不同于其他受造物的尊贵地位。

如果用这种灵魂先在说来解释原罪的起源和遗传问题，那么似乎早在作为个体的人被创造出来之前，灵魂已经有过一次犯罪的历史，因为否则的话，则无法解释上帝为什么要把这个原本无罪的灵魂发配到低等的物质身体里面，使其遭到后者的污染而产生罪恶。然而，由于这种解释非但不完全符合基督教的正统原罪说，反而容易导致大多数基督教哲学家所反对的灵魂转世说，所以在后来的基督教哲学史上，他的灵魂先在说以及建立在其上的原罪遗传说均曾遭到过激烈批评。例如，连对奥利金学说一向比较推崇的卡帕多西亚教父尼撒的格列高利，也坚决反对用奥利金的灵魂先在说来解释原罪的起源和遗传等问题，因为在格列高利看来，如果灵魂真像奥利金认为的那样是预先存在的，那么将难以解释上帝为何要让无罪的灵魂脱离原有的纯洁状态，而去沾染肉体的罪恶，成为一个有罪之人。[4]此外，还有些后世的基督教哲学家认为，奥利金的这一学说不仅导致他自己将灵（spirit）与魂（soul）混为一谈，而且导致他否定了上帝对人的创造的一次性。不过，在近现代的基督教哲学家中，也有少数人试图为这种学说进行辩护。他们认为，奥利金提出灵魂先在说的主要目的，只是为了说明上帝的意志和个人的自由意志之间的互动性。也有人认为，他在"灵魂先在说"的理论基础上提出的"精神性形体"这一概念，在一

3　〔古罗马〕奥利金：《论首要原则》，1卷3章8节，石敏敏译，香港：香港道风书社，2002年。

4　〔古罗马〕尼撒的格列高利：《论灵魂和复活》，石敏敏译，北京：中国社会科学出版社，2004年，第70-71页。

定程度上打破了精神与物质、灵魂与身体之间的二元对立，从而对现代意义上的物质观和精神观的形成产生了一定影响。

二、德尔图良等的灵魂遗传说

灵魂繁殖说（遗传说 the theory of traducianism）认为灵魂如同身体一样，均来自父母。因为人是一个物种，而物种的概念是说，整个人都由此繁殖而来，个人不是由不同部分衍生而来的。[5]早期的拉丁教父德尔图良就是主张灵魂繁殖说的，并写了《论灵魂》一书对他的灵魂繁殖说进行了详细的论证。德尔图良不仅把人视为灵魂与身体的统一体，而且公开承认灵魂是具有一定的物质性。从这种立场出发，他对灵魂作出了新的定义："灵魂是来自神的气息，是不朽的，有形体的，有形式的，它的基质是简单的，它的本性中就有理智，它的力量以各种方式发展，它有自由的决定权，它的偶性是可以变化的，它的官能是易变的、理性的、至上的，表现为一种本能，这些都与一个（作为原型的灵魂）有关。"[6]他认为，这个"作为原型的灵魂"的确来自上帝的创造，但灵魂的被造与灵魂的出生又是两回事。因为后来的灵魂都是从这个作为原型的灵魂而来的，是与物质性的身体一起由父母繁殖或增殖而来的。从胚胎的孕育到正式的分娩，再到后来的生活这，灵魂始终与身体一同在成长。身体成长的是体积，而灵魂成长的是理智；身体处于质料状态下，而灵魂处在感觉中。灵魂的成长不是指它的基质在增长，而是灵魂的内在力量会随着身体一起发展，这种力量从一开始就已经为灵魂所具有，被包含在灵魂的自然属性中，因此灵魂的成长是一种力量的增强。[7]

在《论灵魂》中，德尔图良首先指出《圣经》已经告知我们灵魂的起源。它记载着"神将生气吹在那人的脸上，他就成了有灵的活人"。因此，灵魂就是神的气息组成的，这是灵魂的起点和起源，这是神启示给我们的。他批评柏拉图拒绝灵魂有起点的观念，因为柏拉图将灵魂分为已经出生的和已造就的，还有未出生的，未造的。德尔图良认为，人的灵魂是有形体的，因为在新约圣经的福音书已经表明，它记录着灵魂的影像具有手指这种身体性的东西，并

---

5 殷保罗：《慕迪神学手册》，姚锦译，香港：福音证主协会，2001 年，第 426 页。
6 〔古罗马〕德尔图良：《论灵魂和身体的复活》，王晓朝译，香港道风书社，2001，第 46 页。
7 〔古罗马〕参阅德尔图良：《论灵魂和身体的复活》，王晓朝译，香港道风书社，2001，第 76-79 页。

且承受着痛苦。因为在德尔图良看来，无形体的东西不能承受痛苦，也没有任何东西能够让它痛苦；而灵魂有承受痛苦的能力，那它必有身体的基质，具有形体才能承受痛苦。灵魂的形体可以想象成人的形像，每一个个别灵魂的形像就是灵魂所赐予生命和推动着的那个身体的形像。[8]他从初人亚当的创造进行了说明。当神将生命的气息呼到初人的脸上，气息会瞬间进入人体，散布到全身，在神的推动下，这气息浓缩在人体的内部，留下它的印记，构成它的形像。因此，在这浓缩的过程中，产生了灵魂的形体，按照那些印记，灵魂的形体构成了。总之，在他看来，最初的灵魂是上帝连同人类始祖亚当的身体一起创造出来的，并且是随着亚当身体的成长而一起成长起来的，而后来的人类作为亚当的后裔，其灵魂都像身体一样从父母那里一代代繁殖而来，并由此一代一代地继承了始祖亚当的罪性。

按照德尔图良的解释，人类与自己的始祖亚当具有"种上的同一类"（seminal identity），后代的灵魂与身体都来自人的种子，尽管存在灵魂的种子和身体的种子，但两者无论是在尘世的生活中，还是在未来的救赎中，都是不可分离的，因为"只有当肉体得到基督的血和肉的喂养，灵魂才能靠着神而育肥。当它们一道侍奉神的时候，它们在赎罪中是不能分离的。"[9]在德尔图良的眼中，灵魂与肉体的培育、被造和完成是同时的，是一起出生的。灵魂是在母体子宫和胎身一起生成，并和胎身同时接受性别特征。他认为那些宣传灵魂是从外面降临到身体的哲学家一定会遭到妇女们的反对。因为"对于这个问题，由于它与性的问题密切相关，因此没有什么东西可以比与之密切相关的性活动更能成为有用的教师、裁判和见证"，[10]而且"上帝无论有什么目的或者对人作什么应许，那都不仅仅是对人的灵魂而言，也是对人的身体而言；如果人的灵魂与身体在起源上没有什么联系的话，那么后者仅在名称上就已拥有了一切事物的特权。"[11]

在德尔图良的心目中，人的灵魂不仅是与自己的身体同时出生的，而且还是与自己的身体同步成长并走向成熟的。他认为，人的灵魂具有一种支配性的力量，可以与神的目的一致，这是一种至高的理智和活力的原则（有理智之处必有活力），灵魂居住在我们身体的最重要的部分，神特别关注这个地方。灵

8　〔古罗马〕参阅德尔图良：《论灵魂和身体的复活》，王晓朝译，第18页。
9　〔古罗马〕参阅德尔图良：《论灵魂和身体的复活》，王晓朝译，第128页。
10　〔古罗马〕参阅德尔图良：《论灵魂和身体的复活》，王晓朝译，第52页。
11　〔古罗马〕参阅德尔图良：《论灵魂和身体的复活》，王晓朝译，第124页。

魂的一切自然属性都与内在于灵魂基质的感觉和理智有关，从灵魂的自然构成中产生。灵魂的自然属性所处的境况不同，在经历生命的不同阶段时，会按照人的方式和技艺，按照自身所处环境的性质和习惯，并在最高力量的影响下逐渐发展自身。我们可以从感觉看出灵魂的成熟，从肢体看出身体的成长。

德尔图良以旧约圣经中的物质性灵魂观为依据，对希腊哲学特别是柏拉图主义和毕达哥拉斯派的灵魂观进行批判，从而阐释自己的灵魂繁殖说，区分了灵魂的被造和灵魂的出生，认为灵魂是上帝用自己的气息造的，是与身体一起被造的。他认为，灵魂并非是什么完全不同于身体的精神身体，而是具有像身体一样的物质性的基质和形体。在人类生命的全过程中，灵魂始终居住在身体之中，两者不分彼此地混为一体。尽管为了论证"灵魂不朽"的教义，他承认灵魂在肉身死后不一定会灭亡，而可能要在"阴间"等待末日的审判，但他认为"阴间"同样是一个物质性的而非纯粹精神性的场所。同时，他也从未把"阴间"看作是灵魂最后的归宿，而认为灵魂在末日来临的时候，必须同复活的肉身重新结合在一起，共同承受基督的赏赐或刑罚。

人的灵魂与身体都来自胚胎的繁殖，两者一起出生，成长和成熟。虽然德尔图良的思想不能视为对圣经灵魂观的最佳解释，依然具有重要的理论意义。他的解释牢牢抓住了旧约圣经中的灵肉整全论的基本思路，使各处相关经文串联起来，为其灵魂繁殖说提供了理论依据。[12]按照这种灵魂繁殖说，来自人类始祖的原罪主要是通过灵魂的繁殖过程而代代相传的。

三、哲罗姆等的直接创造说

早期拉丁教父哲罗姆（Jerome，约 340 年-420 年），是与奥古斯丁齐名的"四大拉丁教父"之一。他认为，灵魂的起源问题对于基督教具有特别重要的意义，因为这关系到基督教所信仰的灵魂不朽和原罪的遗传等一系列教义的解释。然而，在这个重要问题上，他发现此前的神哲学家并无统一意见，而是先后提出了四种不同假设：第一种是新柏拉图主义及奥利金主义的假设，即设想灵魂本来居住在天上的理念世界，后来又坠落到物质世界上并同个别的身体相结合；第二种是一些愚蠢的教内人士的类似假设，即设想灵魂曾长期保存在上帝那里，后来才被上帝发送到物质性的身体中；第三种是所谓的灵魂创造

---

12 王晓朝："希腊哲学灵魂观与基督教灵魂观的差别"，《浙江社会科学》，2000 年第 3 期。

说（the theory of creationism），即假设每个人的灵魂都是在自己出生的时候，由上帝为他单独创造的；第四种是德尔图良等早期护教士的假设，即假设所有人的灵魂在根本上都起源于人类始祖亚当的灵魂，因为正如每个人的身体都是从父母的身体繁殖而来一样，每个人的灵魂也都是由自己父母的灵魂繁殖或增殖而来。[13]

哲罗姆明确无误的指出，他认为第三种假设是最合乎真理的假设，因为只有如此，才能更好地说明灵魂的非物质性及其在身体死亡之后继续存在的不朽性。尽管有的神学家曾指责这种假设违反了《圣经》中关于天父上帝在完成创世之后"歇了他一切的工，安息了"的记载（创世记2章2节），但哲罗姆坚持认为，上述经文并不意味着天父上帝从此停止了一切创造，因为圣子耶稣基督曾在《圣经》中说过："我父做事直到如今，我也做事"（约翰福音25章17节）[14]。他同时还认为，只有假设每个人的灵魂都是上帝单独创造的，才能更好地说明灵魂不是上帝自身的神圣本质的一部分，而只是上帝创造的受造物。

在哲罗姆看来，既然每个人的灵魂都是在自己出生的时候由上帝单独为其创造的，而只有其身体才是由其父母所生的，那么由于上帝不会有意地为人创造一个有罪的灵魂，所以灵魂在进入身体并与身体联合之前，便不会有任何先前的罪，而是完全纯洁的。直到灵魂进入身体之后并与身体联合，才会受到身体的玷污而产生罪性。不过，他认为灵魂进入身体并非出自上帝的强迫，而是出自人自身的责任，因为是灵魂自身的意志选择进入这个必死的身体。有罪的灵魂和身体只有依靠耶稣基督的恩典，才能摆脱罪恶而得到拯救和永生。当人死亡的时候，灵魂虽然会暂时脱离身体，但这并不意味着灵魂可以自动脱离罪恶。灵魂和身体一样，除非依靠基督的恩典洗去它们的罪恶，否则必然遭到未来的审判和惩罚。因此，每一个人的灵魂都需要耶稣的恩典，才能从罪的捆绑中解脱。

由于哲罗姆认为，人的灵魂来自上帝的直接创造，而人的身体则来源于上帝之前创造的有生命的质料，所以他的灵魂起源论又称为"直接创造说"。从基督教的立场来看，"直接创造说"的优势主要表现在两个方面。首先，它有

13 Robert J.O'Connell, S.J.: *The Origin of the Soul in ST. Augustine's Later Works,* New York: Fordham University Press, 1987, p.151.
14 Robert J.O'Connell, S.J.: *The Origin of the Soul in ST. Augustine's Later Works,* New York: Fordham University Press, 1987, p.155.

利于神学家将人区分为不灭的灵魂与必死的肉体两个部分，并由此说明，灵魂来自上帝的直接创造，所以不朽不灭，而身体来源物质世界中已经存在的有生命的物质（父母），所以可朽必死。其次，它可以被神学家用于说明基督的圣洁性，因为既然灵魂来自上帝的直接创造而非来自父母的繁殖，那么基督的灵魂就同玛利亚的灵魂无关，而是完全圣洁的和无罪的。也正是由于上述原因，哲罗姆的灵魂直接创造说不仅赢得了西部教父的大多数神学家的青睐，也得到了奥古斯丁所给予的有所保留的支持，并最初成为中世纪之前基督教内部最流行的灵魂起源论。

然而需要指出的是，当神学家们借助哲罗姆的灵魂直接创造说来解释原罪的来源和遗传时，也可能会遭遇到一些严重的理论困难。首先，它很难解释一个尚未来得及接受洗礼便死去的婴儿的灵魂为何是有罪的，为何要因此受到诅咒和惩罚。其次，它难以解释上帝为何要创造一个他预先知道必然会陷入罪恶的灵魂。第三，既然灵魂的不朽性表明灵魂被创造于时间之前，又怎么会在每个人出生的时候单独被造。[15]由于直接创造说面临着这些神学上的困难，所以哲罗姆在主张这种灵魂起源说的同时，也没有全盘否定其他几种关于灵魂起源的假设，而只是明确反对像同时代的摩尼教徒那样把灵魂看成上帝的一部分。后来，奥古斯丁在自己的《论自由意志》等著作中，也曾采取同样的方式来谈论各种灵魂起源论的优劣得失，而并没有给予直接创造说以绝对的和无条件的支持。

第二节　灵魂起源说对原罪遗传机制的解释

原罪问题在早期教会似乎没有引起足够的重视。新约圣经中的使徒保罗虽然谈到了原罪和亚当的关系，但并未对其作出系统的分析，甚至压根没有具体讨论伊甸园中的那棵"知善恶树"同原罪之间有何关联。在使徒时代结束之后，基督教的第一代护教士既没有从使徒保罗的书信中归结出明确一致的原罪教义，也没有严肃地考虑过原罪的起源和传递等问题，因为他们当时更为关注的神学问题是上帝的三个位格之间的关系以及基督的神性与人性之间的关系。在早期教会围绕着三一论和基督论展开的一系列激烈争论中，原罪的起源

---

15 Robert J.O'Connell, S.J.: *The Origin of the Soul in ST. Augustine's Later Works*, New York: Fordham University Press, 1987, p.159.

和传递问题似乎并没有受到特别的关注。在基督教的第一部信仰纲领《使徒信经》中，也没有特别提到原罪和堕落的问题。二世纪的基督教护教士艾因纽（Irenaeus，约 140-202 年）是第一位对原罪问题做过严肃思考的神学家，但他思考原罪的目的不是探讨第一次堕落的发生，而是关注人的灵魂在未来的成长。直到 2 世纪中期，希腊护教士奥利金（185 年-254 年）和拉丁护教士德尔图良（150 年-230 年）才按照他们各自主张的灵魂起源说，对原罪的起源和传递进行了比较系统的解释。

一、灵魂先在说对原罪遗传机制的解释

按照奥利金的灵魂先在说，灵魂是先于身体而存在的，后来才被放逐到身体之中的。那么，这是否意味着灵魂早在进入身体之前，就已经有了某种形式的罪呢。如果是这样，那么显然很难把亚当和夏娃在伊甸园中偷吃禁果的罪解释为人类的第一次堕落或原罪，因为他们二人在伊甸园中是有身体的。为了应对这一难题，奥利金在早期著作中，没有把亚当夏娃在伊甸园中的犯罪当做真实发生的事件，而是将这个故事看作一个"形像的比喻"，认为它反映了圣经作者对恶的现象的反思。但在后期著作中，为了说明当时罗马的凯萨尼亚（Caesarea）地方婴儿受洗的习惯，他又将堕落与原罪联系了起来。他意识到，婴儿受洗的仪式即便不是在思想上先于原罪的教义，也至少在事实上先于原罪的教义。婴儿或许不是因为原罪才受洗，但原罪可以说明婴儿受洗的必要。他认为，原罪的概念是同原责（original guilt）的概念相关联的。这样一来，原罪便从人的一种弱点变成了一种更为积极主动的污染，并且伴随着某种形式的罪责（guilt）。[16]

奥利金认为，上帝创造了两种类型的善。其中一种善是秩序的善，这种善是不可能被个体所败坏的。另一种则是作为个体的存在者的善，这种善是可以被其赋予的个体所败坏的。正如我们在前文中所指出的那样，他把上帝对人的创造分为两个阶段，第一个阶段是创造作为普遍人性的灵魂。在这个阶段，没有真正意义上的罪产生。真正意义上的罪发生在第二个阶段。更具体的说，是由于上帝创造出来的第一位个体性的人——亚当所犯下的罪。由于这一罪恶的产生是亚当的理性所选择的结果，所以必须受到上帝的审判和惩罚。

---

16 参阅周伟驰：《奥古斯丁的基督教思想》，北京：中国社会科学出版社，2005 年，第 210 页。

在奥利金看来，人有两种不同的本性，其中一种是可见的或有形的本性，另一种则是不可见的或无形的本性。他指出，人的第一种本性（可见的本性）是一种动物式的身体本能，其功能是用于支配身体的诸种欲望和活动；人的第二种本性（不可见的本性）是理性，其功能是主导灵魂的目标和意志的自由原则。按照正常的秩序，人的第一种本性是服从于第二种本性的，因为人的本能只有通过意志的自由选择才能发挥作用。用他的话说："理性动物的本性乃是这样的：发生于我们人类的事情有些是来自于外部，它们同我们的视觉、听觉或其它感觉相接触，促使我们向好处运动，或者相反。从它们的外部来源看，阻止它们影响的力量并非在我们的内部。但是，决定并同意应该如何利用这些如此发生的事情，乃是我们内部的理性的责任，它是我们的判断。"[17]奥利金认为，人的意志无法阻止外在的刺激和影响，但如何对待这些外在的影响与刺激则是取决于意志的自由选择。按照他的解释，人的意志之所以是自由的，是因为任何外在的事物都不是导致我们作恶或行善的真正原因。作恶或行善都是出于人的意志，是人的意志自由地选择了如何去应对外部事物的影响的方式。正因为作恶或行善都是出于意志的自由选择，上帝才要根据人的自由选择来对人进行公正的审判和赏罚。

所以，奥利金认为，原罪发生在第二次创造的个体性的人亚当身上。尽管亚当受到了诱惑，但是这种诱惑并不能起到决定性的作用，最终起决定作用的是亚当自己，是亚当的意志自由地选择了背弃上帝的诫命。因此亚当犯罪了，败坏了自身中存在的个体性的好。这种个体性的好来自上帝的创造，只能被个体所败坏。由于亚当的个体性是人作为"类"的个体性，所以亚当的个体性的败坏不仅仅是一个人的败坏，而同时也是作为人类的善的败坏。

亚当在伊甸园中的犯罪损害了作为其后裔的人类的善，从而使人类的本性遭到了败坏。然而，人类并未因此而丧失全部的善，因为他们至少还拥有上帝对人类的第一次创造中赋予人类的善，而这种善虽然也曾存在于作为个体的亚当之中，却并不是作为个体的亚当的产物，所以也不会遭到他的犯罪的败坏。

按照奥利金的观点，当《圣经》说人是上帝按照自身的形像创造的时候，主要是针对先于身体存在的灵魂而言的。真正拥有"上帝的形像"的只是人的

---

17 〔古罗马〕奥利金：《论首要原则》，3 卷 1 章 3 节，石敏敏译，香港：道风书社，2002 年。

灵魂，而不是人的身体。灵魂来自于上帝对人的第一次创造，而身体则来源于上帝对人的第二次创造。上帝在第一次创造中赋予人类的善虽然不会因为上帝在第二次创造中赋予人类的善的败坏而彻底丧失，但会因为后者而受到某种消极影响。

人从上帝的第一次创造中获得的"善"与他们从上帝的第二次创造中获得的"善"其实并不矛盾，但是这两种"善"却有着完全不同的意义。在上帝对人类的第一次创造中，人所获得的"善"是指向上帝作为独一存在的关系性。在上帝对人类的第二次创造中，人所获得的"善"则是指向人的存在的位格性。通过把上帝对人类的创造分为精神与物质、灵魂与身体两个不同阶段，奥利金还进一步指出，人从第一次创造中获得的"善"就是"上帝的形像"，这种善不会因为作为个体之人的亚当的犯罪而彻底丧失，而是始终存在于罪人之中。在伊甸园事件中，犯下罪恶的是一个来自上帝第二次创造的个体之人——亚当。[18]

作为个体之人的亚当的犯罪虽然不足以让人类完全丧失上帝的形像，却导致人的灵魂失去了回归其原有之善的能力，而只能存在于物质性的身体之中。在这次犯罪中，亚当丧失了他作为个体性的"善"，但是他的灵魂中依然残留着源自上帝第一次创造中的"善"。作为亚当的后裔，我们的灵魂尽管受到亚当之罪的影响而丧失了飞向上帝之善的翅膀，却依然保留有"上帝的形像"。

在奥利金看来，亚当及其后裔的犯罪不是上帝的责任，而是人自身的责任，所以不能由此否认上帝的全能和至善。首先，上帝并非没有能力阻止亚当的第一次犯罪，而且这次犯罪并没有让人彻底失去上帝的形像，因为人的灵魂中依然保留着在第一次创造中获得的善。其次，亚当的犯罪并非是上帝对人的第二次创造所导致的必然结果，而是因为人自身的选择导致了其个体性的扭曲，使其失去了上帝赋予它的原初意义。因此，我们可以说，在奥利金的学说中，原罪的产生和遗传是这样发生的：亚当的犯罪不是上帝的创造活动导致的，而是其自身选择的结果。虽然亚当的犯罪败坏了他的个体性的"善"，但由于全人类都是亚当的后裔，所以他的这种个体性的"善"的败坏也是人类的"善"的败坏。

---

18 章雪富："'神的形像'——从伊利奈乌到卡帕多西亚教父"，《哲学门》，2008年第1期。

不过，奥利金同时指出，耶稣基督虽然具有完全的人性，但没有像其他人那样处于这种败坏的状态，因为他是直接从天父上帝的本质中产生出来的，而非像其他人那样是通过天父上帝的创造产生出来的。耶稣基督就是"上帝的形像"本身，而不是以分有的方式具有这一形像，也不是通过上帝赋予人的生命气息才获得这一形像，所以他丝毫不会受到亚当的原罪的影响。然而，其他人的灵魂不可能像耶稣这样完美地具有上帝的形像，所以容易因为错误的选择而堕落。堕落的灵魂不仅可能被囚禁于身体，甚至可能沦为魔鬼而无法自拔，而那些凭借善良的自由意志而做出正确选择的灵魂，则可能成为天使。在奥利金看来，灵魂的这种选择不只是一次性的，而是持续进行的，只要最后的审判尚未到来，堕落的灵魂便有改过自新的机会。在这种意义上，他认为甚至魔鬼也可能最终做出正确的选择并由此得到上帝的拯救。[19]由于在他的上述理论中蕴藏着大多数教父所反对的灵魂转世说的倾向，从而在基督教内部招致了诸多非议，并最终在 6 世纪的君士坦丁堡第二次公会议上被判为异端，遭到罗马教廷的谴责。尽管如此，他的灵魂学说仍然对包括尼撒的格里高利（Gregory of Nyssa, 330-395）在内的部分希腊教父产生了深远影响，并由此成为基督教哲学史上不可忽视的重要学说之一。

二、灵魂遗传说对原罪遗传机制的解释

德尔图良造出了"始罪"（originis vitium）一词，是当时代唯一一个指出世人的罪与亚当有关的教父，立下了非洲的原罪教义的基础。德尔图良有句名言："灵魂的传递，包括罪的传递"。在他看来，原罪是一种积极的败坏，出自亚当，然后由父母遗传给孩子。

德尔图良虽然没有像柏拉图那样把灵魂视为一种精神实体，却像后者一样认为灵魂具有理性的部分和非理性的部分。他认为，灵魂中的理性部分是其与生俱来的本质部分，因为创造灵魂的上帝本身就是理性的。灵魂中的非理性部分则是通过后天的错误选择所产生的，而非灵魂所固有的。但是一旦非理性的部分产生之后，就成为了灵魂的内在部分，并且可以在灵魂中不断发展，以至于人们常常误以为它是灵魂所固有的东西。事实上，灵魂中的非理性部分并非源自创造灵魂的上帝，而是灵魂在魔鬼的引诱下走向堕落并犯

---

19 〔美〕比尔.奥斯丁：《基督教发展史》，马杰伟，许建人译，香港：种子出版社有限公司，2002 年，第 81 页。

罪作恶的结果。因此，上帝不应该为人的灵魂的犯罪承担责任，而应该由人自己承担责任。[20]

德尔图良认为，所有的罪都是非理性的，原罪是由于灵魂选择接受蛇的建议，违背了上帝的诫命；而灵魂原本具有理性、理智和意志自由，可以选择不接受的，但是灵魂受到恶魔的怂恿而犯罪。因此灵魂中的非理性部分，开始出现并成长为灵魂内在的部分，灵魂变得灰暗和压抑。而后来的灵魂都是从初人的灵魂繁殖而来的，都具有了亚当的原罪，每个灵魂都从亚当那里获得它的本性，它一直是不洁的，而且由于自身的不洁，它会主动地犯罪。甚至（由于灵魂与身体的相连），灵魂会带着它自己的耻辱弥漫在身体中。德尔图良还指出，虽然我们一般都会将原罪理解为灵魂的罪恶，但身体在人犯罪的过程中也起了推波助澜的作用。灵魂是主犯，身体是帮凶；作为主犯的灵魂受到惩罚，它的随从（身体）也会因为它的过失而受到审判和惩罚；审讯的法官会重重惩罚主犯，申斥他的罪性，而那些服从犯罪命令的人（身体）也不会被宣判无罪。[21]因此灵魂与身体都要接受惩罚，一起浸泡在原罪里。

德尔图良没有像奥利金那样认为灵魂没有因犯罪而败坏，而是针锋相对地认为，人的灵魂同身体都已经被始祖亚当的犯罪所败坏了。在他看来，灵魂虽然不像身体那样由父母繁殖而来，却像身体一样具有败坏的本性。尽管人的灵魂和身体是通过不同的方式产生的，但它们却是同样败坏的。败坏和罪恶已经扎根于灵魂的种子之中，人甚至在刚刚降生的时候就已经有了原罪。

不过在德尔图良看来，当人的灵魂由于原罪而坠落之后，神的恩典依然能够在灵魂中起作用，并通过灵的更新而使灵魂恢复其原有的本性。他指出，尽管人的本性在亚当堕落之后已遭败坏，但在人的灵魂中依然还有来自上帝的创造和上帝的形像的原初之善。这种原初之善是真正的和神圣的善。他认为，上帝为每个人创造的灵魂由于受到罪的玷污，而处于败坏的状态中，但灵魂不会像身体一样彻底遭到毁灭。灵魂来自于上帝的直接创造，而不像身体那样是从上帝最初创造的亚当那里一代代繁殖而来。来自上帝的灵魂不会因为身体的死亡而消亡，但其中原有的善仍可能受到罪恶的捆绑而被遮蔽，以至很难被人察觉。由于所有人的灵魂都来是由上帝最初创造的那个灵魂（始祖亚当的灵

20　〔古罗马〕德尔图良：《论灵魂和身体的复活》，王晓朝译，香港道风书社，2001年，第29-30页。

21　参阅〔古罗马〕德尔图良：《论灵魂和身体的复活》，王晓朝译，香港道风书社，2001，第80-82页。

魂）增殖而来，所以也由此继承了他们祖先灵魂的罪性。然而，无论一个灵魂多么邪恶，它都依然保留着善的种子。因此，只要灵魂接受了基督教信仰，就可以让其被遮蔽的善再次显露出来，并由此实现灵魂的重生。重生的灵魂将被上帝的圣灵所启示和保护。在灵魂重生之后，身体也应服从于圣灵的引导，成为圣灵的工具和仆人。[22]

在反对德尔图良等坚持灵魂遗传说的基督教思想家看来，如果灵魂是物质的，如果此说确切，那么基督必定从玛利亚身上遗传到有罪的本性了，缘何基督是无罪的呢，这与基督教教义不相符合。德尔图良认为，灵魂遗传说对他的理论并不构成自相矛盾。他对基督无罪的解释是：上帝本身是无罪的，而基督就是上帝本身，所以基督不可能犯罪。[23]在他看来，作为上帝之道或曰"逻各斯"的基督并不是直到新约时代才产生的，而是早在上帝创世之前就已经存在，而且宇宙万物都是通过它被创造出来的。"道成肉身"的意思不是指，直到玛利亚因圣灵感孕而在马槽里生下耶稣时，基督才正式产生了，而是指，作为上帝之道或逻各斯的基督通过这种方式转化成了肉身的样式，从而将上帝的形像在人间显露出来。基督既是上帝和逻各斯，也是全世界唯一的无罪之人。

人类的灵魂和身体为了摆脱罪恶的捆绑，必须信仰耶稣并接受洗礼。虽然在基督教内部，对洗礼的方式有多种规定，但德尔图良更为倾向以浸礼的方式接受洗礼，并认为它比其他洗礼方式更能体现洗涤罪恶的功效。他认为，在上帝起初的第一个创造中，水就是圣灵栖息歇脚之处。在洗礼的过程中使用的水不同于其他普通的水，而是可以让人摆脱一切罪恶事物的圣水，因为洗礼中使用的水在经过神职人员以耶稣之名进行的祝圣之后，就有了洗涤罪恶和让人同罪恶的事物"分别为圣"的功效。通过接受洗礼，人的灵魂和身体将得到洁净，并重新回到圣洁无罪的状态。但不同于当时的大多数神学的是，他认为让刚出生不久的婴儿接受洗礼是不必要的，甚至是应该遭到反对的，因为一旦让婴儿受了洗，就可能影响到他们在受洗之后所犯的罪的赦免。[24]

---

22 〔古罗马〕德尔图良：《论灵魂和身体的复活》，王晓朝译，香港道风书社，2001年，第82-83页。

23 〔古罗马〕德尔图良：《论灵魂和身体的复活》，王晓朝译，香港道风书社，2001年，第83页。

24 周伟驰：《奥古斯丁的基督教思想》，北京：中国社会科学出版社，2005年，第208页。

第三节　奥古斯丁的灵魂观及其对原罪遗传的解释

奥古斯丁对早期的三种灵魂起源说的态度是复杂的，认为它们都有可能，但都又存在不可避免的问题。而在灵魂起源问题上，奥古斯丁保持沉默，不愿给出正面回答。对奥古斯丁的著作相关部分进行梳理后，笔者认为，在灵魂的起源问题上，奥古斯丁更倾向于灵魂遗传（繁殖）说。这种倾向与他对原罪的遗传解释吻合，因为他认为原罪乃是通过性欲而代代相传。

一、对三种灵魂起源说的回应

对灵魂先在说，奥古斯丁持有怀疑：先在的灵魂无论是被上帝派送到身体，还是自己选择进入身体，为何会成为有罪的呢？它是在进入身体前还是进入身体之后堕落的呢，抑或是因为堕落（罪）才进入身体？在《论灵魂及其起源》中，奥古斯丁对维克多提出的观点进行批判。因为维克多认为：灵魂原本该受肉体的污染，藉着身体正好可以恢复它原初的状态，获得重生。奥古斯丁对此进行了激烈的抨击：先在的灵魂为何该受肉体玷污的罪过？难道在此之前先在的灵魂犯过什么罪过吗？这种罪过从何而来？既然这罪过把它推入罪恶的肉体使其受玷污，就说明它发生在灵魂还没有披戴肉身之前，那就不可能从肉身接受那种罪过。可是要说这罪过出于神——这就更加冒犯了我们的心灵，这是我们绝不允许的。如果先在灵魂是从自身得到这种罪过的，那它是怎样得到的呢？因为它在穿上肉身之前根本没有犯罪。[25]因此奥古斯丁认为，维克多的观点极其荒谬，完全无法自圆其说。

奥古斯丁还对灵魂先在说进行了另外的尝试分析，从先在灵魂被上帝排遣到肉体和先在灵魂自己选择进入肉体两个可能性进行原罪遗传问题的解读。第一个可能性是先在灵魂被上帝排遣到肉体之中，赋予肉体生命，并管理和统治肉体。从始祖而来的肉体，天生处于对罪的惩罚中而必然死亡。伴随必死肉体的还有无知和困苦的惩罚，这也是附加给灵魂的可怕处罚。也就是说，肉体既然是从有罪的始祖而来就必然带有罪的惩罚，也会给进入它之中的灵魂带来了困苦，但这罪与先在的灵魂和上帝无关，只能归咎于来自于始祖的肉体。这种可能性的解释好像有点差强人意。如果说先在灵魂是自己选择进入必死性的肉体，它自己的意志导致的无知和困难就该是它应该承受的惩罚，可是

25　〔古罗马〕奥古斯丁：《论灵魂及其起源》，石敏敏译，北京：中国社会科学出版社，2004年，第190页。

它缘何选择进入肉体？这似乎与始祖的罪也毫无关系。由此，奥古斯丁对先在灵魂说进行了否定，认为其完全无法对原罪遗传问题进行合理解释，也无法说明为何人人都生在罪里。笔者认为，奥古斯丁对先在灵魂说的理解有一定的误读，因为奥利金的先在灵魂说指的是灵魂的被造层面上的"先在"，因为他是用二次创造论来解释人的被造，而不是在灵魂的遗传层面使用"灵魂先在于肉体"。

对于灵魂繁殖说，奥古斯丁认为，灵魂繁殖说比较清楚地解释了在亚当犯罪时，众人是如何"在他里面"的，即一个灵魂是由前人灵魂产生，就如一人肉体由前人肉体产生，但是它却包含着灵魂物质论，对这一点，奥古斯丁无论如何都无法接受。尽管奥古斯丁反对灵魂物质论，却认为灵魂繁殖说是有可能的，因为他说到："若唯有一灵魂受造，一切人类灵魂都是它的后代，谁能说自己在亚当犯罪时没有犯罪呢？"[26]他认为灵魂繁殖说较好地解释了原罪的遗传问题，因为所有灵魂都是从有罪的亚当的灵魂繁殖而来的。但是，他却还是提出怀疑：既然灵魂如同肉体都来自父母，那来自圣女玛利亚的基督为何独独没有染上原罪呢？

奥古斯丁曾多次宣称，自己很难在几种灵魂起源说中做出非此即彼的选择，他认为灵魂的直接创造说也有其合理之处。他在《论自由意志》书中写道："若灵魂在每个人出生时分别受造，说先前灵魂的恶惩应是后来灵魂本性的一部分，且后来灵魂的善赏应是先前灵魂本性的一部分，也不是错误的，反倒显得完全恰当、合乎秩序。"[27]在奥古斯丁看来，假如后来的人的灵魂都是在初人的堕落灵魂（先前灵魂）这一层次上受造的，灵魂依然具有超过有形造物的尊荣，这恰恰很好的解释了原罪的遗传问题。而且后来的灵魂尽管是带有原罪的灵魂，在一出生就处于惩罚中，可其本性依然超出一切有形之物，这灵魂也依然是一大善。由此也不能说上帝的创造是不完满的，不应当的。虽然它生而受罚，却有权力在上帝的帮助下重塑自己，从而从无知和困苦的惩罚中挣脱出来。从这个层面来说，无知和困苦对后来的灵魂而言就不是惩罚，而是对灵魂进步的激励和朝向完全的起点。奥古斯丁疑惑的是它完全不能解释为何所有人都有罪的问题。如果说每个人都有一次个别的堕落，那不是说明上帝的创

26　〔古罗马〕奥古斯丁：《论自由意志》，成官泯译，上海人民出版社，2010年，
　　第175页。

27　〔古罗马〕奥古斯丁：《论自由意志》，成官泯译，上海人民出版社，2010年，
　　第175页。

造的不完满性，但是上帝的创造一定是完美的，这里又充满矛盾。

奥古斯丁对三种灵魂起源说对原罪的解释都没有坚决反对，也没有明确表示自己究竟支持哪一种起源说。而他自己则承认自己在灵魂的起源问题不敢乱下断言。尽管如此，我们依然可以从他的原罪论对罪的传递问题的分析中推断，他在灵魂的起源问题上更倾向灵魂遗传说（灵魂繁殖说），并将先在灵魂说与灵魂遗传说融合在一起来解释人的原罪的传递。

二、奥古斯丁的折中解释

罪恶问题一直困扰着奥古斯丁。他之所以加入摩尼教就是因为摩尼教为当时的奥古斯丁提供了一个在他看来看似合理的善恶二元论的解释。直到奥古斯丁阅读柏拉图主义哲学才认识到上帝的神圣本性，此后在上帝的恩典下找到通向真理的道路，皈依了基督教。结合自身的种种体验，奥古斯丁对基督教教义进行深入分析建构了原罪理论，并在与佩拉纠的论战中成功捍卫了原罪论的正统地位。

（一）原罪究竟是什么罪？

虽然原罪的观念源自《圣经》，而且奥古斯丁之前的护教士和教父们早已探讨过亚当的原罪对全人类的影响，但第一个明确使用"原罪"（peccatum originale originans）这个拉丁词汇来表述该观念的教父却是奥古斯丁。而在他之前，基督教哲学家（如德尔图良）往往将人类始祖的第一次犯罪称之为"始罪"或"旧罪"等。大约在公元396年左右，奥古斯丁在其对新约罗马书的注释中，率先使用了这一词汇来表述亚当最初的犯罪。在中世纪之后，随着奥古斯丁神哲学在基督教内部的影响越来越大，这个词汇才逐渐成为基督教对原罪的标准称呼。

奥古斯丁对原罪的解释也极大地丰富了这个词汇的含义。他在对旧约创世记的注释中提出，亚当之所以会犯下原罪，主要是因为对上帝赐予人类的自由意志的滥用。在亚当和妻子夏娃偷吃那棵"知善恶树"上的果子之前，上帝早已向他们明示了这么做的严重后果——"你吃的日子必定死"，但是他们在魔鬼的引诱之下，居然为了实现自己能够"像神一样知道善恶"的骄傲和野心，而明知故犯地违背上帝的命令偷吃禁果。更加可恶的是，当这一罪行被上帝发现之后，亚当非但没有立即悔改，反而为了推卸罪责而指责自己的妻子，从而遭到了上帝的严惩。这一罪行不仅导致亚当夫妻被逐出伊甸园并失去永生的机会，而且给他们的子孙后代带来了无穷无尽的灾难。从此以后，每一个作为亚当后裔的人类都受到原罪的污染而失去了原来那种在善恶之间做出自由选择的意志能力。除非依靠基督的恩典，仅靠他们个人是不可能摆脱原罪的捆绑并获得拯救的。

但原罪究竟是什么？奥古斯丁一直也没有给出明确的定义，而且他对原罪意义的应用有时候也会因为对手的责难而变化。但一些学者通过梳理奥古斯丁的著作，认为奥古斯丁在其后期著作中所说的原罪应包括如下几方面的含义。

（1）亚当的罪及对他的惩罚（贪欲／贪婪，concupiscentia）是会遗传的；

（2）婴儿的灵魂是有罪责的（guilty）；

（3）婴儿的罪是真实的（不是类比）、严重的，是通过生育而遗传的；

（4）洗礼是一切人，包括婴儿，得救的必要手段。[28]

奥古斯丁的原罪观对当时和以后的基督教神哲学产生了巨大影响。一般认为，奥古斯丁之后的神哲学家对原罪的理解方式主要分为三种模式。第一种模式是把原罪理解为一种骄傲或傲慢。由于亚当的骄傲，不仅导致了他本人在灵性上的死亡，而且导致了他的子孙后代在灵性上的死亡。第二种模式则是把原罪解释为一种贪欲及其招致的惩罚。亚当为了满足其无止境的贪欲，不仅为自己招致了被上帝逐出伊甸园的灾难，也给子孙后代带来了无穷无尽的灾难，因为他的子孙后代都从自己的父母那里继承了这种来自始祖亚当的贪欲；第三种模式则是前两种模式的混合，即认为亚当的骄傲和贪欲导致了灵魂的缺陷和死亡，而这一后果又被遗传给他的子孙后代，所以后来的人类作为亚当的后裔，其在灵魂中与生俱来地潜藏着一种背离和反抗上帝旨意的危险倾向。

上述几种对原罪的理解都在一定程度上受到了奥古斯丁的影响和启发。不过，奥古斯丁本人并未明确说明他究竟支持哪一种理解模式。对于他来说，原罪包含着两方面的意义。一方面，它指的是亚当的第一次犯罪及其招致的严惩；另一方面，它指的是这次犯罪在人性中导致的严重后果。由于全人类都是亚当的后裔，所以亚当可以被视为人类的代表。亚当的罪就是人类的罪。所有人都必须为此承担责任，哪怕是刚出生不久的婴儿也无法幸免（奥古斯丁在

28 周伟驰：《奥古斯丁的基督教思想》，北京：中国社会科学出版社，2005年，第212-213页。

《忏悔录》中，曾多次分析过婴儿以及儿童的罪性，以说明亚当之后任何人都天生有犯罪倾向）。罪的代价就是死亡，所以原罪使包括亚当的在内的每个人都无法脱离死亡的惩罚。原罪及其导致的后果不会慢慢消失，而是一直保留在人性之中并代代相传。奥古斯丁认为，任何罪都是意志之罪。与原罪相关的意志问题分为两个方面：性情与骄傲。骄傲是堕落的原因，性情是堕落的结果。骄傲本身不是罪，却是所有罪的开端，无论魔鬼还是人的堕落，都是因为骄傲；就是因为骄傲，人才把自我看得过重，超过了上帝，才不遵从上帝的旨意。亚当就是因此才犯罪，把本该指向上帝的意志指向了自己，不再亲近上帝，就只知道为自己而存在，就变成了一种缺失了的存在，也就是堕落了的人。

　　为了防止有人把亚当的犯罪归咎于上帝，奥古斯丁利用他的自由意志说分析了亚当犯罪的根本原因。他指出，上帝在创造人的时候，赋予了人的意志以自由选择的能力，使人可以自由地选择服从上帝的善，也可以自由地选择背弃上帝的恶。按照正常的自然秩序，较低级的存在理应以更高级的存在作为其目的。人作为较高级的存在，原本应该以比自己高级的精神存在作为目的，并最终以创造万有的上帝作为终极目的。只有如此，人才能实现正义和幸福。反过来，如果人违背这一正常的秩序，为了追求那些比自己更低级的存在（如肉欲和财富）而背离上帝，则会陷入罪恶并招致上帝公义的惩罚。既然人的犯罪不是上帝导致的，而是出于其意志的自由选择，那么人便必须为自己犯下的罪接受惩罚。如果上帝不对人的罪恶加以惩罚，就无法维护惩恶扬善的公义和彰显自身的大能。人的自由是完美世界的一部分，不能因为它可以被滥用来作恶就谴责它的被造，甚至谴责它的创造者。就人的自由而言，人倾向选择自以为好的东西，但人的认识具有局限性。亚当原本具有自由意志，当他听从夏娃的劝告而选择偷吃禁果是他意志的自由选择，可以说偷吃禁果是他自认为好的东西。他选择背离了上帝的诫命就是犯罪了，因为罪就在于背弃永恒者而看重可变者。犯罪就必须接受惩罚，于是亚当的后代都从亚当那里继承了三种罪性：愚昧、贪婪、死亡。[29]

　　由于这些罪性污染了人的灵魂，让人失去了正确辨别罪恶和选择真正的善的能力。例如，人由于愚昧而无法辨别真正的善；即使知道了真正的善，人也会由于贪婪而难以有效地追求这种善，从而始终无法靠自身来改恶从善并

---

29 周伟驰：《奥古斯丁的基督教思想》，北京：中国社会科学出版社，2005年，第213页。

摆脱死亡的诅咒。从这种思想出发，奥古斯丁把原罪的发生过程区分为"建议、喜爱、同意"三个阶段，并对每个阶段进行了详细描述："建议，要么来自记忆，要么来自身体的感觉，即当我们看到、听到、嗅到、闻到，或是触摸到什么的时候，如果对这种感觉的享用让我们愉悦，我们就该扼制这种非法的愉悦。就像当我们禁食时，我们看到了食物，嘴中的欲望就被激起了，没有愉悦这就不会发生；但是如果我们不同意这一欲望，就会以占统治地位的理性的权力压制它。而如果形成了同意，就是充分的罪了，我们心里的事上帝会知道的，哪怕所做的事没告诉别人。"[30]

在上述引文中，奥古斯丁将亚当犯罪的过程分为了三个不同阶段。第一个阶段是魔鬼让人犯罪的建议。第二个阶段是夏娃对这一建议的喜爱。第三个阶段是亚当对夏娃按照这一建议犯罪的同意。无论是建议、喜爱还是同意，都同人的意志的选择密切相关，所以在原罪的产生过程中，自由意志发挥了关键作用。

在他看来，当人通过意志的自由选择而犯罪的时候，作为"内在之人"的灵魂便彻底地堕落败坏了。本来，人的灵魂中既有高级的理性，也有低级的理性，前者的目的是为了沉思作为最高存在的上帝的理性，而后者的目的则是为了处理日常的事务。在《创世记》所记载的那个关于原罪的故事中，作为男人的亚当象征着高级理性，作为女人的夏娃则象征着低级理性，正如女人的目的应该服从于男人的目的一样，低级理性也应该服从高级理性的目的。然而，当灵魂中的低级理性过于沉溺自身的目的并企图不加任何限制地实现这种目的时，如果高级理性不能对其实施有效的压制，反而对其表示同意，就导致灵魂失去正当的秩序而陷入紊乱状态。在伊甸园的故事中，当夏娃按照魔鬼的建议提出偷吃禁果的建议时，亚当非但没有阻止她的企图，反而对其表示同意，从而导致了犯罪的发生。在犯罪之后，作为"内在之人"的灵魂便落入了魔鬼的手中，其中的高级理性再也无法专注地沉思和凝视上帝的永恒真理，而只能关注那些暂时的和属世的事务。于是，用于凝视真理之光的眼睛闭上了，而用于注视世俗事务的眼睛却睁开了。[31]就这样，人的灵魂非但没能按照正当的秩序，

---

30 转引自吴飞：《心灵秩序与世界历史》，三联书店，2013 年，第 155-158 页。原载奥古斯丁：《论登山宝训》，1：12。

31 〔古罗马〕奥古斯丁：《论三位一体》，周伟驰译，上海人民出版社，2005 年，第 320 页。

让身体受到自己的管束，反而让自己可耻地沦为了身体的奴隶："它将物体的欺骗性的相似形像拉入自身之中，在徒然的冥想里玩味它们，到了最后，它除了这般的物事之外，什么神圣的东西也想不到了。"[32]

人的灵魂在堕落之后，就不再把上帝的永恒真理当作追求的目标，而把世俗的事务和身体的享乐当作主要的目的，从而陷入了一种扭曲的存在状态。这种状态给人带来了灵魂和身体两方面的痛苦。一方面，灵魂因为其低级理性对高级理性的反抗而感到痛苦，另一方面，身体也因灵魂与身体之间的争斗而受到折磨。用奥古斯丁在《上帝之城》的话来说："所谓肉身的悲痛，其实是灵魂的悲痛，只是出现在肉身中，发自肉身。如果没有灵魂，肉身靠自己怎么会有悲有欲呢？如果说肉身欲或悲，要么如我说的是整个人，要么是部分灵魂，遭受了肉身的情感的触动。触动重，则悲痛；触动轻，则享乐。而肉身的悲不过就是灵魂感到的身体的巨大冒犯，而又不认同这种触动；灵魂的悲，则所谓哀，就是对我们不愿意发生在自己身上的事情的不认同。"[33]

在奥古斯丁看来，本来有"上帝的形像"的人之所以会陷入如此悲惨的境地，其中的一个重要原因是由于灵魂的贪欲。上帝在创世之初，就已经把天空、大地、海洋和其中的一切动植物都交给人来管辖，可是人的灵魂却在魔鬼的引诱之下，妄图用自己的身体去对抗上帝为受造物设立的神圣律法，进而实现其不正当的贪欲（如谋求像神一样知道善恶的能力等）。结果，灵魂非但无法实现自己不正当的贪欲和野心，反而会因此失去许多本来拥有的东西。在人类堕落之后，灵魂总是企图从身体欲望的满足中获得更多的快乐，事实上却因为无法满足无止境的欲望而陷入更大的痛苦。就这样，灵魂"以一种迷魂的通奸把自己搞得污秽不堪，把自己的行动导向好奇、狂妄自大和肉体享乐这些目的。"[34]

奥古斯丁认为，在贪欲所导致的各种罪性中，骄傲是第一个产生的，因为亚当在伊甸园中犯罪的主要原因之一，就是出于他的贪欲所导致的狂妄和骄傲。然而，其中最难控制、最为常见、最为疯狂的贪欲之罪则是由人的性欲引起的。虽然性欲本身对于人类的繁衍来说是必须的和正常的，可是人为了追求

---

32 〔古罗马〕奥古斯丁：《论三位一体》，周伟驰译，第321页。

33 〔古罗马〕奥古斯丁：《上帝之城》，王晓朝译，北京：人民出版社，2006年，第211页。

34 〔古罗马〕奥古斯丁：《论三位一体》，周伟驰译，上海人民出版社，2005年，第320页。

性欲，却常常不顾一切地违背上帝的律法，犯下各种不可饶恕的罪恶。总之，自从亚当犯罪之后，贪欲便像瘟疫一样遗传给他的子孙后代，给他们带来无穷无尽的苦难。只有依靠上帝的怜悯和拯救，他们才可能摆脱贪欲的捆绑而得到释放。[35]

（二）原罪是如何传递的？

从前面的分析，我们已经了解到，奥古斯丁所说的原罪是意志之罪，而意志是属于灵魂的。而除了初人亚当的灵魂是来自上帝的创造，之后人的灵魂的传递又是以一种什么样的方式进行的呢？原罪又是如何传递的呢？我们知道奥古斯丁的原罪理论受到保罗的直接影响，但是保罗却没有回答罪的遗传问题。可是奥古斯丁必须要回答这个问题，因为他的原罪里包含婴儿也有原罪这个层面的分析，所以他必须要解释一个连自由意志都还没有的婴儿为何也有原罪的问题。然而，对这个问题，奥古斯丁在《反佩拉纠派的两封信》、《上帝之城》和《论婚姻与贪欲》、《论基督的恩典和原罪》等著作中，曾经给出过四种和而不同的回答：首先，婴儿的原罪可能来自他们与人类的始祖亚当之间在某种神秘的"种"或"种质"上的同一性，因为亚当就是人类的代表，只要他犯了罪，所有人都会陷入罪中；其次，可能来自他们所分有的亚当的本性，因为原罪不仅败坏了其始作俑者亚当的本性，也败坏了一切分有其本性的人类；第三，可能来自他们父母的遗传，而父母的原罪又来自其祖先直至始祖的遗传；第四，可能来自其父母在性生活中产生的贪欲，因为每个人的出生都离不开其父母的性生活，但性生活又总是伴随着可耻的情欲或性欲（贪欲之罪的一种）[36]

由于原罪要在上代人和下代人之间传递，而人又是有身体的灵魂，由此个体的灵魂的产生就与原罪的遗传紧密结合在一起了。从前面的论述中，我们知道奥古斯丁对三种灵魂起源说都进行了批评，自己对灵魂传递的问题也没有给出明确的答复。但是我们从他对灵魂起源的解释中可以看出：亚当的灵魂是上帝的直接创造，用灵魂的道理为精神质料赋形，使灵魂得以实现，具体到人的肉体之中。之后人的灵魂便从灵魂中来，肉体从肉体中来。因为他说，"上

---

35 周伟驰：《奥古斯丁的基督教思想》，北京：中国社会科学出版社，2005 年，第 214 页。

36 周伟驰：《奥古斯丁的基督教思想》，北京：中国社会科学出版社，2005 年，第 214 页。

帝从地中造出第一个肉体，从天使的自然中造出第一个灵魂，因为当他最初把第一个人造在他同时创造的造物中时，他把其原因道理预先固定在地或天使中，而之后都是从人中造出人，从肉体中造出肉体，从灵魂中造出灵魂。"[37]由此可见，奥古斯丁整合了之前的灵魂起源说，一方面吸收了灵魂先在说的部分观点，认为在灵魂的创造过程中，灵魂的道理先在于具体的人和人的灵魂；一方面吸收了灵魂遗传说的部分观点，认为个体灵魂来自于前人的灵魂的遗传，后人的灵魂从前人的灵魂中来，不过他坚决否认灵魂物质论的观点，而坚持灵魂的精神实体性。

正因为如此，奥古斯丁对"原罪如何遗传"的问题，尽管提出了四种不同的说法，但他还是比较倾向于第四种解释，即原罪是通过性交中的性欲（情欲）传递给下一代的。这与他对个体灵魂传递的方式倒是相互吻合一致。因为在他看来个体灵魂的传递还是通过繁殖而来的，而繁殖必定是与性欲结合在一起的。

这个观点是奥古斯丁在反对佩拉纠派的论证中展现出来的。当时佩拉纠派坚持的观点是婴儿没有原罪，不需要受洗，还提出了一个反驳"受洗洗去原罪"的论证：一个婴儿的父母都是基督徒，都受过洗，那么无疑他们的原罪都被洗去了，没有原罪的父母在受洗后生的孩子也就没有原罪了，为什么还要给他们的孩子受洗呢？这难道不是自相矛盾吗？对此诘问，奥古斯丁展开辩论。奥古斯丁认为，洗礼洗去的，只是罪责和一个人之前犯的本罪，而罪的实质却是没有触动的，只要一个人在为生育进行性交时，动了情欲之火，则肉欲会在此时玷污下一代，从而使后代仍然有原罪。他还用了一个形象的比喻：原罪犹如胡子根，原责就像是胡子，刮掉胡子就是刮掉了原责，但胡子根依然在，原罪也依然在，且会重新长出原责来，因此人在此生活着时，必须不断的刮掉胡子，虽然他刮不掉胡子根。刮掉胡子根只能在将来灵性的身体那里才有可能，因为那时连欲望本身都无需再有了。有的人或许会说，既然基督徒已经通过耶稣设立的洗礼摆脱了这一罪责，为何他们的孩子仍保留着原罪并要继续接受洗礼呢。对此，奥古斯丁认为，只要基督徒想生孩子，就必须进行性生活，而只要进行性生活，则必然会伴随着可耻的贪欲，从而让自己的下一代染上始祖亚当的原罪。

---

37 转引自吴飞：《心灵秩序与世界历史》，三联书店，2013年，第114页。原载奥古斯丁：《〈创世记〉字义》，7: 23 [34]

总之，我们每个人都是亚当的后代，都必然受到亚当之罪的影响。甚至早在我们每个人出生之前，某种能够遗传给我们的罪恶已经存在于祖先的精液之中。我们的本性受到罪的污染，从而无法摆脱死亡的毒钩和锁链。同时，我们每个人（包括那些已经受洗的基督徒）都必然会生下有原罪的子女。因此，无论成人还是婴儿，只要不接受洗礼，都将必然遭到上帝的审判和惩罚。

所以，任何人都生而有双重遗传，从亚当的罪继承来的肉欲，以及罪责。罪责在洗礼中得到赦免，但只要肉欲的行为重犯了，罪责就会再有。正是将原罪与原责联系在一起并进行区分，奥古斯丁才成功回答了佩拉纠派的诘难。正如奥古斯丁所说，"我们本性的污点在我们孩子那里印的如此之深，即使在父母身上同样过错的污点因免罪而得到清洗，在他们身上也仍然保留着。"[38]

奥古斯丁虽然强调婴儿受洗的重要性，但他只是把婴儿受洗视为得救过程中的步骤之一，而非其全部。因为奥古斯丁认为，洗礼代表着基督的一种恩典，这恩典是对所有人敞开的，并且是不分年龄的。受洗者都是向着自己的罪而死的；其中，婴儿只是向着自己的原罪而死，成年人则不仅是向着自己的原罪，也是向着那添加在自身上的本罪而死的。洗礼虽然洗去了我们的罪责，却不能彻底洗去我们的原罪。原罪依然保留在我们的灵魂和人性之中，并通过生育而传递给我们的子孙后代。在这方面，任何人都不可能例外。

在论述了洗礼对于赦免原罪的必要性之后，奥古斯丁又进一步解释了基督的人性为何没有受到原罪玷污的问题。因为原罪要通过性交中的情欲玷污后代的灵魂，致使其染上原罪。而耶稣作为道成肉身的上帝之子，是有童贞女玛利亚所生，而奥古斯丁也承认这"是一个难以言喻的奥秘"。[39]在这一奥秘恰好蕴含着这样一种意思，既然道成肉身的耶稣基督并非是通过父母的性生活而降生的，所以便不会受到伴随着性生活的情欲的玷污，从而也不会染上人类的原罪。正因为他是唯一以圣灵感孕的方式出生的人，所以他也是唯一没有原罪的人。为了说明这一点，奥古斯丁对耶稣人性的圣洁和完美做出了这样的描述："我们必须相信，基督披戴的人性是完整无缺的人性，只是这人性没有受罪的污染；也就是说，耶稣的人性不是随情欲经性关系而来，那样的人性生来就常在罪里，只有重生才能涤除罪。基督的人性是从童贞女而来，得来的条

38 周伟驰：《奥古斯丁的基督教思想》，北京：中国社会科学出版社，2005 年，第216 页。

39 〔古罗马〕奥古斯丁：《论信望爱》，许一新译，北京三联书店，2009 年，第53页。

件是玛利亚的信心，而不是她的情欲。玛利亚即便仅是为了让基督出生而破坏了自己的贞洁，基督也就不是童贞女所生了；若是那样，整个教会所信的基督为童贞女玛利亚所生便不是事实了，这是绝无可能的事。"[40]这是奥古斯丁与《圣经》绝对一致的地方：耶稣基督是因上帝的恩典而来的，他的孕育和降生都不是因为肉体的情欲，所以他不是带着原罪而来。他道成肉身是为了救赎世人。

从上述观点我们可以看到，奥古斯丁认为原罪的遗传与人在受孕时父母的情欲（性欲）有直接的关系。性交又是与生育、婚姻关联在一起，难道上帝反对生育与婚姻吗？可是上帝在造人后，对人说"你们要生养众多，遍满这地"。这句话表明上帝是要求人类多多生育，繁殖众多的。这两者之间是不是自相矛盾呢？难道伊甸园里的人是不需要情欲来进行性交进行生育吗？这就牵涉到对性、性欲以及婚姻的合法性的基本看法了。正是由于这一原因，奥古斯丁的原罪说曾经遭到部分神学家的批评。例如，同时代的佩拉纠主义者曾经指责说："若婚姻只能产生有罪的后代，婚姻本身岂不是一件有罪的事么？"[41]既然上帝造男造女，并赐予他们性欲、祝福他们生育众多，而性生活又是婚姻和生育的重要内容，那么奥古斯丁把原罪同性生活相挂钩的说法，是否违背了上帝的旨意呢。

为了回应佩拉纠主义者的上述批评，奥古斯丁对《创世记》1:28所说的上帝让人"生养众多，遍满这地"一句进行了"属灵化的"解释。他认为，在始祖堕落前，男女之间、灵魂与身体之间都处于一种融洽的状态，不会受到情欲或性欲之类的东西的干扰。性欲是人堕落后才有的东西。正如我们在前文中提到的那样，他认为骄傲是堕落的原因，而情欲则是堕落导致的结果。性欲又是包含在情欲之中的。可是伊甸园的婚姻完全与情欲无关吗？奥古斯丁在《上帝之城》里指出，虽然上帝为亚当所造的伊甸园是一个乐园，但是其中"没有不健康的乐"，"夫妻之间相互忠诚，因为真诚的爱结合"，"生殖器官会和别的器官一样随意志的首肯运动，没有淫欲（情欲）的激情刺激，心灵平静，身体不腐，可以在妻子完整不破的子宫里授精生子。"[42]从奥古斯丁的上述言论

---

40 〔古罗马〕奥古斯丁：《论信望爱》，许一新译，北京三联书店，2009年，第53页。
41 周伟驰：《奥古斯丁的基督教思想》，北京：中国社会科学出版社，2005年，第142页。
42 〔古罗马〕奥古斯丁：《上帝之城》，王晓朝译，北京：人民出版社，2006年，第224页。

中，我们可以看到，他认为伊甸园的婚姻确实与情欲无关，一切都处于意志的掌控之下，平静进行。后来在与朱利安的论战中，他似乎也承认伊甸园里的人也有情欲，只不过情欲被意志很好地掌控。因为他说"你为什么不相信，在罪出现之前，天堂的那对夫妻（指始祖）本可以不带任何情欲地生产孩子，其行为及其肢体的性交或结合乃是平静的；或至少，他们身上的情欲引起的行动既不先于也不超过意志？"[43]而堕落后的情欲则是不受意志掌控的，并使人陷入对肉体的贪恋之中。

需要指出的是，奥古斯丁尽管认为，在夫妻之间进行的性生活是导致原罪在人性中代代相传的途径之一，所以在某种意义上，保持童贞的独居生活似乎胜过婚姻生活（他本人也是因此而选择了独身生活），但是他并不想因此彻底否定婚姻的价值，而是在《论婚姻的好处》等著作中，承认了婚姻对于繁衍后代等方面的必要性，只是强调婚姻必须得到圣礼的认可并保持夫妻之间的忠诚。

其实奥古斯丁对婚姻的态度一直与他在不同时期面临的论敌提出的挑战密切联系在一起。早年的奥古斯丁曾经皈依过摩尼教，所以他在改信基督教之初，为了彻底与前者划清界限，曾经严厉批评其否定婚姻生活的极端禁欲主义，并曾经撰写了《论贞洁》和《论婚姻的好处》等著作，来论证婚姻的必要性。然而在进入晚年之后，为了回应反对禁欲主义的神学家朱利安等人对其原罪说的批评，他又开始反复强调婚姻中的性生活同原罪的遗传之间的关联。[44]最终，奥古斯丁击败朱利安等人而成为基督教权威教父，其原罪说也一度成为教会主流观点。

纵观奥古斯丁对原罪的解释，我们不难看出，他的基本观点是认为，人虽然是按照上帝自身的形像所造的并具有原初的善良本性，但是由于亚当的犯罪，人扭曲了上帝的形像，失去原初的善良本性。这一原罪通过性欲、生殖等方式在人性中代代相传，使人陷入各种贪欲之罪的捆绑无法自拔，只有通过信仰基督并接受洗礼，人才可能摆脱罪的捆绑而获得上帝的宽恕。

---

43 转引自周伟驰：《奥古斯丁的基督教思想》，北京：中国社会科学出版社，2005年，第217页。
44 转引自吴飞：《心灵秩序与世界历史》，三联书店，2013年，第176页。

第五章　灵魂的能力与上帝的恩典

人的灵魂是按照上帝的形像被造，所以就分有了上帝的理性、智慧和自由意志。理性是理解上帝命令的能力，自由意志就是赞同或拒绝一件事的能力；智慧是对真理的认识和把握。所以，有能力知道和理解上帝的法则的只有理性，意志选择是否去遵从，人的行为是在自由意志的选择下进行的，因此自由意志也是上帝奖惩的公义凭证。灵魂的发展经历了这样一个过程：原初灵魂——原罪（自由意志）——灵魂堕落——上帝的恩典（自由意志）——灵魂上升。在这个过程中，自由意志扮演了重要的角色，与原罪论、恩典论以及救赎论都有着直接的关联性。上帝的恩典与自由意志在灵魂回归、恢复上帝形像和人的救赎的过程所承担的任务和作用是奥古斯丁恩典论的核心问题。

第一节　自由意志与原罪

意志概念对理解奥古斯丁的人学思想尤其是原罪观而言是一个核心概念，它不仅是灵魂的本质功能，更是解读奥古斯丁原罪论的一把钥匙。因为在奥古斯丁看来，原罪的根源就在于自由意志。他对自由意志的讨论是在与罪恶的关联性之中进行的。本节主要依据《论自由意志》这一文本，展开对奥古斯丁自由意志的探讨。

一、意志与自由

意志是奥古斯丁众多著作中的关键概念，他在《论自由意志》、《论摩尼教道德》、《论恩典与自由》以及《论三位一体》中都有对意志的讨论。在他看来，意志和记忆、理解一样是心灵的三种能力之一，必须明白意志作为一种能力的根据恰恰就是上帝[1]。意志之所以为善，就是因为它来源于上帝，是上帝给与人的。奥古斯丁将善分为三个等级：人藉着正当生活的德行是大善；物体之美是最低级的善，人没有它也能正当生活；灵魂的能力如意志就属于中等之善，因为它是人正当生活的必备[2]。这一切善都是来自至善的上帝。在奥古斯丁看来，作为大善的德行是无人能错用的，德行不可能被错用，因为它的功能就是正当运用到那些可能被错用之事。而意志作为中等之善，能正当运用也能错误地运用。

上帝是至善的存在，也是众善之源，一切的善都从其得以存在。世间万物是上帝从虚无中创造的，并从上帝那里获得了自身的存在，万物因为从上帝那里得到的善的不同而处在不同的位置或等级上，即宇宙中的每一事物都拥有不同的存在，共同组成了存在的等级：上帝（永恒的存在）——被造界（其中包括：天使—人—生物及其他）——虚无（善的缺乏）。受造物是上帝从虚无中创造出来的，尽管它们分有上帝的至善，都拥有自身存在的善，可是它们与上帝依然有着天壤的差距；虚无则意味着创造于其中的受造物是有限的，是存在的缺乏或非存在。在奥古斯丁看来，如何事物都会以数目构成的形式显现给我们，如果没有数目，它就沦为虚无了。[3]万物按照其在世界中所处的位置和等级自然存在，就保有自身的善，每一等级的善事物都是完满地和谐的，它们共同维护着世界的存在秩序和上帝的完美创造。

作为中等之善的意志是自由的，之所以自由是因为意志是自我决断的主体。奥古斯丁认为自由就是一种赞成或反对一件事情的能力，即赞成或反对上帝这一实体的能力。[4]自由意志既是人能正当生活的保障，也是人要承担选择后果的原因。从这个意义上说，自由意志也是人之为人的根本。意志的运动是属于意志的，是意愿的自愿，"善之上帝造了我，而我除非通过我的意志不能行善，所以很清楚意志是仁慈的上帝赐予我让我行善的。若意志的运动不是自

1　〔古罗马〕奥古斯丁：《论三位一体》，周伟驰译，上海人民出版社，2005 年，第 278 页。

2　〔古罗马〕奥古斯丁：《论自由意志》，成官泯译，上海人民出版社，2010 年，第 135 页。

3　〔古罗马〕奥古斯丁：《论自由意志》，成官泯译，上海人民出版社，2010 年，第 130-132 页。

4　张荣：《自由、心灵与时间》，南京：江苏人民出版社，2010 年，第 61 页。

愿的，不在自己掌管之下，人依意志而摇动，或朝向高越之物或朝向低下之物，便既不会因前者值得表扬，也不因后者该受指责。"[5]由此可见，意志只有在意愿某事物时，才会自愿展开运动，所以，意志是自由，它有选择的权力和决断的能力。

因此在奥古斯丁的理解中，自由主要的含义包含自愿、意愿，自愿、意愿即自由。人做自己爱做的事情，是自发的、自愿的，那么在这个过程他就是"自由"的。在这个意义上来说，任何时候人都是自由的，因为人行的都是自己自愿的，因为除了自己的意志是决断的主体。奥古斯丁将自由分为"堕落前的自由"和"堕落后的自由"，两者有所区别，但只是自由的不同状态。亚当的自由就是堕落前的自由，他接受了上帝赋予的"可以不犯罪"的能力和自由，也具有犯罪的能力和自由，这是原初的自由，这种状态表示他具有犯罪和不犯罪的自由选择和可能性。正是这种自由的状态，亚当选择了犯罪，于是他就丧失了原初的自由，造成了这整个秩序的颠倒，人就只有"堕落后的自由"了。人的这种"堕落后的自由"是颠倒了的自由，是只能作恶的自由、虚无的自由、无益的自由、空洞的自由。此时人仍然是自由的，是对地上之物的爱的自由。从意愿角度来说，人在堕落前后，都是自由的，因为他们对意愿对象是自愿的，尽管堕落后他们只爱低等之物，具有的是恶的选择自由。除此之外，奥古斯丁认为还有"真正的自由"，是圣灵发动的仁爱之心，被奥古斯丁称为"基督徒的自由"，是恢复了对上帝和邻人的爱的自由。[6]在奥古斯丁看来，这种自由是人获得上帝的恩典后的自由。

有人提出，人若意愿上帝所预知的东西，那就是一种必然了，那么是否可以说意愿可以出自必然而不是出自意志吗？在奥古斯丁看来，上帝已经一劳永逸地确立了管理他所造宇宙的方式，不会再用意志的行动来管理任何事。尽管上帝预知我们的意愿，而且我们又按照上帝的意愿的方向发展了，这并意味着我们在以上帝的意志在意愿而不是用自己的意志意愿了。因为只有当我们意愿时意志不存在，它才不在我们的权能之下；既然我们意愿某物时意志存在，它就在我们的权能之下，不能因为上帝预知到我们的意愿，我们就以为它不在我们权能之下，而只在上帝的权能之下。所以有意愿的人都有意志，我们

5　〔古罗马〕奥古斯丁：《论自由意志》，成官泯译，上海人民出版社，2010 年，第 141 页。

6　周伟驰：《奥古斯丁的基督教思想》，北京：中国社会科学出版社，2005 年，第 250-252 页。

意愿某物时它便出现，它就在我们的权能之下；而既然它在我们的权能之下，我们对它就是自由的。我们只对自己拥有的东西才是自由的，而我们拥有的东西不可能是空无。[7]所以，无论我们做出什么样的选择，哪怕是上帝所预知到的选择，也都是自己的意志做出的选择和决策，也都是出自我们的自由意志的意愿。

意志本身是善良意志，善良的根据在于上帝的至善，因为它是上帝创造的中等之善，本性是善的。尽管理性灵魂可以正当或者错误运用它，但它都参与了上帝的受造的秩序。所以无论是否用于犯罪，它们都不会削弱宇宙的秩序，然而如果没有它们的存在，上帝的创造也就失去一善了。理性灵魂是上帝创造的较高的本性，所以被赋予了保持意志恰当行动的权力，而意志的行动又是世界秩序的不可或缺的部分。它们保守其善良意志，不是因为它们领受这行动，而是因为领有这行动是靠预知它们将会保守其善良意志的上帝之赐予。[8]在奥古斯丁看来，所有的存在或实体都是善的，因为它们都来自上帝。无论这种存在是可朽坏的还是不可朽坏的，存在都是善的。不朽的存在便比可朽坏的更好；而可朽坏的存在也是善，朽坏只是使它变成为较小的善。所以，每一存在都是善，善乃在于存在的根源是同一个至善的上帝。[9]因此，每一被赋予自由意志的理性实体，如果居于至高的不变的善中，或力求保持其善良意志，都值得赞美。可是意志如若不愿如此行的本性，就是该受谴责的了。[10]也就是说，理性灵魂被造时赋予了较高的本性，这本性就是趋于至善的上帝，灵魂的意志如果不意愿这样的本性趋向，就违背了本性，就该受到谴责和惩罚。

对奥古斯丁而言，意志的自由就是服从真理。不变的真理就是作为至善显现给每个人的，灵魂的本性就是趋向至善，所以人只能通过意志追求不变的真理，因为意志是使人能够追求真理的能力。[11]幸福的观念已经印在我们的心灵中了，实现幸福的愿望只取决于意志朝向不变的真理，或者说向善的意志是幸福的前提。这意味着意志必须实现其理性化状态，必须是理性意志，因为它必须以真理为目标。为了这个目标，它本身就要能够被真理确定方向，以便它能

7　〔古罗马〕奥古斯丁：《论自由意志》，成官泯译，上海人民出版社，2010 年，
　　第 144-146 页。

8　〔古罗马〕奥古斯丁：《论自由意志》，成官泯译，第 161 页。

9　〔古罗马〕奥古斯丁：《论自由意志》，成官泯译，第 163 页。

10　〔古罗马〕奥古斯丁：《论自由意志》，成官泯译，第 144-146 页。

11　张荣：《自由、心灵与时间》，南京：江苏人民出版社，2010 年，第 62 页。

够朝着这个方向前进。因此它必须服从真理,接受真理领导。因为真理高于它,是至善的显现,是高于心灵和理性的东西。[12]因此,奥古斯丁说:"一旦我们服从真理,我们就有了自由"[13]。这里的自由就是真正的、接受的含义,是从上帝的给予性和人自身的被给予性这一视角理解的,是奥古斯丁对自由的独特阐释。

奥古斯丁还对意志的自由和意志的自由选择进行了区分,自由在他看就是服从真理,就是出于一种完全以上帝为乐、爱上帝,以上帝意志为意志的状态,它与心灵的一种满足、喜乐、幸福感连在一起。这种自由在后期学者看来,恰恰是不自由,因为它没有不爱上帝、不以上帝为乐的选择自由。因为他们认可的自由的涵义与奥古斯丁的自由内涵完全不同。奥古斯丁认为自愿、意愿就是自由,只要意志还是意愿的主体,就是具有自由的。而他们认为,只有人可以对选项和选项的对立都可以选择才具有自由。奥古斯丁所说的"自由选择"与今天的自由选择的意义也完全不同,堕落前的自由选择是犯罪和不犯罪,堕落后的自由选择只是在不同的恶之间进行。但是由于选择的主体还是意志自身,所以意志还是自由的,还可以自由选择,只是选择的对象不同而已。

二、原罪的根源

奥古斯丁的原罪观受到保罗书信的影响最大,其次就是他自身的生活经历。在奥古斯丁的人生经历中,善恶问题一直围绕着他的生活,让他极其痛苦,曾经被摩尼教的善恶二元论所吸引加入摩尼教,后发现其缺陷又离开,直到皈依基督教。他在探究罪恶来源时将罪的普遍性与人类祖先的堕落联系起来,又结合保罗的罪观,形成自己的原罪论。

奥古斯丁用来证明原罪的证据,主要来自保罗书信,尽管学者认为他对经文有误译,但对保罗罪观思想的把握还是比较准确的。在《罗马书》五章 12 节"这就如罪是从一人入了世界,死又是从罪来的;于是死就临到所有人,因为所有人都犯了罪",奥古斯丁根据哲罗姆的拉丁文译本,把"因为所有人都犯了罪"改为"在他里面(亚当)所有人都犯了罪"。[14]尽管现在很多学者认

---

12 参阅张荣:《自由、心灵与时间》,南京:江苏人民出版社,2010 年,第 62-63 页。

13 转引自张荣:《自由、心灵与时间》,南京:江苏人民出版社,2010 年,第 62 页。

14 周伟驰:《奥古斯丁的基督教思想》,北京:中国社会科学出版社,2005 年,第 209 页。

为奥古斯丁的解释不合希腊文法，存在争议，但也有学者以为这样的解释符合保罗的本意，因为"在他里面"更明确地表示了后一句中"亚当乃是那以后要来之人的预像"的意义。"预像"与柏拉图式的"型相"的意义相似。《罗马书》5：12-21 基本上可以说是两个对应的"型相—分有"论证：人类"分有"了亚当之罪和死，因此人人皆有罪性和死性；因信称义之人"分有"了耶稣的赎罪和复活的恩典，因此得到赦免和永生。[15]奥古斯丁把"所有人犯罪"的原因解释为"在亚当里面"，实际上把亚当的"原罪"当做犯罪致死的"型相"，而人类的罪性和死性是"分有"原罪的结果。[16]这是一个柏拉图主义式的论证，应该说是深得保罗心传。《罗马书》的读者主体是熟悉柏拉图思想的希腊化地区的人（主要是外邦人和散居外邦的犹太人），对他们来说从型相—分有关系上理解原罪说，并没有理论上的困难。从中可以看出柏拉图主义在奥古斯丁皈依基督教之前对其深刻的影响，而皈依基督教后用柏拉图主义完整准确的去解释基督教学说，成为了著名的柏拉图主义传统基督教思想家。

是什么导致了初人的堕落，产生了亚当的原罪呢？这是奥古斯丁面临的又一个问题。在奥古斯丁看来，原罪根源于人的自由意志。在前面我们已经讨论过，奥古斯丁认为人的自由意志之根源在上帝，是上帝赋予了人"自由意志"这一特殊权能。也就是说在人被造之初，上帝是按照自己形象创造的人，并赋予人有可以不犯罪的自由，过正当生活：追求上帝的智慧和真理，对可变之物和贪欲视而不见。这种自由是一种原初的善的自由。可是，如果"意志从共同不变之善转回到它自己的私善，或外在的或低下的事物，它就犯罪了"[17]。

当意志想做自己的主，背离上帝，不服从真理即不变之善，便会转向自己的私善；热衷于别人的事或于己无关的事，便会转向外物；以身体快乐为乐，便会转向低下的事。于是人就变得骄傲、好奇、贪婪，被另一种生活所攫取了，与幸福的更高生活比，这就是死亡。而做出这种转向的恰恰就是意志自身，是自愿的，所以人受惩罚也就是公义的、正当的。[18]罪恶就是意志背弃不变之善转向可变之善。亚当原本具有最初的自由意志，也就是可以自由选择犯罪和不犯罪，但由于骄傲和夏娃的诱惑，骄傲使亚当爱自己胜过爱

---

15 赵敦华："奥古斯丁与'原罪'的观念"，《社会科学战线》，2011 年第 4 期。
16 赵敦华："奥古斯丁与'原罪'的观念"，《社会科学战线》，2011 年第 4 期。
17 〔古罗马〕奥古斯丁：《论自由意志》，成官泯译，上海人民出版社，2010 年，第 136 页。
18 〔古罗马〕奥古斯丁：《论自由意志》，成官泯译，第 136 页。

上帝，亚当选择了背离上帝的真理，结果就误用了上帝给他的自由意志，故而犯罪了。尽管他们受到外在的诱惑（蛇的诱惑），但是使他们做出决定的依然是他们所拥有的自由意志，他们的行动是在自愿的状态下做出的，而不是被迫的。因此他们受到惩罚就是必然的公义了。上帝对亚当进行惩罚，使人类陷入必死和无知无能状态，因为人类都是从亚当而来，就都分有了亚当的罪。这就是原罪的故事。

奥古斯丁认为，原罪产生的原因在于人滥用了所拥有的自由意志。在奥古斯丁看来，一切的存在都是善的，意志属于中等之善，既可以正当地运用也可以错误的运用。人被赐予意志才具有自由选择的权力。奥古斯丁认为，"意志本身，虽是中等的善，若顺服公诸大家的善，就获得人生中主要的善。若意志离弃那公诸大家的善，而归向一种私善，无论是处于它以外还是以下的，它就犯了罪"[19]。这就意味着，尽管意志在本性上是善的，可由于它可以正当地运用也可以错误的运用而处于可变之中，无法保持稳定的状态，当其意愿性上有自我膨胀和不服从的倾向时，就可能导致对上帝的背离而犯下罪恶。当人被创造时，上帝赋予人了意志，是为了让人趋向至善的上帝，这也是意志应该遵守的本性和目的。可是，如果意志违背了自身的本性和功用，错误的运用自由，转而寻求自我之善，那就是犯罪。原罪的产生就是因为亚当滥用了意志，违背了上帝的诫命，背离了至善。

虽然人的自由意志来源于上帝，可是罪恶的产生与全善的上帝无关。因为上帝按照善的原则创造世界，并赋予完美的秩序。人作为世界的一部分，尽管被赋予尊贵的地位和管理世界的权利，也必须服从上帝创造的永恒法则和秩序。按照"上帝的形像"所造的人的灵魂中虽然带有上帝至善的印记，但人的行为是在自由意志的选择下进行的，人的理性有能力知道和理解上帝的法则，人的意志决定自己的选择，无论是否遵守法则是人自己做出的决定，不是永恒秩序的强制作用。既然人的行为是自己的选择，人就得为自己的行为承担责任。人如果没有自由意志，就无需对自己的行为负责了，因为行为不是自己所能决定的，自然就不用承担责任。因此，奥古斯丁强调，上帝只是万物的创造者，但不是人的意志的支配者，人的选择是出于自己的自由意志，与全能至善的上帝无关。人的自由意志体现了人的独特的尊贵地位；又是上帝对人进行审

19　〔古罗马〕奥古斯丁：《恩典与自由》，奥古斯丁著作翻译小组译，江西人民出版社，2008年，第89页。

判的公义凭证。

伊甸园里的亚当本性无暇，为何要滥用自由意志而导致犯罪呢？奥古斯丁认为，亚当犯罪的最终原因是他的骄傲。亚当的堕落犯罪始于偷吃智慧果。亚当明明被告知不可以吃智慧果，否则就会受到惩罚，但依然选择背弃上帝偷吃禁果，他自以为上帝未必会发现他们偷吃禁果的行为，这是他的第一次骄傲；亚当既没有受到蛇的引诱，也没有被骗，因为他自始至终都非常清楚吃禁果是违背上帝的诫命并会受到惩罚，但是在女人劝他时就行动了，而在上帝发现后询问他们的时候，他又把责任推给女人，他认为可以侥幸躲避上帝的惩罚，这是他的第二次骄傲。因此，人类的原罪正是源于人的骄傲。奥古斯丁认为，"骄傲是一切罪的开端"，"骄傲的开端就是离开上帝"。[20]对于"骄傲"，奥古斯丁解释到：骄傲就是一种想要得到有悖常情的提升的欲望。这种欲望会使人放弃心灵安身的基础，使心灵变为人自己的基础。当骄傲发生的时候，人偏离了不变之善，对自己感到喜悦而不对这种不变之善感到喜悦了。因此，人之所以犯罪是灵魂中意志的自我膨胀，因骄傲而背离上帝，从意欲上帝转向意欲自我，因此骄傲是原罪产生的最终原因。

既然这种自由意志会给这个世界带来罪恶，上帝为什么还要给予人类自由意志呢？奥古斯丁认为，罪恶的原因不在上帝，也不在于人的自由意志本身，而在于意志自由选择了行恶。如果没有自由意志人就不会有罪恶，但同时也就没有真正的善。因为"除非藉着这种自由意志，无人能正当行事，上帝赐给我们自由意志是为了让我们正当生活"。[21]也就是说人如果没有自由意志，就没有善，更没有善行。虽然自由意志带来恶的可能，同时它也是对善的允诺。因为上帝赋予人自由意志是为了让人过正当生活，而且自由意志本身也是一种善，这是上帝赋予人自由意志的充分理由。这种"正当生活"就是摆脱属世的可变之善，而追求永恒的不变之善，即朝向真理和智慧。但是，就如同我们身体中的善可以被错用时，我们不会说它们不该被赐予身体，因为我们承认它们也是善。比如，身体若无双手是失去了多大的善，但有人却用双手干残暴可耻的事，但是我们不能由此怪罪上帝，说他不该赐给身体双手。同样的道理，灵魂是比身体更大的善，灵魂中的自由意志作为中等之善，可能会被错用，我

---

20 〔古罗马〕奥古斯丁：《论原罪与恩典》，周伟驰译，北京：商务印书馆，2012年，第120页。

21 〔古罗马〕奥古斯丁：《论自由意志》，成官泯译，上海人民出版社，2010年，第133页。

们绝不能据此归罪于创造它的上帝，因为自由意志是被作为善创造的，而上帝是众善之源。[22]因此，我们应该"承认自由意志——没有它无人能正当生活——是一神圣的善的赠予"。[23]我们应该谴责误用这'善'的人，而不是谴责把'善'赐予我们的上帝。

在奥古斯丁看来，正是因为人类具有的自由意志，人类才是万物之灵，人类的本性也因此比其他存在物更尊贵。人类才是万物之灵，人类的本性也因此比其他存在物更尊贵。上帝从无创造万物，包括无生命物、动物、人和天使等各个等级的存在物。那些缺少灵魂的无生命物和缺乏自由意志的动物不会犯罪，而具有自由意志的天使却永不犯罪，只有具备自由意志的人既会犯罪也会忏悔。正如一匹迷途之马总要好于那只因不会自己运动和感知而呆立在正当之中的石头，一个有自由意志而犯罪的受造者远比那唯因无自由意志而不犯罪的受造者更完美。[24]因此，一个有罪的灵魂要胜过没有自由意志的有形之物千万倍。好比我们称酒为好东西，但却厌恶醉汉，而醉汉因为他的本性远比酒尊贵，更远远优于任何好酒。所以，本性高贵的有罪灵魂，无论堕落到什么程度，总不会变为有形之物。人的灵魂就是因为拥有理性和自由意志，才具有高贵的本性，即使这种灵魂会犯罪，也优于那些因为缺少理性和意志的自由选择而不能犯罪的灵魂，也远胜于一切有形之物的尊荣。

如果人类滥用这种自由意志，远离永恒的不变之善，追逐属世的可变之善，这就是犯罪。原罪就是因为始祖受蛇的诱惑，违背上帝的诫命，偷吃善恶果所导致的。这必然受到上帝的公义惩罚：把人类抛入无知、无能和必死的苦难之中。因为人具有自由意志的权能，人必须要为自己的行为负责。如果是超越我们控制的外力迫使我们必须按照某种方式去选择行为，也就是外在的必然性力量决定我们的行为，那么我们就没有理由对这种行为担负责任，因为那不是我们的自由选择。但是人的罪恶是人的意志的自由选择的结果，因此人必须承担罪责。这才是符合上帝的"奖善惩恶"的公义原则，才是正当的。

奥古斯丁之前的早期教父对原罪教义并没有足够的重视，他们要么是含糊地接受了保罗的原罪教导，要么是避而不谈。直到后来才出现了奥利金和德

22　〔古罗马〕奥古斯丁：《论自由意志》，成官泯译，第133页。

23　〔古罗马〕奥古斯丁：《论自由意志》，成官泯译，第134页。

24　〔古罗马〕奥古斯丁：《论自由意志》，成官泯译，第150页。

尔图良两种不同的原罪观。奥利金早期将亚当夏娃的故事当做形像的比喻,将堕落教义当做是对恶的现象的反思结果。后期又认为原罪是一种积极主动的污染,是会产生生理上的后果的,是伴随着罪责的。德尔图良立下了非洲的原罪教义的基础,他造出了"始罪"一词。他认为原罪是一种积极的败坏,出自亚当,然后有父母遗传给孩子,因为他是灵魂遗传说的创始人,坚持灵魂是物质,如同肉体一样来自父母,祖先与后代具有"种的同一类"。但是他还没有明确的原责观,认为婴儿受洗不必要。直到非洲第二位大教父齐普林才将罪的遗传污染与由受洗而脱离罪、得到救赎联系起来。[25]奥古斯丁不仅从经文中找到了原罪存在的证据和说明,还系统分析了原罪的根源、原罪的本质、原罪的后果和原罪的传递问题,将罪的普遍性和人的现实生活中的善恶联系起来,为我们揭示了人类现实生活的堕落原因。

人滥用自由而犯罪,就必须承担相应的后果。对亚当而言,上帝的惩罚是赶出伊甸园,并赐予必死的命运。死亡是肉体与灵魂的分离,是肉体的必死,原本物质性的肉体在上帝的应许中也可以不朽坏,并与灵魂保持和谐的状态。但是罪的出现改变了这一切。奥古斯丁认为,原罪之前,人没有自我意欲,上帝的意志就是人的意志,人以服从上帝为主要生命的目的,他的存在是在上帝之中的存在,他与上帝合一,分享着上帝的良善、智慧和自由,所作所为皆是顺应其原初本性。也就说,在亚当堕落之前,人的本性是无暇而良善的,虽然这种善与至善之间存在差异,这差异只是世界秩序中高低等级的差异。原罪之后,亚当的善的本性即刻亏缺,在存在的大链条中,滑落到低于原先存在的位置,表现为"善的缺乏",这就是蒙罪后的状态。蒙罪后的人性被败坏而表现为无力和无能,失去了向善的能力而趋向下坠状态。而灵魂受制于各种欲望,被低等的本性(身体及自然需要和功能)所奴役,失去了原初的对上帝顺从的本能。这是人性败坏的后果,是作为罪的惩罚出现的。于是,身体的必死和本性的败坏成了罪人亚当必须要承担的惩罚。

亚当作为人类的始祖,他的罪不仅使自己的本性败坏和陷入必死的境地,而且同时也将整个人类拖入一个罪恶的深渊。"既然因为亚当的罪孽,全地都受到诅咒,那么这诅咒扩散到他所有的后裔是理所当然的。所以,当神在亚当身上的形像被破坏之后,不只是他一个人受惩罚——神起初赐给他的智慧、美

---

25 参阅周伟驰:《奥古斯丁的基督教思想》,北京:中国社会科学出版社,2005年,第207-208页。

德、圣洁、诚实，以及公义都变成极可怕的灾病、心盲、无能、污秽、虚妄，以及不义——甚至牵连他一切的后裔。"[26]由此，整个人类都从始祖亚当那里获得了败坏的人性，这就是遗传在人身上的"原罪"，人类从起初就从良善和圣洁的本性上堕落了。初人亚当滥用所拥有的自由意志而堕落，并受到公正的谴责。由于亚当的后代与亚当的同一性，后代的本性都受到罪恶的污染而败坏，被死亡的锁链束缚，并承担着一切惩罚，所以，他们都处在亚当的原罪之中。败坏的本性让人表现出无能，灵魂和肉体的和谐状态被打破，肉体开始对抗灵魂，"灵魂与肉体本来一直在亲密地共生共栖，而今被一种力量撕开，就产生了一种绝望和违背自然的感觉"。[27]而且人性的败坏使人丧失了意志的部分自由，只保留了选择犯罪的自由，失去了选择不犯罪的自由。于是人陷入罪恶的深渊，只能在此罪和彼罪中间进行选择。没有上帝的恩典，人类仅仅凭借自身的力量无法摆脱这一局面。

我们在前面的章节中讨论过，在奥古斯丁看来，恶就是善的缺乏。这是他对新柏拉图主义的"恶不存在"观念的继承，恶不是一种实体，而是一种缺乏和虚无，是一种败坏后的本性的善的滑落与下降。因为，奥古斯丁说："我探究恶究竟是什么，我发现恶并非实体，而是败坏的意志叛离了最高的本体，即是叛离了你天主，而自趋于下流，是'委弃自己的肺腑'，而表面膨胀。"[28]因为奥古斯丁认为所有的实体和存在都是善，那么恶就不是实体，恶是非存在，是善的缺乏。因此，原罪是由于意志的错误转向，有意违背自然秩序而造成的。原罪导致人类的人性败坏，恶也随之出现了。本性的败坏使人在生活中失去了行善的本能，总是处于罪恶之中。"我们都是生来有罪的，我们又加上自己罪恶的生活，所以全世界都变为邪恶了"[29]。奥古斯丁认为，恶是罪的必然后果，也是人类应该承受的惩罚。人类陷入罪的捆绑之中，本性全然败坏，要想从摆脱这种局面，只能依靠上帝的恩典和救赎。

奥古斯丁对原罪的根源分析主要是为了解释现实的善恶问题。因为善恶

26　〔法〕约翰达尔文：《基督教要义》，孙毅等译，北京三联书店，2010 年，第 223 页。

27　〔古罗马〕奥古斯丁：《上帝之城》，王晓朝译，北京：人民出版社，第 365 页，2006 年。

28　〔古罗马〕奥古斯丁：《忏悔录》，周士良译，北京：商务印书馆，2013 年，第 138 页。

29　周辅成：《西方伦理学名著选辑》上卷，北京：商务印书馆，1964 年，第 11 页。

问题是一直困扰他生活的问题，他一直在试图寻找合理的回答，来揭示人的存在状态和现实的罪恶来源。初人在伊甸园的生活本是幸福无忧的，他们的一切活动都关乎于上帝，自我的本性与上帝的本性合为一体，呈现出和谐一致；他们的意志也是自由的，意志享有对肉体行为的调配。只因骄傲和贪欲，意志屈从了肉体而犯下悖逆之罪，这罪既破坏了原本具有的和上帝之间的和谐关系，人的幸福、宁静和自由的状态也完全被击溃。人的本性因这罪而遭到败坏，意志从对上帝的爱和服从转向爱自我、服从自我的状态，无力对抗肉体的各种欲望，从而陷入屈从于对肉体的贪恋之中。整个人类都是从始祖亚当而来，就生来处于这种败坏的本性之中；人类生生不息，原罪代代相传。这就是人的生存状态，人类自身无力扭转这种局面；唯有依靠上帝的恩典和基督的救赎，人才能彻底摆脱罪的捆绑，获得重生。因此，奥古斯丁如此深入分析原罪问题，一方面是为解释现实生活中的善恶问题，为作恶多端的人类生活找到根源；另一方面，就是要说明人的救赎的必要性和重要性，这应该是奥古斯丁最为关注的方面，其实也就是要为基督教信仰做辩护。

第二节　恩典与自由意志

　　灵魂在受造之初具有上帝的形像，原本拥有本性的自由和良善。但是原罪之后发生了巨大的变化，灵魂堕落，陷入罪的捆绑和意志的自我分裂之中，双重意志撕裂着灵魂，扭曲了上帝的形像。与此同时，灵魂也失去了本性的自由和良善。奥古斯丁认为，必须依靠上帝的恩典，才能拯救堕落的灵魂，恢复其上帝的形像和本性的自由；在这个过程中，我们还不要忽略了自由意志的作用。因为在导向善的生活中，恩典与自由意志都是不可或缺的。以奥古斯丁的著作《论恩典与自由意志》为文本，我们一起来揭示在救赎层面，恩典和自由意志究竟如何帮助堕落的灵魂摆脱罪的束缚，获得到原初的良善和真正的自由。

一、内在恩典论

　　奥古斯丁的恩典论，一方面是当时文化背景和思想潮流的一个集中反映；另一方面是奥古斯丁依据自己的生存体验，和对保罗神学的反思，逐渐得以形成。在奥古斯丁看来，原罪之后，古典哲学中那个靠着自己天赋的知识能力和道德能力"止于至善"的"人"，这时已经被查出早已病入膏肓，在知识上是

"无知"，在道德上是"无能"，摆脱困境的唯一希望在"基督的恩典"。只有基督这个"大医生"，才能给人开出新药方，光照人，使他们有真知，感动人，使他们恢复原有的能力，从而达到自身的完美。[30]所以，罪人的蜕变必须依靠恩典的力量，恩典是一种对罪的医治力量，是一种重造之恩。奥古斯丁恩典论的独特和创新之处，在于它将恩典的范围扩大，恩典不仅仅是针对极少数的圣徒、殉道者、道德楷模和英雄人物而言，不是说只有他们是上帝"选中"、"预定"的人，上帝就给予他们特殊的"恩宠"和能力达到美善，而是将恩典扩展到了普通信徒身上，扩展到他们日常生活的每一个善意、善念和善行那里。[31]这样，奥古斯丁就把恩典的盼望赋予了每一个人，而不是仅仅给予那些被预定的人。

　　奥古斯丁恩典论的创新形成是具有其现实背景和原因的。在奥古斯丁就任教职，研读保罗书信，思考上帝恩典的问题时，面对的是当时的现实问题。那时的人们普遍相信恩典的存在和恩典的无所不能，可是却认为只有少数人被上帝"选中"，那些被拣选的人具有"超凡魅力"，被上帝赋予了特殊的能力能办大事，而大多数人没有被"选中"，就只能做平凡人。因此，他们只有当上帝给了他们异梦或别的什么征兆显示其旨意时，才认为自己被"选中"，从而有力量采取行动。面对这种情景，奥古斯丁希望普通信徒也能保持在圣洁性上"日日新"的盼望。他根据《哥林多前书》中两段话："你有什么不是领受的呢？若是领受的，为何自夸，仿佛不是领受的呢？"（林前4:7）和"如经上所记：'夸口的，当指着主夸口'"（林前1:31），提出了"恩典面前人人平等"的思想，这两段话也成为日后他的恩典论引以为据的核心经文。[32]奥古斯丁所做的工作，就是要沟通两端：一端是上帝恩典显示在殉道者身上，他们的行为难以模仿，超凡出众；一端是上帝恩典显示在普通的基督徒身上，他们的行为没有那么戏剧性，但在他们面对生活中的痛苦和试探时同样重要。[33]因此，他告诫修女们：不要轻看那些已婚生子的妇女，因为上帝的恩典也同样存在于她们的日常生活中。或许她们中的一些人可能成为英勇的殉道者，而修女也可能因为骄傲而绊倒。同时他还认为，男人们不要因为自己属于"强势性

---

30 参阅周伟驰：《奥古斯丁的基督教思想》，北京：中国社会科学出版社，2005年，第230页。

31 参阅周伟驰：《奥古斯丁的基督教思想》，第230-231页。

32 参阅周伟驰：《奥古斯丁的基督教思想》，第230-231页。

33 参阅周伟驰：《奥古斯丁的基督教思想》，第232页。

别"而感到骄傲，因为在殉道中，是同一个上帝的恩典将基督的能力灌注到男殉道者和女殉道者心中。

由此我们可以看到，在一个等级森严的时代，奥古斯丁却在恩典问题上注入了一种平等性，这不能不说是他的伟大之处。在奥古斯丁看来，上帝的恩典是对一切人敞开的，恩典不分大小地充满在教会，教会不应该制造出不同的门槛，让普通人望而生畏，阻碍他们的进步。上帝的恩典，其表现形式有时候激烈，有时候平静，但都是同一种恩典。而且，奥古斯丁在恩典论里，还抓住了当时时代里整个宗教文化都弥漫着的强烈的代理感（agency），有超自然的默示证实的代理感。[34]著名的奥古斯丁研究专家布朗（Peter Brown）认为，奥古斯丁将这种代理感"驯化"了，让上帝恩典的光荣对一切人都开放。在一个无人能自我光荣的时代，他以上帝为根基的"代理"意义上的光荣敞向了每一个人。他认为上帝在每一颗心灵里都放置了"极重的荣耀"（林后 4:10）。[35]

奥古斯丁的恩典论是"内在恩典论"，注重从心灵的微观层面剖析上帝圣灵在人身上的每一个善意、善念、善行的作用。圣灵就如"春风化雨"一般，浇灌着人心，使之有爱，并结出富乐的果实。虔信者的心灵由于圣灵的浇灌，因此就具有了自然人所没有的能力，也就能达到自然人所不能达到的美善。而恩典与预定是紧密联系在一起的，奥古斯丁认为，预定是恩典的准备，而恩典是赐予本身。"上帝的善的预定，正如我们上面所说，乃是恩典的准备；恩典则是那一预定的效果"。[36]在奥古斯丁看来，上帝预定一个人得救，就会先让这个人听道，召唤他，并让他感动，赞同那召唤，服从那声音。在这个过程中，圣灵乃是人心改变的必要条件，没有圣灵的帮助，人会无动于衷。奥古斯丁认为，保罗的转变乃至他自身的皈依，都是上帝的恩典，意志被拣选，上帝将更新的意志赐予了他们。

前面的章节我们已经论述过，人的理性灵魂，是上帝的形像的领受者。在奥古斯丁看来，灵魂作为一种精神实体，与天使享有一样的精神质料，所以是一种高贵的存在。由于是按照上帝的形像被造，所以灵魂就分有上帝的理性、智慧和自由的特别恩赐。而理性灵魂作为"内在之人"，是人区别于其它受造

---

34 周伟驰：《奥古斯丁的基督教思想》，北京：中国社会科学出版社，2005 年，第 233 页。

35 周伟驰：《奥古斯丁的基督教思想》，第 233 页。

36 转引自周伟驰：《奥古斯丁的基督教思想》，北京：中国社会科学出版社，2005 年，第 233 页。

物的根本所在，赋予了人超越万物和管理世界的尊贵地位。从本体论上来讲，一切存在都是上帝的创造，都是善的存在，因为上帝是至善，一切存在都从上帝而来，就都分有了上帝的善。因此，灵魂作为一种高级存在，不仅具有本体论上的自然良善，而且被赋予了特别的恩赐。自由就是上帝赐予灵魂的特别恩赐，它使意志具有自我决断权。这种自由就是灵魂的最初本性的自由，它使灵魂的意志具有向往上帝的选择权，也有背离上帝的决定权。

在创世之初，本体论概念上的爱也作为一种恩典被赐予了理性灵魂，爱上帝属于每个理性存在者的的内在构造，"因为爱本身就是上帝因我们的主耶稣基督而赐的恩典"[37]。因此真正的爱就是爱上帝，上帝就是爱。被罪败坏之前，爱上帝、亲近上帝被看作为是所有受造物的一种自然本善现象。奥古斯丁称之为"正当的爱的秩序"。在奥古斯丁看来，爱的秩序就是在等级化存在的世界里，各种存在都有自己所处的等级，向往更高级的存在是低级存在的本性，而且会提高低级存在自身的存在；而如果高级的存在关注自身或低级存在，那么就会堕落到一个较低级的存在上了。这种爱的秩序的重要性被他一再强调，上帝创造了万物之善，并使其按照各自等级各就其位，这种内在的秩序体现的是上帝的永恒法则。而理性存在者爱上帝，被当做是永恒法则下的自然法，是永恒法则的具体体现，这种爱是正当的、合序的，符合自然法的。

但是本性的爱被灵魂的意志内部的膨胀所驱使，理性存在者开始背离它，转向自爱，自爱就是渴望自我的荣耀，意欲成为自己的善，想要控制自身的存在本质。在奥古斯丁看来自爱中隐藏的最根本的罪就是对上帝的离弃，正是意志的意愿性表现出对自己本性的背离和抗拒时，人被拖入原罪中。而原罪破坏了这种"正当的爱的秩序"，这个世界陷入一种无序的混乱状态，所以各种罪恶不断，人不断作恶还不自知，因为他们已经受到罪的捆绑，陷入无知无能状态。人类失去了本性的良善和自由，这样的罪人凭借自身的能力已经无法获得拯救，需要有圣灵的降临和浇灌，作用于他们的灵魂的意志，使意志转向和更新。因为灵魂的意志转向上帝、爱上帝，爱上帝既符合灵魂的自然本性，也符合世界的自然法则，这才是生命的真正目的。奥古斯丁引用保罗的说法"你们立志行事，都是上帝在你们心里运行"（腓 2:13）。没有上帝的恩典，人类无知自己的罪恶，也无能从罪的束缚中自我解脱。

---

37 转引自张涵：《俗世的朝圣者——奥古斯丁人性论探讨》，上海三联书店，2013年，第 216 页。

因此，奥古斯丁认为，恩典不是与本性对立的东西，而是释放本性并控制本性的东西。衍生自罪人亚当肉身的本性，已经不是上帝当初造它时正确和纯洁无暇的样子，需要借助上帝的恩典，从上帝的忿怒中得救；本性所犯的过错导致了最公义的惩罚，恩典不是因为我们的功德而给，而是完全白白地赐予的；没有恩典而得救的人，就公正地受到了谴责。[38]所以，恩典是医治人的本性使本性恢复到原初的状态，它不是本性的构成。因此，内在的恩典才是真正的恩典，是上帝对人内心的改变，使意志更新，使灵魂恢复本性的自由和良善，转向上帝和爱上帝。一切的美德和良善都是上帝恩典在人身上作用的结果。

在恩典论上，奥古斯丁与佩拉纠派之间的论战在那个时代是引人注目的，他们的核心分歧就在于双方对"恩典"的理解完全不同。奥古斯丁主张的是"内在恩典"，即上帝在人心中的工作，人的每一个善念和善行里，都有上帝的工作；佩拉纠派主张的是"外在恩典"，他们认为人的自由意志、律法和基督这个学习的榜样，就是恩典，人可以凭借这些外在恩典达到得救，而否定唯有依靠上帝的恩典才能得救的必要性。奥古斯丁认为，借主耶稣给予我们的恩典，既非律法的知识，亦非人的本性，也不只是罪的赦免；恩典乃是使我们成就律法，并使本性自罪的统治中得释放的恩典。[39]在恩典的赐予问题上，佩拉纠派认为，恩典是根据上帝我们的善功才奖赏我们的，而奥古斯丁认为恩典是上帝白白赐予的。当上帝说："你们要转向我，我就转向你们"，该句中有一个词——要求我们转向上帝的词——显然是属于我们的意志的；而别的词，即应许他转向我们的词，则属于他的恩典。[40]佩拉纠派据此认为上帝的恩典是根据我们的功德赐予的。但是奥古斯丁提醒他们要记得使徒说过："做工的得工价，不算恩典，乃是该得的"（《罗马书》四章 4 节）。

内在恩典论是奥古斯丁的首创，因为在他之前，只是《圣经》上有"上帝在人内心的工作"这种类似的经文，早期教父也只是提到类似思想，只有奥古斯丁将这种内在恩典进行系统论述，并将其提高到一个极其重要的位置。在奥古斯丁看来，没有内在恩典，外在的恩典无法运行，内在恩典才是最重要的，

---

38 〔古罗马〕奥古斯丁：《论本性与恩典》（《论原罪与恩典》），周伟驰译，北京：商务印书馆，2012 年，第 91 页。

39 〔古罗马〕奥古斯丁：《论原罪与恩典》，周伟驰译，北京：商务印书馆，2012年，第 349 页。

40 〔古罗马〕奥古斯丁：《论原罪与恩典》，周伟驰译，第 363 页。

当然他也没有完全否认外在恩典，只是在强调内在恩典的决定性作用。在宗教改革时期，奥古斯丁的内在恩典论被加尔文继承和发扬，将内在恩典推向极致。

二、恩典与自由意志

尽管在与佩拉纠派的著名论战中，奥古斯丁的内在恩典论取得胜利，击败了佩拉纠派的外在恩典论（即自由意志论），但是这并不意味着奥古斯丁是完全否认自由意志的，只不过表明他特别强调的是内在恩典在人的得救中的积极作用。其实他看来，在导向善的生活上，恩典和自由意志都是必要的。"正如我们前面已用《圣经》见证证明了的，在人里面有着为求活的公义、行的公义而做出的意志的自由决断（因为同意和拒绝都是意志专有的功能），现在，就让我们看看，关于上帝的恩典，什么是神圣见证，没有这恩典我们就不能行出任何善事。"[41]奥古斯丁认为，尽管人具有向善的自由意志，可是没有上帝的恩典的帮助，人依然是无法做善事的。但是与此同时，我们也不能因为恩典的重要性而否认人的自由意志。因此，在《论恩典与自由意志》中，奥古斯丁教导我们，不要因为坚持恩典而否定自由意志，也不要因坚持自由意志而否定恩典，因为从《圣经》的见证可清楚地看到，人确实是有意志的自由选择的；同时，《圣经》也证明了我们若无上帝的恩典，便不能行善。[42]

既然恩典与自由意志在导向善的生活中都是不可或缺的，那么，奥古斯丁所理解的"堕落后的自由意志"究竟是一种什么样的自由意志？这种意志还有向善是的自由吗？我们可以把它分解为两个不同的方面：一是人堕落之后，人的本性内是否还保存善良意志；二是堕落后的人的自由意志是否还有能力将善实现出来。有学者认为，奥古斯丁对堕落后的人的本性之中善良意志的存在有前后期的变化的，前期的奥古斯丁倾向于强调人堕落之后自由意志的良善本性的存在，后期的奥古斯丁则否定这个可能。[43]然而我们不清楚的是这里所说的强调是指奥古斯丁在自由意志观点上有变化呢，还是奥古斯丁同一思想在不同时期有不同的呈现？如果说奥古斯丁思想有前后期的变化，那么就是说前期的奥古斯丁讨论自由意志仍然受摩尼教的影响，或者至少没有彻底从中走了出来；如果说只是不同的呈现，那么说明奥古斯丁在自由意志论上依论

41 〔古罗马〕奥古斯丁：《论原罪与恩典》，周伟驰译，第 359 页。
42 〔古罗马〕奥古斯丁：《论原罪与恩典》，周伟驰译，第 349 页。
43 周伟驰：《奥古斯丁的基督教思想》，北京：中国社会科学出版社，2005 年，第250 页。

战对象语境的不同，把他前期所未曾讲论清楚的作了更全面的澄清。[44]

在写作《论自由意志》时，奥古斯丁确实是倾向于认可自由意志良善的倾向的存在。奥古斯丁认为，我们谁都不可否认我们有一良善意志，那就是渴望过正直高尚的生活并渴望最高智慧。因为尽管现实世界中的人已经"全然败坏"，但我们的灵魂作为上帝的形象的领受者，即便堕落使灵魂的部分功能受损，但灵魂依然还保有上帝的形象（只是这形象是不完整的），依然保有良善的意志。这种良善的意志使得财富、荣誉和肉体的快乐毫无价值。因此，"人是享有还是缺少这伟大而又真实的善，取决于我们的意志，有什么像意志本身这样完全在意志的权能之下的呢？有一善良的意志就是有比所有世俗的国家和快乐更好的东西，而缺乏它就是缺乏只有意志本身能给予的，比不在我们权能之下的所有的善更好的东西。……这善良意志比那些东西好得无与伦比，而它虽是这样伟大的善，却是只要意愿它就可得着。"[45]奥古斯丁的表述似乎非常肯定堕落之后良善意志依然存在，因为他认为，缺乏它就是缺乏只有意志本身能给予的，自由意志没有了良善就没有了意志的自由。在《论自由意志》这本著作里，奥古斯丁不断提到自由意志的善性。他说，"我们认定，每人选择去跟从信奉哪一类，全在于意志"；[46]"人就其本身来说是善的，既然他如意愿就能正当地生活"；[47]"除非藉着这种意志的自由选择，无人能正当行事"；[48]"虽然我们从不是智慧的，但是我们是凭这意志，过着且值得过或者一种可嘉的幸福生活，或者一种可鄙的不幸生活"。[49]"所有意愿过正直高尚生活的人，若他们有这样的意愿，超过意愿转瞬即逝的善，他们得到如此大善就非常容易了，只靠意愿便可得着。"[50]奥古斯丁上述的这些论说，似乎很明显地表明他认为堕落后的人的自由意志具有善性，还能够行出善性来。佩拉纠派就是如此解读奥古斯丁的自由意志，并利用其中的一些论证来引证奥古斯丁是支持他们的观点的。奥古斯丁对此

---

44 石敏敏：《古代晚期西方哲学的人论》，北京：中国社会科学出版社，2007年，第197页。

45 〔古罗马〕奥古斯丁：《论自由意志》，成官泯译，上海人民出版社，2010年，第89-90页。

46 〔古罗马〕奥古斯丁：《论自由意志》，成官泯译，第97页。

47 〔古罗马〕奥古斯丁：《论自由意志》，成官泯译，第100页。

48 〔古罗马〕奥古斯丁：《论自由意志》，成官泯译，第133页。

49 〔古罗马〕奥古斯丁：《论自由意志》，成官泯译，第92页。

50 〔古罗马〕奥古斯丁：《论自由意志》，成官泯译，第93页。

感到非常尴尬，随即对佩拉纠的观点展开批判。

奥古斯丁认为，他写《论自由意志》时确实没有提到上帝的恩典，然而这是由于他没有佩拉纠派恩典论之争的语境，恩典不是当时讨论的主题，但是没有论述恩典问题并不表示他否认上帝的恩典。因此，他在言说自由意志时表现出侧重面的不同，因为当时主要是针对摩尼教的。奥古斯丁指出，即使如此，他的观点仍然不支持佩拉纠的外在恩典理论，因为同样是在《论自由意志》一书里面，他的前提已经讲得很清楚，就是强调一切善的事物，无论是伟大的、中等的、还是低级的善，都是从神而来、意志的自由选择属于中等的善，因为它既能被正当地使用，也能被错误地使用。因此，他说："造物主在我们的理性灵魂里赋予了自由意志，这自由意志是一种中性的能力，它既可转向信仰，也可转向不信。因此，一个人若没有得到他由以信靠上帝的意志，我们就不能说他有了这意志；因为这是出自上帝对自由意志的召唤，这自由意志本是人受造时自然得到了的。上帝无疑希望普天之下的人都得救，获得真理的知识；但仍不致取消他们的自由意志，因为自由意志的善用恶用乃是他们受最公义审判的凭据。"[51]由此我们可以看到，奥古斯丁认为，不仅自由意志来自于上帝，而且正当地使用也来自于上帝。

奥古斯丁认为自己在《论自由意志》中确实强调了人犯罪或行正当乃是藉意志。"但是除非意志靠恩典从罪的奴役中解放出来，且被帮助战胜罪之邪恶，人不可能过虔诚正直的生活"[52]。因此对于问题的第二个方面，奥古斯丁认为，堕落后的人具有自由意志，但是不能单凭自由意志行出善行，还需要有上帝的恩典。所以，在《论恩典与自由意志》一书中，他说："不过，为免这类有利于保持自由意志的《圣经》见证（无疑它们有很多）被歪曲地理解，以致在对圣洁生活和美好交谈的追求（永恒的奖赏即由此而来）中不给上帝的帮助和恩典留下地盘；为免可悲复可怜的人在过着好生活并行善时（或不如说认为他过着好生活并行善）胆敢将荣耀归诸自己而不是主，指望单靠自己就能过上公义的生活"。[53]奥古斯丁认为，唯有靠着上帝的恩典和自己的自由意志，人

51　〔古罗马〕奥古斯丁：《论原罪与恩典》，周伟驰译，北京：商务印书馆，2012年，第74页。

52　〔古罗马〕奥古斯丁：《论自由意志》，成官泯译，上海人民出版社，2010年，第192页。

53　〔古罗马〕奥古斯丁：《论恩典与自由意志》（《论原罪与恩典》），周伟驰译，北京：商务印书馆，2012年，第358页。

才可能过无罪的生活。因为不仅自由意志自身的存在是属于上帝的恩典，善良意志更是上帝的恩典，它使自己行上帝的诫命。所以他才认为："人如果没有自由意志，不可能服从神圣的诫命，有了意志才可服从上帝的诫命，不过要遵守贞洁的诫令，上帝的恩赐仍是必不可少的"。[54]我们可以从这些论述中看出，奥古斯丁认为堕落后的人依然具有自由意志。因为它不仅是上帝的赐予，也是人得以受到奖惩的公义凭证，堕落也不会导致它被剥夺；而且在行善的时候，与上帝的恩典一样必不可少，因为服从诫命和意愿善都是意志才能做出的自由决断。

奥古斯丁还认为，在《论自由意志》一文中，他主要讨论了两个方面的问题：一是人的本性中的善来自于上帝，这与佩拉纠派的观点一致；二是他更强调内在恩典，即来自于上帝的正确使用自由意志的恩典。奥古斯丁说过："之所以没有提到上帝的恩典只是因它不是当时的论题。可佩拉纠派以为我可能是支持他们的观点就大错特错了。事实上，我在这些话里强调的我们是藉着自由意志来来犯罪或行正当，但是如果意志没有靠恩典从罪的奴役中解放出来，人也不可能行正当。"[55]奥古斯丁认为，只是因为当时他主要在论证人的自由意志，没有提出恩典问题的讨论；但是堕落后的人的自由意志被罪所奴役，如果不是靠着上帝的恩典，没有人能够从恶中得到行善的自由。因为只有"上帝的恩典使我们从公正地加给罪人的痛苦中得到自由。因为当人志愿地，也即以自己的自由选择堕落时，不可能也志愿地站立起来。从所有人有生命便开始折磨他们的无知和困难，就属于这公正的处罚所施与的痛苦。非靠上帝的恩典，无人能从恶中得自由"[56]。

就佩拉纠所谓的恩典来自于本性而言，奥古斯丁是彻底否定败坏了的自由意志仍然能够发动善念的。奥古斯丁说，"他（佩拉纠）为甚么只为本性辩护，说，按照上帝的创造，人若不愿意犯罪，就有避免犯罪的能力，又为甚么说，人既如此受造，那使人能够避免犯罪的力量（若不愿意犯罪的话），就可称为上帝的恩典？人的本性早已败坏，唯有靠着上帝恩典，藉着我们主耶稣基督才可以得着医治，本性不能自足，必须得到帮助，这些他为甚么丝毫不提

---

54 〔古罗马〕奥古斯丁：《论原罪与恩典》，周伟驰译，北京：商务印书馆，2012年，第369页。

55 〔古罗马〕奥古斯丁：《论自由意志》，成官泯译，上海人民出版社，2010年，第192页。

56 〔古罗马〕奥古斯丁：《论自由意志》，成官泯译，第194页。

呢？"[57]既然本性已经败坏，就不能够再从本性来谈论自由意志的善，而必须藉着恩典使得自由意志行得到医治。进而言之，从那创造以来的本性已经不可能再有自由意志在善念上的发动。在奥古斯丁看来，恩典就是医治本性使其得以恢复，而不是本性的构成。这里对自由意志的善念发动必须借助恩典是非常肯定的，表明奥古斯丁在自由意志论上所持的观点是非常彻底的。

奥古斯丁认为自己在自由意志的认识上是保持一致的，只是针对不同的论证语境，对它的论证的侧重点有所不同。在他看来，自由意志本身就其创造而言当然是善的，然而在亚当之后并因着亚当的遗传，自由意志本身已经不能够行出善的行为来，因为他已经处在罪的奴役之下。能够将自由意志从罪的奴役中解放出来的，是上帝的恩典，人的自由意志自身无法对抗罪的辖制。但从奥古斯丁早期和后期对自由意志的论证中，我们似乎又能感觉他前后观点的变化。

奥古斯丁把自由分为"堕落前的自由"和"堕落后的自由"，说明他承认堕落后的人依然是有自由意志的，只是这时的自由意志与堕落前的自由意志是有所区别的。因为，奥古斯丁说："我们总是有自由意志的——但它不总是善的；因为它或者为罪服务，无义而言，从而是恶的——或者为义服务，远离了罪，从而是善的"。[58]尽管人一直都是有自由意志的，堕落前后的自由意志又是截然不同的，受造时的人的自由意志具有行善和行恶的自由，而堕落后的人的自由意志失去了行善的能力，尽管没有丧失善的倾向，却只具有罪恶意志和行恶的能力。"人要么因为无知而没有自由意志决定应做什么事，要么因为情欲习惯的阻挡（它由于有死之人的遗传，而在某种意义上嵌入了人的本性）而尽管知道应当做什么，也愿意去做，却不能够做到。一个人若是本可轻易地利用他的能力去做某事却不愿意，那么让他失去这能力，就是最公正的惩罚了；这相当于说，有意不做应该做的事的人，失去了他在愿意时拥有的做的能力。每个犯罪的灵魂，都会得到两个惩罚性的后果——无知、无能。由无知产生了使人蒙羞的错误；有无能产生了使人撕裂的痛苦。不过，人陷入将谬误当做真理，以致于不断有意犯错误的倾向，而且困于肉体束缚的敌对和痛苦之中完全无法控制情欲的行为，这的确不是人当初受造时的本性，而是人被定

57　〔古罗马〕奥古斯丁：《论原罪与恩典》，周伟驰译，北京：商务印书馆，2012年，第152页。

58　〔古罗马〕奥古斯丁：《论原罪与恩典》，周伟驰译，北京：商务印书馆，2012年，第388页。

罪后所受的惩罚。然而，我们所谓行善的自由意志，当然是指人受造时的自由。"[59]所以，奥古斯丁认为人受造之初所享有的意志是自由的，之所以自由是因为他的意志的自然倾向和性情是唯独向善的，只是这倾向和性情不是永恒不变而是处在可变的状态，因此，意志的倾向可能被其它诱惑改变，从而转向作恶。堕落后的人的意志依然可以不受局限，完全自由选择罪恶，也可以说是自由意志。这种堕落后的自由意志是有罪的灵魂所遭受惩罚的后果。

奥古斯丁认为，堕落后的人依然拥有自由意志。因为在奥古斯丁看来，肯定自由意志的关键在于规避恶来自上帝的看法，这是自由意志论的一个重要关节。奥古斯丁对于自由意志肯定，也主要是从此角度出发的。在讨论上帝为什么要赐下自由意志时，奥古斯丁认为，自由意志是中等之善，是人正当生活所必需的，人不可能无自由意志而正当地生活，这是上帝之所以赐予它的充分理由。与此同时自由意志也可以被利用行恶，但任何人若藉自由意志犯罪便遭神圣惩罚，这表明自由意志之所以赐予人，是为了让人能正当地生活，而选择犯罪乃是意志的自由选择问题，不是上帝赐予自由意志的目的。[60]接着他又论证说："假若人类没有自由意志的自由选择，上帝的奖善惩恶的公义就无法体现。因为没有自由意志，人类的一切行为都不是自己的意志选择的，也就不需要承担任何责任了。那么上帝就无法对人类行使奖惩，否则就是不义了。但是奖惩之中恰恰有正义，因为这是从上帝而来的善。因此，上帝赋予人自由意志是正当的。"[61]就是说，奥古斯丁认为，当上帝赐下自由意志的时候，其本性就是服从真理，服从上帝的诫命，这样人就可以凭借自由意志正当地生活。上帝赐予人自由意志也是正当的，它是完美的世界秩序的一部分，也是彰显上帝公义的基础。可是，自由意志具有自由选择，它也可以选择不服从上帝的诫命，不服从真理。而自由意志的自由选择正是上帝能够给予人类奖惩的公义凭证。可是堕落之后，人的自由意志被败坏，失去了向善的可能性。

奥古斯丁认为，只要我们的行为是自愿出发的，我们就是自由的。虽然堕落之后人的自由意志失去了向善的可能性，只有向恶的倾向，但人仍然存在有选择的主观意愿。奥古斯丁认为，即便上帝的恩典降临，我们同意或不同意上

59　〔古罗马〕奥古斯丁：《论原罪与恩典》，周伟驰译，第163-164页。

60　〔古罗马〕奥古斯丁：《论自由意志》，成官泯译，上海人民出版社，2010年，第100页。

61　〔古罗马〕奥古斯丁：《论自由意志》，成官泯译，上海人民出版社，2010年，第100页。

帝的召唤，乃是我们自己意志的功能。而且，每人都是利用自己的意志自由选择去跟从信奉哪一类。因为，在奥古斯丁看来，恩典的领受还需要意志的配合，上帝的恩典依然还要为自由意志留下空间。"因为灵魂若非表示同意，是不能领受并拥有这里所说的这些恩赐的。所以，它所拥有和领受的无论什么，都来自上帝；但领受和拥有的行为却理所当然地属于领受者和拥有者。"[62]此外，人虽然失去了选择善的能力，却仍然有不选择恶的可能，例如他在选择作恶时可以选择不作，这不能算是善，然而它避免了恶行。另外，人在罪的处境里面的时候，他对于恶的配合活动仍然可以看作是一种选择。还有就是，在面对不同的罪恶时，人依然还要做出自己的选择。所以说堕落后的人对自己的行为仍然是出自自愿的，它仍然有一种主观的意愿在里面，那么他就还是自由的。从这个意义上说，奥古斯丁的自由意志论是一种兼容论的自由意志，它既承认我们的行动受因果关系决定的，又承认只有我们的行动是自愿发出的，我们就是自由的。

　　奥古斯丁认为，堕落后的人的善良意志需要上帝的恩典才能恢复，而后人才能行善，但这并不是意味着自由意志就无所作为了。在他看来，对恩典的强调绝不会否定自由意志的有效性。一方面，他认为意志要从罪中解脱必须需要上帝的恩典。"上帝的恩典使我们从公正地加给罪人的痛苦中得自由。因为当人自愿地，也即以自己的自由选择堕落时，不可能也自愿的站立起来。从所有人有生命便开始折磨他们的无知和困难，就是上帝公正的处罚所施加在人类身上的痛苦。如果不依靠上帝的恩典，人根本没有办法从罪恶中解脱重新获得意志的自由。"[63]另一方面，恩典的必须性并不是说，人只需坐等上帝的恩典，自由意志在心的皈依中依然具有它的作用。所以他说："为了免得人以为，人在这事上凭着自由意志什么也做不了。人要将所犯的一切罪过尽行抛弃，自作一个新心和新灵。我们总是有自由意志的，但它并不总是善的，但上帝的恩典永远是善的；凭借它，人就会有善良意志，尽管在此之前他只有罪恶意志。也是凭着它，现在开始存在的善良意志被发扬光大，以至于它可以心想事成地完成他所意愿的神圣诫命。经上说的'你若愿意，便可遵行诫命'，正是这个意思；所以愿意而不能的人，知道他还未充分地意愿，祈求上帝赐予他充分的意

<hr />

62　〔古罗马〕奥古斯丁：《论原罪与恩典》，周伟驰译，北京：商务印书馆，2012年，第163-164页。

63　〔古罗马〕奥古斯丁：《论自由意志》，成官泯译，上海人民出版社，2010年，第194页。

愿，使他足以遵行诫命。这样，他得到了帮助来完成他得到的命令。我们有能力时就有使用的意愿；正如在我们有意愿时，能力也是使用的能力。"[64]奥古斯丁在这里依然还是在强调人的自由意志的作用，就是人还具有在上帝的恩典面前还要藉着他的选择来接受恩典的自由。

尽管奥古斯丁认为强调恩典并不是否认自由意志的作用，它们在导向善的生活中都是不可或缺的。但从他的这些论述里，我们依然感觉到两者之间的张力。奥古斯丁认为，堕落后的人还有自由意志，可这是就意的主体性而言的，意志还在自己的权能之下，一切活动都还是在意志的抉择下进行。这意志尽管还有向善的倾向，可是已经没有行善的选择和能力。对于向善的生活，堕落后的自由意志其实已经无法发挥作用了。唯有依靠上帝的恩典，人才能恢复本性的自由，否则这种自由意志是无能为力的。因为不仅自由意志在于上帝，连自由意志的正当运用都来自上帝的恩典。所以，尽管奥古斯丁认为上帝的恩典不能否定自由意志的作用，可是没有恩典，意志只有作恶的选择和能力，又能发挥什么积极作用？所以我们认为，奥古斯丁的恩典论还是具有决定论的倾向的，因为他所理解的自由意志的作用发挥也是在恩典之后才得以实现。

从前面的论述，我们可以看到，奥古斯丁的自由意志论本是为解释原罪和善恶问题，从而说明罪恶不是来自上帝，是来自人对自由意志的误用。自由意志本身来自上帝，它的赐予是公正的，目的是为了人可以正当的生活。同时意志的自由选择是上帝对人的奖惩的公义凭据。正是由于原罪，人类进入属世的道路，而这条属世的路，在奥古斯丁看来，就是上帝恩典救赎的舞台。原罪的败坏性，使人类陷入无知无能不断作恶犯罪而并不自知的状态，因为自由意志已经惟独向恶；没有上帝的恩典，自由意志无法恢复向善的倾向和能力。奥古斯丁之所以关注原罪及其后果的严重性，不仅仅是为了说明罪的问题，更主要的是为了在历史中寻求人的救赎的方式，在现实的社会生活中实现罪的蜕变，从而彰显上帝的爱和恩典。

---

64 〔古罗马〕奥古斯丁：《论原罪与恩典》，周伟驰译，北京：商务印书馆，2012
    年，第388-389页。

第六章　奥古斯丁人学思想的基本
特征和历史影响

在整个西方基督教思想史上，奥古斯丁无疑是位重量级的人物，其思想对后世的影响也最为深远。作为一名教父、神学家和主教，他巍然屹立在神学的重要岔路口，指引着整个西方基督教的行进路线。奥古斯丁的思想、文字作品的数量与影响力，使他因此也被西方大公教会传统尊称为"恩典博士"。20世纪德国的新教神学家阿道夫·冯哈纳克（Adolf von Harnack, 1851-1930）就认为，基督教教义发展到奥古斯丁就已经基本完备，以后的神学家都不过是为他的思想做注脚而已。奥古斯丁的人学思想在是建立在"人是按照上帝的形像所造"和"所有人都被原罪败坏了本性"的基础上，由此呈现出无限性和有限性的统一，潜在性和现实性统一的基本特征。奥古斯丁的人学思想既汇聚了柏拉图主义哲学的精髓，又总结了初代教会三、四百年的历史，集早期基督教思想之大成。而后，其人学思想被中世纪的经院哲学家如安瑟伦、托马斯阿奎那等所继承；另一方面在经历中世纪近千年的沉淀和发展后，在新教改革和路德运动时再次成为神学讨论的焦点。这些奠定了他在西方基督教思想发展中的核心地位以及对后世的深远影响。

第一节　基本特征

人是按照上帝的形像被创造的，所以人具有上帝的形像，也就拥有部分神性，藉着这部分神性与上帝相通；同时人具有与动物无异的肉体，具有人性，人借助于肉体与物质世界发生关联，因此，在"人"身上充分体现出无限性与有限性的统一。正是由于人所具有的完美形像，人原本具有无限的潜在性；可是因为原罪的介入，现实的人都活在罪里，人性的败坏导致了生存处境的艰难，这样一来"人"又是'潜在性'与'现实性'的统一。而"人"的这两种统一性，恰好也是建立在奥古斯丁人学思想的两个基本出发点上，也是奥古斯丁人学思想呈现出的基本特征。

一、无限性和有限性的统一

从《圣经》关于上帝造人的描述，可以看出人是按照上帝的形像所造并被上帝赋予了高于尘世间其他一切受造物的尊贵地位，所以人不仅具有与生俱来的上帝形像，而且负有管理世界的天赋权力和责任，既然'人'是上帝按照自己的形像创造的，'人'的本性在天地万物中更显可贵。那'人'所具有的上帝的形像如何具体而现实地体现在人身上呢？在基督教的传统中，不少基督教思想家认为人分有的上帝的形像就是藉着一个非物质的理性灵魂。这一传统在教会享有较高的权威性并持续相当长的时期。

奥古斯丁也认为，尽管人是由灵魂和肉体组成的，但人所具有的"上帝的形像"体现在拥有理性、自由和智慧的理性灵魂，而不是作为"有形之物"的肉身及其具有的物质属性。因为"每一有形之物无论多么卑微，都有其数目，但智慧却并未被授予有形之物，甚至未被授予所有灵魂，而只授予理性的灵魂了，似乎智慧在其中建立起王权来治理一切事物，不论其多么低下，只要智慧赋予其数目。"[1]也正是人所拥有的灵魂，使人具有理性和意志，使人具有了高于其它造物的高贵地位。理性让人可以认识真理和上帝，意志使人具有自由选择的权力。而且由于上帝本身就是一个无形的灵，所以人类也只有通过无形的灵魂才能发现自己具有的上帝的形像。理性和意志在人的灵魂中的主要作用体现在：理性的本性是正确地理解上帝的启示和命令，意志的本性则是在理解的基础上自由地遵行上帝的启示和命令，而遵行启示和命令便是智慧的开端。就此而论，惟有理性灵魂才是人所具有的"上帝的形像"。

人所独具的上帝形像，使人在世界造物中具有独特的地位。世界万物没有任何事物如人一样，是上帝按照自己的形像所造，于是人天生就具有了某种神

---

1 〔古罗马〕奥古斯丁：《论自由意志》，成官泯译，上海人民出版社，2010年，第 130 页。

性，这神性使人超越万物，有了介于上帝与万物之间的尊贵身份。而且人被造的目的是要人来统治万物，因此，与其它事物相比，"人性自始即有君王的位分"。上帝给人有管理海，河，大地及飞禽走兽等世间万物的权利。[2]这一切都是因为人是具有理性灵魂的生命体，是按照上帝的形像被创造的。正因为此奥古斯丁给人下了一个这样的定义：灵魂是不受肉体制约的、单一的精神实体，灵魂能够单独与上帝的神性灵犀相通，从而享有神性。而人则是一个使用会腐烂的、尘世肉体的理性灵魂。人所具有的上帝的形像以及人所具有的神性使人成为一种具有无限性的存在。

虽然奥古斯丁把人的上帝的形像理解为理性灵魂，但他同时又认为"人并非仅仅是一个灵魂，也不仅仅是一个身体，倒不如说，人是由灵魂和身体构成的。没错，灵魂确实不是整个人，但却是人的较为优秀的部分，身体也不是整个人，而是人的较为低劣的部分，当两部分联系在一起的时候，它们才得到人的名称。然而，当我们单独提到某个部分时，它们都不会失去人的名称。"[3]人是作为灵魂与肉体的结合体而存在的，在上帝的众多受造物中，人被赋予了一个介于上帝与物质之间的一个中间地位。尽管奥古斯丁并不贬低肉体的价值，但是依然认为，灵魂与肉体处于两个不同等级不同的层面，灵魂是永远的精神实体，肉体是可朽的物质实体；灵魂是根本的，是上帝的形像领受者，肉体是低级的，只有情欲的追求。因此人就自然具有双重性，人的灵魂向往上帝使人具有向善的意志和无限性，人的与禽兽无异的肉体又使人的具有向恶的意志和有限性，毕竟物质受造物是处于世界的低级层次。而肉体是构成一个现实之人必不可少的载体，这个现实的存在使以肉体为象征的向恶的意志便永远与向善的意志并存。因此奥古斯丁说："可见我们有双重意志，双方都不完整，一个有余，一个不足。"[4]所以，人在双重意志中挣扎的痛苦既是上帝对人类的惩罚过程，也是人类的赎罪过程。赎罪过程对现实人来说是要遭受许多痛苦和不幸的，只有经历了这些无数苦难，灵魂才能够摆脱肉体的束缚、成为真正单一的向善意志进而获得完全自由。在这个过程中，奥古斯丁依然认为每

2　〔古罗马〕奥古斯丁：《忏悔录》，周士良译，北京：商务印书馆，2013 年，第 333 页。

3　〔古罗马〕奥古斯丁：《上帝之城》第 13 卷，王晓朝译，北京：人民出版社，2006 年，第 572 页。

4　〔古罗马〕奥古斯丁：《忏悔录》，周士良译，北京：商务印书馆，2013 年，第 154 页。

个人及其灵魂有支配双重意志的自由。

《圣经》中的记载本身也表明了人的有限性，上帝把人安排在伊甸园中，并把人应遵守的诫命告诉了人，但结果人却受了诱惑偷吃下了能分辨善恶的智慧果，人也就拥有了智慧。上帝看到这情景说，看哪，那人竟然跟我们一样也能会分辨善恶；再吃了生命树的果子岂不是就长命百岁永远不死了？于是上帝赶紧把人赶出了伊甸园。这个故事说明人在自然方面确实是有限的，而且也是有死的时候。思想家们在阐释《圣经》时，都认识到并承认人是有限的存在。承认人的有限度的认识和能力，承认总有人所不知道的世界。只有上帝才能够完全理解这个世界，人把自己不知道的事情交给上帝，从上帝那里得到答案。由此，人就必须在上帝面前保持谦虚恭卑。

在上帝、人、世界三者组成的关系结构中，人与世界一道分享了上帝的存在与善美，人的超越性在此关系中得到充分的彰显，而且人，也只有人还分有了上帝的智慧，人是关键要素。作为"上帝的形像"，人以工匠的身份利用和改造世界，同时还以拥有的理性和意志管理和统治世界，并借此分辨是非善恶。"人是按照上帝的形像被造"的论断诠释了人的尊严与价值，人在宇宙中的定位就是"顶天立地"。一方面，人的灵魂由具有"上帝的形像"而在神人关系中被赋予超越的地位；另一方面，人借助于肉体而与物质世界取得关联。就此而言，人性有其尊贵的一面和其现实受限的一面，人的灵魂与上帝相通；而人存在于现世的肉体具有犯罪的可能。所以，如果说人生在世是从现实走向理想的历程，这个过程就是人如何使灵性的（精神的）生命超越肉体的生命的过程，是如何由人性走向神性的过程。

正因为如此，奥古斯丁的人学展示出一种无限性和有限性的统一。一方面人所具有的上帝的形像是人所分有的神性，这神性的形像使人具有无限的发展可能性。另一方面，由于人的肉体是人与物质世界发生联系的纽带，这低级的肉体（针对存在的等级而言）又局限了人的现实发展。

二、潜在性和现实性的统一

人天生具有上帝的完美形像，是按照上帝的形像被造的，所以人具有与生俱来的向善的本性和意志能力。现实的人类因为亚当的"原罪"而在一定程度上亏缺或扭曲了上帝的形像，从而使人性受到玷污而丧失原初的公义和善良。因此，人呈现出一种"潜在性"与"现实性"的统一。

　　人按照上帝的形像被造，人就分有了上帝的完美形像，拥有完整而良善的本性。奥古斯丁认为，上帝最初造人时，已经把全善的印记刻在了人的灵魂之中，因此，初始之人在本质上是既无辜又善良，人的本性在结构、智力、感知和生命中所显现的是非常良好的品质，这些良好品质来源于他的创造主——至高无上的上帝。初人沐浴着上帝的恩典之光，他们"生活、动作、存留都在乎他"（《使徒行传》，17:28），那时的他们无论意识还是行为时刻都在上帝的光照之中。他们虽然赤身裸体，心中却不会升起羞耻之感，他们坦然自若，因为他们的心灵归顺上帝，依靠上帝。伊甸园里的人的灵魂与肉体处于亲密的和谐关系之中，天主给孩子生命和肉体，如同我们所看见的，你使肉体具有健全的官能、发达的四肢、美丽的容貌，你给了生命的全部力量，使之保持全身的和谐。初人的心灵记得、理解和爱那创造了它的上帝，生活、行为等都在上帝之中，他们关乎上帝，敬畏上帝并顺服上帝。

　　上帝给了人完美的形像，赋予人理性和自由意志。人被造的目的是要管理世界的，理性和自由意志使人具有掌管世界的权力和能力。在奥古斯丁看来，上帝造人就是让人像"人间的工匠"一样管理世界：上帝给了工匠一个肉躯，还有一个指挥肢体的灵魂，供给他所需的材料，赋给他掌握技术的才能，使其能随心所欲的从事制作，赋给肉体的官感，通过官感而把想象所得施之于物质，再把制成品加以评鉴，使他能在内心咨询主宰自身的真理，决定制作的好坏。人的灵魂的能力正来自上帝的创造，来自上帝的完美形像。因此，初始之人的灵魂与肉体处于和谐之中，他们没有有痛苦和死亡的威胁，在于上帝的光照之下；他们的灵魂与肉体处于完美的和谐之中，是灵魂与肉体的完美结合。人与上帝之间也处于和谐顺服的自然状态，人天然地爱上帝为至善，遵循着上帝的法则使各自的本性之善得以保全，过着无忧无虑的幸福生活。

　　从初人的被造以及伊甸园时的生活状态，我们可以看出，人在先天被赋予理性和意志，具有善良的本质。上帝这样做的目的就是让人具有辨别善恶的能力，并有选择善恶的自由，这也是上帝形像的具体体现。如果人只有行善的本能，没有选择的自由，那样就与禽兽无异了。理性灵魂恰恰是人的高贵之处，它使人享有上帝的形像，具有认识上帝的能力，拥有选择顺服上帝的先天本性和自由。只要初人的灵魂保持着天赋向善的自然倾向，一直爱着上帝，选择向善，那么他们的幸福生活就会一直持续，整个世界的和谐有序就会得以保持。

但是由于原罪的介入，这一切都改变了。在奥古斯丁看来，人之所以会作恶是内心深处缺乏向善的信念，至善的根源来自上帝，人的罪恶是善的缺乏。上帝是作为一切善的根源，上帝并没有在世间和人身上创造罪恶，是始祖亚当因骄傲并滥用了上帝赋予人的自由意志而犯下原罪，背叛了上帝或善之本体，他以对自己的爱取代了对上帝的爱。所以，奥古斯丁才说："不来自你的，唯有虚无，唯有意志离弃你最高存在而趋向次一级存在的行动，因为这行动是罪恶"。[5]于是，人的灵魂堕落了，罪的败坏导致灵魂中的意志失效，失去调配肉体的能力，人陷入罪中不能自拔，灵魂也开始了趋向肉体的罪恶之旅。始祖亚当的原罪不仅使自己遭受上帝的惩罚，不仅自己被赶出伊甸园；还导致了整个人类都陷入了深深的罪责之中。后人都是从亚当而来，就都带有亚当的原罪。因此，奥古斯丁说：在上帝面前，即使是出世一天的婴孩也不能说他就是纯洁无罪的。堕落的灵魂趋向肉体的追求就内化成为一种本性，向恶的本性成了人性的第二本质。

所以奥古斯丁认为，"上帝的形像"指的是人的灵魂所应有的一种理想存在状态，那只是人所具有的一种潜在状态，并不是人的现实存在处境。上帝为人创造的灵魂原本是充满理性、自由和智慧的，被其所控摄的肉体也是充满灵性的和不死的。只是，当人类因为亚当的犯罪而堕落败坏之后，非但他们的肉体无法再保持原有的灵性和永生，而且他们的灵魂本身也在一定程度上丧失了原来那种被上帝的圣灵所引导的生命。尽管人类还保有上帝的形像，但这形像已经被扭曲，不再具有当初的完美。因为"灵魂依靠上帝的圣灵才能聪明地、幸福地生活，尽管灵魂的生活是可悲的，但它并没有停止过某种生活，因为它被造成不死的。这种情况在造反的天使那里也一样。尽管由于犯罪，它们在某种意义上是死了，因为它们抛弃了上帝，上帝是它们生命的源泉，当它们从中饮水时，它们就能明智地生活得很好。但它们不会彻底死去，停止生命，失去感觉，因为它们被造成不死的。即使在末日审判之后，它们也不会缺少生命和感觉，它们会进入第二次死亡，在那里接受折磨。"[6]

现实的人类就具有了向善和向恶的双重本质，这双重本质使人处于灵魂与肉体相互抗争的状态。灵魂与肉体的和谐状态被打破，肉体开始反抗灵魂。

---

5 〔古罗马〕奥古斯丁：《忏悔录》，周士良译，北京：商务印书馆，2013年，第283页。

6 〔古罗马〕奥古斯丁：《上帝之城》第13卷，王晓朝译，北京：人民出版社，2006年，第577页。

确切地说，这种对抗是灵魂内部的分裂和对抗。因此，奥古斯丁认为：这样人就有了一新一旧的双重意志，一属于肉体，一属于精神，相互交绥，这种内讧撕裂了人的灵魂。[7]人的灵魂处于激烈的抗争之中，而向恶的现实本质往往具有压倒先天向善的本性的趋势，人自身也失去了选择的自由，无力扭转这一局面。人的行动与意愿开始出现不一致，人总是去做不想去做的事，不去做心中意愿的事情。所以奥古斯丁说：我的内心喜爱你（上帝）的法律是无济于事的，因为我肢体中另有一种法律，和我心中的法律交战，把我掳去，叫我顺从肢体中犯罪的法律。犯罪的法律即是习惯的威力，我的心灵虽然不愿，但被它挟持，被它掌握；可惜我是自愿入其彀中，所以我是负有责任的。[8]

　　正是由于人的先天向善和现实向恶的双重本质，灵魂也变成了也具有双重意志的矛盾体：即一个向善的意志和一个向恶的意志。奥古斯丁在对自己从摩尼教信仰向基督教信仰转变过程中所经历的痛苦体验和经历的反省思考中，感悟到一个人的内心苦闷本质上就是他的双重意志之间的斗争，这一斗争体现了上帝对人类罪过的惩罚，灵魂里意志的激烈斗争，造成了内部的分裂，这个分裂的形成，并不是人所情愿的；也不能证明另外一个灵魂的存在，而只说能明人受到了惩罚。惩罚来自于从灵魂分裂出来的双重意志的互相矛盾，各有所向，才造成了心灵的痛苦。人始终处于永远在上提携我们的真福和在下控引我们的尘世享受的矛盾之中，灵魂具有二者的偏好，但二者都不能占有整个意志，因此灵魂被重大的忧苦所困扰：真理使它更爱前者，而习惯又使它舍不下后者。但是，奥古斯丁认为，造成灵魂分裂为双重意志的不是我们自身，而是我们从亚当那里继承而来的原罪。因此，在他看来，造成灵魂分裂的惩罚的不是人自己，而是盘踞在人身体内的从亚当那里继承下来的原罪，因为人是亚当的子孙。

　　从前面的论述，我们知道人具有双重本性：人性向善和人性向恶。关于人性之善和人性之恶的观点不能简单的在同一个层面论述，这里有一个本质的层面和一个现实的层面，它们正好构成了一个完整的人性论体系。需要特别强调的是，在奥古斯丁看来，尽管人的现实本性和先天本质都是现实人所具有的本质的、恒定不变的特性，但在两者之中，更为根本的是人的先天本质。正是

7　〔古罗马〕奥古斯丁：《忏悔录》，周士良译，北京：商务印书馆，2013 年，第155 页。

8　〔古罗马〕奥古斯丁：《忏悔录》，周士良译，第 155 页。

因为人所具有的善的先天本质比恶的现实本性更为深厚，人才会信仰基督，向往上帝，按照基督教的原则来约束自己的生活，继承发扬人性之善，回避克服人性之恶，从而获得完美的人生。

按照奥古斯丁的理解，自从人类始祖亚当在伊甸园中犯罪堕落之后，尽管来自上帝的理性、自由和智慧依然内在于每个人的灵魂之中，但是人的理性和意志已经失去了原初的智慧，非经上帝智慧之光的"照亮"，人便只能因为追求肉身的情欲或其他的次等之善而无视或背弃上帝的命令，从而陷入种种罪恶。同时我们也可以看出，奥古斯丁关于堕落前后人所具有上帝的形象的对比，为人类展开另一个维度：人是未完成的，不完满的，可以通过自己的善行来不断丰满和完善自我，并借助上帝的爱和恩典得到彻底的恢复，恢复原本的应该具有的上帝的完美形象。由此我们可以看出，奥古斯丁给予了自由意志极高的定位：人之善恶选择是人的自由意志决定；是否顺服上帝，恢复自身的上帝形象还是人的意志自由决定。

所以，尽管人是按照上帝的形象所造，人所具有的上帝形象使人具有先天为善的本质，但这本质只是一种潜在的状态。现实的人类因为亚当的原罪都堕落在罪责中，与生俱来就具有了向恶的本性，这是人的生存处境和现实状态。于是，人就生活在人性的双重本质的作用之下，展现出一种先天向善和现实向恶的斗争和统一之中。由此，奥古斯丁的人学思想呈现它的第二个特征：人是一种潜在性和现实性的统一。

第二节　历史影响

奥古斯丁丰富的人学思想不仅是当时时代的思想投射，更是奥古斯丁本人的超群智慧的结晶。奥古斯丁的智慧和思想不仅让他在同时代的各种论辩中立于不败之地，还对当时的时代文化产生了重大的影响，极大地维护了基督教正统思想的地位。其人学思想对其后的时代也都具有重大的影响，后期的很多神学家建构人学思想时都多有继承和借鉴。不仅是其后中世纪的经院哲学深受奥古斯丁影响，宗教改革时期的神学更是对奥古斯丁思想的回归，现当代神学也依然没有遗忘奥古斯丁。

一、在当时历史条件下的影响

奥古斯丁的人学思想在当时时代所造成的影响，主要体现在 412-430 年反佩拉纠派的论辩。在反佩拉纠派的一系列论辩中，奥古斯丁系统阐述了原罪论、恩典论、预定论等重要的人学思想，论战最终以奥古斯丁的胜利而结束，这次论战的胜利一方面加强了奥古斯丁在当时条件下的权威与影响力，另一方面也奠定了基督教人学思想发展的基础和脉络。

奥古斯丁与佩拉纠派（主要是佩拉纠、科勒斯蒂和朱利安）争论的焦点问题，也是教会历史上的重大争论之一，它的重要性可以与三位一体和基督教论相提并论。这里只选择与人学关联密切的几个问题展开。在这几个问题上，奥古斯丁都取得绝对性胜利，其思想确定为基督教正统和权威，而佩拉纠派则成为异端，佩拉纠本人的名字一直被认为是古典基督教异端之一。

争论之一：原罪的普遍性问题

佩拉纠派认为原罪始于亚当，只属于亚当自己，不具有普遍性。在他们看来，原罪不会遗传，亚当的罪只损害亚当，不会连累整个人类，因而，他们虽然接受婴孩洗礼的必要性，却否认洗礼具有洗净遗传之罪的效力。佩拉纠为了说明自己的观点，还对"可能性与实在性"进行了区分，他说："问一件事是否能够有，这只涉及其可能性，这是问题的一方面；而究竟事情是否实有，这却是另一回事，所以我说人无罪是可能的。"[9]他还列举了《圣经》上一些观点来进行狡辩，"没有人能出污泥而不染，'没有人是不犯罪的'，'在地上没有一个义人'，'没有一个行善的'，这些章节和类似经文所证明的只是说人不是无罪的，而并非说人不能是无罪的。它们只表明某些人在某些时候才是这样的人，而不是证明它们不可能做别样的人。而这正是他们所以应当受斥责的原因；但假如他们不可能做别样的人，他们就不该受斥责了。"[10]

从佩拉纠的论证中我们可以看出，佩拉纠想要表达的主要是两层意思：第一，虽然经文都说人不是无罪的，但人不犯罪也是可能的；第二，如果罪是不可避免的，人无需为这该受谴责的罪承担任何责任了。因此，既然人不犯罪是可能的，那么，亚当的罪也就不具有普遍性，只属于他自己，而不属于全体人类。那样的话，就不存在原罪了。所以现实存在的人类要为自己犯罪承担责任。如果有原罪，人类犯罪就不可避免，那人类为何要为这种无可选择的罪承担责任呢？这显然有失公平。

9　〔古罗马〕奥古斯丁：《恩典与自由》，奥古斯丁著作翻译小组译，江西人民出版社，2008年，163页。

10　〔古罗马〕奥古斯丁：《恩典与自由》，奥古斯丁著作翻译小组译，第164页。

奥古斯丁认为佩拉纠构成了异端，应该被定罪，他对佩拉纠的观点展开激烈抨击，主要针对以下三点展开批判：第一，他否定原罪；第二，他否认神的恩典是救恩的根本条件，第三，佩拉纠否认上帝按照公义，世人都被定罪的原则。按照佩拉纠主义的观点，人可以通过自由意志达到无罪的完美，根本无需借助上帝的恩典。这些观点对奥古斯丁来说，是绝对无法接受的。在奥古斯丁看来，人受造时的本性原本是善良而完整的，现实存在的人的罪恶与堕落不是来自至高无上的至善上帝，而是来源于人类始祖亚当所犯下的原罪。因此，上帝对人类的惩罚是公义的，人类必须要在上帝的恩典下洗净自己的罪恶，要勇敢的承担责任，只有这样才能恢复原本的善良的本性。

奥古斯丁的反驳包含几个关键的问题：第一，从创造层面来说，人的存在本质是善和爱的意志，这种善和爱有其存在的创造性根据，因为人是按照上帝的形像被造的。第二，从存在层面来说，人已经丧失了创造层面的那种本质的善与爱，人的本性已经被奥古斯丁称为"原罪"的东西所扭曲和败坏，成为一种向恶倾向的现实本性。原罪来自始祖亚当，人类也都来自亚当，那就都无一幸免，包括婴孩。第三，现实的人类自身无法挣脱来自始祖的原罪，必须依靠外在力量的救赎与治疗，而这种外在的力量，是本性一定要超越于人的存在才有可能救赎人类，那么唯有来自上帝的恩典。

争论之二：恩典与自由的问题

佩拉纠派所否认的原罪主要是针对奥古斯丁的原罪观念，也就是遗传上的罪。在他们看来，罪并不具有普遍性，不是人的必须现实性，罪是一个自由的问题。佩拉纠认为，刚出生的孩子处于亚当堕落以前的情况，他们是天真无暇的。在其著作《论自由意志》中，他说到："我们并不生来就邪恶，而是天生无暇无疵。"[11]我们犯罪的原因，不是因为我们有来自亚当的原罪，而是因为我们出生在一个被罪败坏的世界里，我们受到了坏的榜样的影响，是我们的任意妄为并且是明知故犯。也就说我们并没有犯罪的必然倾向，我们犯罪是因为有犯罪的典范在引诱我们。

从佩拉纠的论点我们可以看出，他与奥古斯丁对原罪的界定有很大的区别。在他看来，罪是一种社会疾病，是人可以自由选择的问题。因此，基督徒可以自由选择不犯罪的生活。受过洗的婴儿也可以，并且应该过着从来不需要

---

11 转引自张涵：《俗世的朝圣者——奥古斯丁人性论探讨》，上海三联书店，2013年，第103页。

向神请求赦免的生活。于佩拉纠派而言，人不存在原罪，犯罪还是不犯罪完全是人自由选择的结果，人完全可以自由选择自己的无罪生活或罪性生活。佩拉纠的论点反映出的是他对基督教描写人的处境深刻性缺乏理解。奥古斯丁所说的原罪，并不是指因基因扭曲导致的遗传疾病，而是指作为一个道德存有意义上的人来说的，也就是说，每个人生来作为一个罪人就一定会犯罪。这一点，正是基督教所强调罪的普遍性的根据，这种普遍性使罪成为整体人类的宿命，虽然对于预定的宿命论，表现为对第一个人的亚当和人类的关系上的某种超验的理解，但在这个超验的或者说是神话的理解之中，传统的基督教会在解释这种罪与人类关系时，无论是否按照它的字面意义来理解，已经被保留的是它的道德论上的悲剧因素。事实上，我们与可以从希腊人对世界及人性的理解中发现这一点。

奥古斯丁认为，原罪使得在时空中存在的整体人类陷于罪中，这种罪是如此地普遍，无论新生婴孩（包括基督徒父母所生的婴孩）、中年人、老年人和妇女，都是败坏与有罪的，因为他们与亚当有关，他们从亚当处继承了败坏了的堕落之本性。因此，人类要想摆脱这种困境，必须依靠上帝的恩典，人类仅凭借自身的努力或者自由意志达到自我救赎是绝对不可能的。受洗免去的只是人的原罪与以前所犯过的罪，并不能免除他将来再犯的新罪，基督徒受洗后再犯罪，同样需要上帝的恩典，因为原罪对本性的败坏，已经使人具有向恶的倾向了。

尽管如此，奥古斯丁也还是为人的自由留下了一个扩展空间。在奥古斯丁心目中，人主要是个体的、精神性的。他认为人的意志具有两面性。在他看来，摩尼教的所谓"两种本体"和"两个灵魂"，实际上就是一个灵魂之下的"双重意志"：一个向善的意志和一个向恶的意志，但两重意志都归单一的灵魂指挥。奥古斯丁从自身信仰转变过程中领悟到：人的"双重意志"之间的斗争造成了一个人的内心苦闷，而上帝对人类罪过的惩罚形成这种灵魂内部的斗争。惩罚的过程也是人类赎罪的过程，人类最终要赎清所有的罪过从而结束上帝对人的惩罚，人的灵魂在这一过程中，终究要处于在上帝恩典的力量之下，才能彻底摆脱肉体的束缚，成为真正单一的向善意志从而获得完全自由。但是现实之人存在的意义毕竟不在于赎罪的结果，而在于人存在的整个过程，所以每一个及其灵魂依然还保有自由，能自由支配自己的"双重意志"，去经历和感受充满着痛苦和不幸的赎罪过程。

奥古斯丁通过对佩拉纠派的论点的反驳和回应，进一步深化了原罪对人性的败坏与原罪的普遍性问题，强化了上帝至高主权的观念。在奥古斯丁看来：第一，原罪是绝对的、普遍性的；第二，人的自由无法让人过上无罪的完美生活；第三，只有借助上帝的恩典，一个人才可以在今生达到完全无罪的境地。他认为，人类虽然已经堕落，但对其真正良善的决定或行动，都绝对需要恩典。因为原罪已经导致堕落的人类丧失了不犯罪的自由，只有至高无上的神的恩典才可以制约人类的决定和行动，任何善事都是上帝的恩赐，藉着圣灵在人心中造成的恩典为动力，才能使意志愿意行善。

在奥古斯丁生活的时代，虽然已经基本了确立基督教的正统地位，但是各种异端思想始终无孔不入地威胁着基督教教义，甚至在基督教内部还有着不同的声音，歪曲和破坏基督教教义的危险性依然存在。奥古斯丁作为一名教父、神学家和主教，站在神学历史的岔路口，宣告了人的原罪、人本性的全然败坏、上帝至高无上的决定主权，以及人对上帝恩典的绝对依赖。他的理论奠定了基督教人学的基础，为整个时代的人指明了前进的路径与方向。

二、对中世纪经院哲学的影响

虽然，由于神学和理性主义的结合以及对世俗道德的强调，奥古斯丁的人学思想在中世纪渐渐地隐退到了幕后，但是，他对中世纪思想的塑造，依然令其他人望尘莫及。由于对中世纪以及经院哲学的界定有很多不同的版本，本节就选取了安瑟尔谟（St. Anselmus，1033-1109 年）和（Thomas Aquinas，1224-1274 年）对奥古斯丁人学思想的继承来说明奥古斯丁对中世纪经院哲学的影响，因为这两位是中世纪经院哲学或者说整个中世纪哲学中举足轻重的人物，前者被称为"经院哲学之父"、"奥古斯丁第二"，而托马斯·阿奎那则是中世纪最伟大最重要的思想家，其思想体系既是经院哲学的最高成果，也是当时神学与哲学的最大、最全面的体系。

公元 455 年西罗马帝国灭亡为标志，西欧进入了黑暗时代。这个时代的特征是指中世纪的文化倒退与蒙昧。不管怎样对黑暗时代进行分类和界定怎样的，可以肯定的是，6 世纪到 11 世纪是中世纪最蒙昧的时期。哲学处于濒临灭绝的悲催境地，基督教思想也停滞不前，整个社会的文化教育处于停顿状态，人们的思想趋于教条化、僵化的状态。尽管期间出现过短暂的文化复兴，可很快就被新一轮的蛮族入侵所扼杀。直到 11 世纪初，在 9 世纪短暂的文化复兴中创建的教育制度的基础上才产生出经院哲学。

安瑟尔谟就是在这样的时代背景下成长的神哲学家，由于他将辩证法应用于神学，被一些学者称为"经院哲学之父"。他把辩证法推广到神学中，并用教会所认可的研究成果表明辩证法可作为解决神学问题的理性工具，这是安瑟尔谟对哲学与宗教相结合的最大的贡献，他与同时代的阿伯拉尔等神学家共同创建了辩证神学的新形式。

安瑟尔谟在神学方面主要继承奥古斯丁的传统，因而具有"奥古斯丁第二"之称。他在奥古斯丁"信仰寻求理解"的基础上提出"信仰寻求理性"的命题，推动辩证神学的发展。在人的构成问题上，他认可奥古斯丁的观点，人是由灵魂和身体组成，人的身体，或者人的灵魂，或者说人的理性，都不能构成完整的人。他认为人具有三方面的本性：身体的、精神的、理性的。安瑟尔谟认为：人被叫做躯体、理性和人的时候，这三者并不是从同一角度同一方式来描述的。从一个方面来说是一个躯体，而从另一个角度看他又是理性，两者是统一的结合，其中的任何一个都不能构成完整的人。[12]安瑟尔谟还从基督教的复活教义出发，论证复活是灵魂和肉体共同构成的人的复活，而不是单单人的肉体的复活，或者人的灵魂的复活。因此，是为了完整的人（即肉体和灵魂的组合）有朝一日能够享有神圣的不朽所以才创造出来人的本质。[13]但在论述人的肉体与灵魂的结合时，安瑟尔谟也承袭了奥古斯丁传统，"在灵魂与身体之间形质组合之理论缺乏"[14]，仅仅从救赎论的角度来解释人的灵魂与身体的结合关系。

安瑟尔谟承认奥古斯丁的原罪论，但也意识到奥古斯丁所说的自由意志和恩典之间的悖论。所以他在探讨自由的选择时就提出：自由选择似乎与上帝的恩典、命定与天意相对立。人们想知道的是自由的选择是什么，以及我们是否总有自由的选择？有些人认为，选择的自由是指犯罪或不犯罪的能力，如果真是这样，如果我们总有这种能力，那么为什么我们有时还需要恩典？如果我们总是具有这种能力，那么犯罪就不会出自我们的自由选择，那为什么还要我们承担罪责。他运用辩证法对意志的概念进行细致缜密的分析来协调解决这个问题。[15]

---

12 转引自白虹：《阿奎那人学思想研究》，北京：人民出版社，2010 年，第 57 页。
13 转引自白虹：《阿奎那人学思想研究》，北京：人民出版社，2010 年，第 58 页。
14 〔英〕柯普斯登：《西洋哲学史》卷二，庄雅棠译，台北黎明文化事业公司，1988 年，第 111 页。
15 参阅赵敦华：《基督教哲学 1500 年》，北京：人民出版社，1994 年，第 249 页。

安瑟尔谟认为，意志具有三方面的含义：首先，意志是灵魂的一种功能，就象视觉是眼睛的功能一样，使灵魂自由、并作出选择的功能是意志。从这个意义上说，所有的人都具有意志，不管人们是否使用这种功能；第二，意志代表选择功能的倾向性，就像父母爱子女是作为父母意志的一般倾向；最后，意志还指选择功能的实际运作，即有意而为的行为。安瑟尔谟之所以对意志进行了如此深刻的分析，其目的就是要对意志在功能和倾向之间进行区分，进而说明意志的功能是天赋的，是不会因为人的罪性而丧失的，人在有了原罪之后丧失的只是意志的倾向中向善的那部分倾向。在他看来，意志既是以追求正当为目的的，又是靠自由选择的功能来实现这一目的的，因此，意志的自由选择作为一种功能就是追求正当的功能，也就是行善的功能。从本性上来说，意志自由不可能犯罪。在这一点上，安瑟尔谟的观点与奥古斯丁的观点有着显而易见的区别。奥古斯丁认为是自由意志的被滥用导致了原罪；而安瑟尔谟则认为自由意志选择了恶，不是自由意志本身被滥用，因为这并不是意志的本性，而是由于意志的倾向上倒向了恶的一方。安瑟尔谟认为，意志就其本性（选择功能）来说绝不会有选择恶的可能，但因受到外部因素的影响，自由意志可能选择善，也可能选择恶，但是这只是倾向的问题，选择善或恶不是意志的本性而只是意志的某一种倾向而已。[16]按照安瑟尔谟的分析，意志具有两种倾向：一种倾向于有用的东西，另一种倾向于正当的东西。意志倾向于正当的东西的原因一是因为这个正当的东西有用，二是因为这个东西本身的正当性。他认为，为了正当本身而倾向于正当，是意志最可贵的倾向，但是却不是意志必然的倾向；而倾向于有用的东西则是一种中性的选择倾向，如果有用的东西同时又是正当的，那就是善的倾向，如果这个有用的东西不是正当的，那这个倾向就是恶的倾向。

安瑟尔谟正是通过对意志的细致分析，把意志功能本身与意志倾向进行了这样的区分，才把上帝的恩典与人的自由意志放在两个不同层次上，从而为两者之间的协调开辟了空间，这也是他调和"意志自由说"和"恩典说"的关键所在。在奥古斯丁的理解中，原罪之后的人已经丧失了部分自由意志，只有不能不犯罪的选择，需要上帝的恩典才能恢复行善的能力。但是按照安瑟尔谟的理解和区分，原罪之后的人并没有丧失自由意志，因为自由意志是上帝赋予人的本性之中的功能，不可能因为犯罪而丧失。而人在原罪之后丧失的只是意

---

16 赵敦华：《基督教哲学 1500 年》，北京：人民出版社，1994 年，第 250 页。

志选择善的倾向，丧失了自由意志的运用，也就是丧失了他所理解的意志的第二种和第三种含义。因此，安瑟尔谟认为，"自由意志出自上帝的恩典，意志的选择倾向和行为决定了人自身的命运，人既需要上帝的恩典，也要对自己的选择承担责任。恩典说与奖善惩恶的'意志选择说'是协调一致的"。[17]

奥古斯丁的真理观和秩序论也被安瑟尔谟所继承。安瑟尔谟也信奉上帝代表着最高真理，真理是永恒、绝对、统一的。他同时还认识到真理毕竟不是一个独立的实体，一个物体只有与心灵发生关系才能成为真理。因此，必须要在与心灵的关系之中考察真理。于是他提出了著名的"真理即正当"的真理概念。真理是心灵对于世界秩序的正确认识，而世界就是奥古斯丁所描述的一切事物处于高低有序的等级之中。心灵认识到事物所占据的应有位置，因此把"正当"的属性赋予它，或者说是事物具有了真理。世界秩序的创造者与维系者是上帝，上帝是一切正当的根据，真理的缘由。从此意义上说，上帝是最高真理。

从这些论述，我们可以看到，奥古斯丁对安瑟尔谟的思想的形成具有深刻影响。安瑟尔谟的人学思想是对奥古斯丁的人学思想的直接承袭，尤其是在人的构成、人的原罪、上帝的恩典等方面，即便他的自由意志与奥古斯丁的理解稍有不同，但其主要目的还是为完善奥古斯丁的人学思想留下的些许矛盾。

奥古斯丁的思想在中世纪的重要影响，除了在安瑟尔谟的人学思想中可以寻找到直接证据，还体现在黑暗时代的教会对其著作的重视上。黑暗时代的文化教育和思想基本处于停滞不前甚至倒退的境地，一枝独秀的修道院却对文化教育做出了贡献。从5、6世纪之交开始，修道院开始把誊抄文献作为僧侣的日常工作，这使得修士和神父在传经布道的同时又担负起传了授语言和文化知识的义务。因此，教会统治者对待古代文化遗产的认定和态度就对文化教育的取向和水准起到了直接影响的作用。当时罗马教会所钦定是哲罗姆翻译的《通俗拉丁文圣经》、奥古斯丁的神学著作、安布罗斯和大格列高利写的通俗教规与赞美诗等的"四大博士"的著作作为教育神职与世俗人员的誊抄教材。教会统治者禁止使用其他著作。从奥古斯丁的著作赫然在目的事实我们就可以看到到奥古斯丁的思想对中世纪的神学思想的塑造和建构所产生的极大影响。可以毫不夸张的说，在中世纪的黑暗时代，原本就存在为数不多的神哲

---

17 赵敦华：《基督教哲学1500年》，北京：人民出版社，1994年，第250-251页。

学家，他们的人学思想中都能找到奥古斯丁的印记。

托马斯·阿奎那（Thomas Aquinas，1224-1274 年）作为中世纪最重要的神哲学家，将奥古斯丁和亚里士多德两种对立的哲学方法论结合在一起，形成了中世纪最全面的神学体系。虽然后期天主教正统神学分为奥古斯丁体系与托马斯体系，但因为其最初的人学理论与奥古斯丁神学之间有着诸多的直接亲缘关系，所以托马斯体系在很大的程度上是对前者的直接继承而不是对立。而托马斯·阿奎那的上帝形像说和灵魂说与奥古斯丁主义具有明显的历史承继性，所以研究者常把它们合称为"奥古斯丁阿奎那传统"。托马斯·阿奎那的恩典观，也就是他关于"救恩是神所赐的纯粹礼物，是绝对先在于人类的事工，并且人的内在信心也是神的恩典的礼物"，这一神学思想和奥古斯丁异曲同工。

"上帝的形像说"是基督宗教人学思想的重要内容。按照这个学说，由于人是按照上帝的形像被造的，因而在上帝诸多的受造物中，人作为灵魂与肉体的结合体而存在且被赋予了一个中间的阶位，并具有天生的两面性——它介于上帝与物质之间，即神中的最低者和物中的最高者。从社会伦理的意义上看，人因堕落而造就了与神相对立的现实，又存在着因有上帝的拯救而复归于神的期盼，这就给人提供了选择弃恶从善抑或拒善作恶的自由空间。《创世记》第 1 章第 26 和 27 节就提到上帝是依照自己的形象造人的，而在第 3 章第 23 节中则提到上帝用以造人的原材料是泥土。由此神学家们大多以象征主义的手法去阐述旧约中这一有关人的最初起源的表述：由于基督教正统认定作为无始无终、无大无小、无所不能、无处不在的造物主是没有形状的，因此因为人所具有上帝的形像，就被解释为是上帝按自身本体创造的人的理性灵魂，而不是指人的有形肉体，在这方面奥古斯丁与托马斯·阿奎那的理解是一致的。

托马斯·阿奎那将其灵魂学说与实体理论相衔接。在他看来，人的灵魂是单一的精神实体。它既是人的一个构成要素，又在人之中保持着精神活动的纯粹性与独立性；它一方面与肉体结合，另一方面又与精神实体相连，并最终与上帝相通。这与奥古斯丁的观点如出一辙。灵魂就其与存在关系而言，是获得存在的纯形式、现实的精神实体。与其它精神实体相比，灵魂的品级最低，其它精神实体被等同于"天使"。托马斯·阿奎那认为，灵魂不同于天使的特殊性在于它的普遍性最低，小于有形实体的类，比较接近于质料。

肉体在有形质料中品位最高，它与品位最低的精神实体之间差距最小，最适合于与某一个灵魂相结合。灵魂一旦与肉体相结合便产生个别的人，灵魂也被个体化为个人灵魂。因此，灵魂与肉体的自然本性倾向于造就个别的灵魂。他说："'灵魂被肉体的质料个别化，在与肉体分离之后仍然保持个别性，如同图章压在蜡块上的印迹一样'，这一命题可被理解为正确的，但也会被误解。如果它的意思是说肉体是灵魂个体化的全部原因，那就错了；如果说肉体只是部分原因，那就对了。肉体不是灵魂存在的全部原因，但灵魂的存在都与肉体有关。同样，肉体不是灵魂个体性的全部原因，但这一灵魂的本性能与这一肉体相结合。"[18]也就是说，每一个灵魂按其本性只适合于一个特定的肉体，反之亦然。

尽管托马斯·阿奎那认为上帝的形像体现在无形的理性灵魂，但他依然强调说：现实的人不仅仅是灵魂，而是由灵魂与身体组合而成的某种事物。在阿奎那看来，如果说人之所以区别于其他物质实体的地方在于他具有理性灵魂，那么人于天使区别的地方却正在于人之具有身体。因此，既有灵魂又有身体，这就是人的特殊规定性，正是由于他的这一特殊规定性，那种没有身体的受造物是绝对不能被称作人的。在这里，托马斯·阿奎那强调的是人的灵魂与肉体的结合的本质性，这是与奥古斯丁对灵魂与肉体"不相混合的联合"关系界定不同的地方，他人学思想的基础和前提是人的合成性和全整性。

托马斯·阿奎那指出，理智与意志是灵魂的特殊的理性能力，上帝造人时即赋予人理性灵魂。人的灵魂是个理性灵魂，因其具有他物所没有的精神性的内在官能即理智与意志是成为以超越普通万物的主要原因。意志是一种"理性欲望"能力而理智是一种"理性认识"能力。人之所以被视为"上帝的形像"正是在于人分有了上帝纯粹精神体的精神性——所不同的是上帝的理智与意志为一，是无限的。而人的理智与意志为同一灵魂的不同能力，是有限的，合称为人的"理性能力"。意志的自由选择能力包含于其中。

托马斯·阿奎那认为，因为上帝创造人，也因为上帝要分赐其"至善"，于是，上帝的"至善"就成了所有受造物的目的。所有受造物也都因此而在某种程度上相似于上帝，人相似于其创造者上帝，并且以获取相似上帝为最终目的，人在这种"相似"的意义上，被称为"上帝的形像"。作为"上帝的形像"，人天生禀赋着意志的自由选择的能力。人类凭借其所享有的理性而拥有自由，

---

18 转引自赵敦华：《基督教哲学1500年》，北京：人民出版社。1994年，第389页。

表现为意志的选择能力。在此意义上，自由与责任彼此发生内在的关联：上帝创造了人类的自由，人类就不得不为自己走向终极幸福的行为负起责任——在善与恶的选择上，完全在人。从人所处的"神、人、世界"的关系存在来讲，人之活动为终极目的的生命历程中建立起人与上帝、人与人、人与万物之间的"和谐关系"。

在奥古斯丁看来，由于上帝本质上就是至善，按照上帝的形象而被造的人自然分享着上帝的至善。因此从创造层面来看，人性本善是人的一种潜能。而奥古斯丁对原罪的诠释表明现实的人都处于原罪之中，但是他只用"原罪"来表明人性的弱点，或者可以说这种人性的弱点已经普遍而内在于人，成为人的存在层面的本质，而并不是用它来证明人的本性邪恶。在奥古斯丁看来，不管是"灵魂的病态"，还是由其引发的意志对自身的对抗，都是人犯下原罪导致的后果，而不是人性本身。托马斯·阿奎那认为，人的灵魂是理性的，但理性既可为情欲所败坏，也可因向往上帝而获得与天使同等的地位。显而易见，托马斯·阿奎那在人的社会性方面与奥古斯丁也是一脉相承。

托马斯·阿奎那的思想体系是经院哲学最伟大的体系，是继奥古斯丁之后又一完备的理论形态。在借鉴希腊哲学方面，托马斯·阿奎那主义和奥古斯丁主义分别代表了亚里士多德主义和柏拉图主义两种不同的哲学传统；在神学方面，他们有着一脉相承的递进关系。托马斯·阿奎主义用亚里士多德主义调和了奥古斯丁主义以及其它经院哲学各派的观点，在历史上不止一次地发挥了包容与统一天主教学术思想的作用。而从前面的论述中，我们可以看出，奥古斯丁的人学思想对托马斯·阿奎那的人学思想的建构具有至关重要的作用，后者的很多观点是对前者的直接承袭和改进。

其实在中世纪，除了安瑟尔谟和托马斯·阿奎那，还有不少哲学家受到奥古斯丁的影响。波那文都（Bonaventura，1221-1274 年）是 13 世纪奥古斯丁主义的核心人物。波那文都及其学生毫不妥协地坚持奥古斯丁主义传统，把亚里士多德主义的一些基本观点视为异端学说，他们的矛头主要指向崇尚亚里士多德的艺学院教师，同时牵连到以亚里士多德哲学为基础的托马斯主义。波那文都主义的理论批判与教会的行政命令共同造成了迫害亚里士多德主义者的 77 禁令。这一禁令结束了经院哲学的鼎盛期，经院哲学从此开始进入分裂时期。

波那文都是个彻底的奥古斯丁主义者，无论是灵魂观、知识论还是时间学说，都严格坚持奥古斯丁主义传统，并借以批判亚里士多德主义。在灵魂观上，波那文都认为人的灵魂是由形式与质料构成的精神实体。由于灵魂的质料是"精神质料"，因此灵魂是无形的精神实体。灵魂不朽也依赖于灵魂的实体性。这完全是奥古斯丁的灵魂观版本。在认识论上可以说波那文都重复了奥古斯丁知识论的前提、论证和结论。在原型论中，波那文都坚持奥古斯丁的时间学说，认为理性可以证明时间是由上帝创造的，创世是有开端的。在恩典与自由意志的关系上，波那文都的意志有待恩典的降临，使恩典成全自然的德性。

三、在宗教改革时期的影响

在经历了基督教不断被世俗化的中世纪以及末期，改革的呼声和奥古斯丁主义的回归似乎是一个必然的趋势。众所周知，肇始于 14 世纪的人文主义思潮以及更晚些时候才出现的"新教改革运动"，一开始都并不是以外部敌对势力的面目出现在正统神学及教会当局面前，而是作为这种正统思想中的一个变异份子从其内部孕育成长并最终分裂出来的，这意味着教会的正统思想就是产生自身对立面的母体，而当时的教会正统思想是托马斯主义。宗教改革运动的主导思想是新教神学和基督教人文主义。基督教人文主义是公教会或天主教内部的改革思潮，并不是罗马教廷的主导思想。新教神学思想的命运完全不同，随着席卷整个欧洲的"新教改革运动"而得以广泛扩散。新教运动提出的原则以及运动改革的最终的发展，无疑就是奥古斯丁神学思想和教义学的复兴，尤其是他的恩典论。

16 世纪，一位奥古斯丁修道院的修士暨维腾堡大学（University of Wittenberg）的神学教授马丁路德，引领了一场宗教改革运动。他在自己所在的城市的一座大教堂上张贴了一张反对官方教会的大字报，共九十五条，结果一石激起千层浪，在整个欧洲大陆迅速掀起一个名为宗教改革的运动，并且势不可挡，矛头直指罗马天主教会。这个运动就被史称为"新教改革运动"，也就是著名的马丁路德运动。

路德关注的是人的得救以及如何确定自己获救的命运，提出"因信称义"说。在他看来，"因信称义"是一个精神转变的过程。他认为，卑谦是虔诚的基础，人在上帝面前要保持对上帝的敬畏感，把自己当做非存在，一切都交给上帝完成。人把自我完全交给上帝就会产生对上帝的信赖和热爱，这种信赖和爱会进一步发展为期待上帝恩典的希望。路德认为只有畏和爱的统一才能产生望,才能变成完全的信仰,这与保罗在"信、爱、望"三者中间强调"爱"的观点有所不同。因为完全的信仰人才成为义人,也就是说人获得了被免除罪恶的恩典。这种恩典的获得被路德称为"称义",认为这是一个内在的转变和再生的过程。这就是"因信称义"的内涵。[19]

人由原来的犯罪感到确信获救的信心就是一种精神变化,也就是路德所说"转变",伴随这一精神变化,人得以再生,从"罪人"变成"义人"。路德着重强调对获救感的确定是最基本的确信,它是理性的标准而不需要通过理性来证明自身的真实性。因为,成熟的信仰者只能确信上帝已经宽恕了他,而不需要知道上帝为什么宽恕他,因为上帝的宽恕出自上帝的自由意志,而上帝的自由意以及决定的公正性不是人的理性所能探究的范围,探究的企图会让人陷入不信、不敬的罪恶之中。人不需要借助任何东西就能领悟到这种确信,因为确定的获罪感是圣道的直接启示,确信让人内心卸掉亚当遗传下来的沉重负担,对未来生活充满了信心。

因此我们可以看到,路德的"因信称义"主要强调个人内在的精神转变,转变的原因主要在于因信仰和启示而获得的确定的获救感,这也就是获救的恩典。而且精神的转变必然会带来外在生活的改变,于是那些由信仰带来的生活态度的转变而引起的外在事件;以及个人积极主动参与生活的外在活动,甚至包括生活中正当的手艺、职业都是善功。路德的"因信称义"关注个人内在的精神转变与奥古斯丁的思想如出一辙。因为奥古斯丁的思想体系由于偏重于信徒的个人感受而被称作"体验神学"。奥古斯丁本人心目中的"人"主要也是个体的、精神性的和注重内修的。[20]

路德对恩典的强调以及对罗马教会的激烈批判与激进行动引发了人文主义的温和改革派的不满,由此引发了一场关于恩典与自由的辩论,这可以说是奥古斯丁主义与佩拉纠主义论战的一种延续。路德与人文主义者代表爱拉斯谟就自由意志展开争论,争论涉及到人性、道德基础等重大问题。

加尔文(Jean Galvin,1509-1564 年)是瑞士宗教改革运动的领袖,在其著作《基督教原理》中对新教的信仰做了详细、严谨和系统的说明,并提出了

---

19 参阅赵敦华:《基督教哲学 1500 年》,北京:人民出版社。1994 年,第 586-587 页。

20 参阅赵敦华:《基督教哲学 1500 年》,北京:人民出版社。1994 年,第 587 页。

"预定论"的观点。他是在综合德国和瑞士宗教改革的理论成果的基础上，经过严格的推导才提出这一观点的。

　　加尔文首先对路德"因信称义"的精神状态和"由义至圣"的生活过程进行了区分。他认为，人不可能在信仰完善的过程之中获得确定的获救感，因为人如果最初没有对上帝的坚定信仰，也不会有对最后审判的畏惧和被拯救的强烈欲望。获救感只能在信仰中产生，对上帝全能、神圣的信仰必然会引起对上帝的慈爱、作为神圣爱化身的基督人格的信仰，这也是对自身获救的确信。也就是说，人首先要在信仰中获得确定的获救感，才会坚信自己的信仰。加尔文还进一步指出，称义不是一个人通过内在的修养和外在的善功所能达到的目标，而是上帝的慈爱、公正和恕罪转归在他身上的结果。在他看来，人对自己的称义必须是完全的，可是人的道德修行的脆弱不可能使人完全称义。路德把个人获救的确信比作对知识第一原则的确信，而加尔文却认为信仰的确信比知识的确信更为根本，心胸和情感在信仰中发挥比理智更加重要的作用。信仰是知、情、意三者统一，理智领悟信仰对象，意志把理解了的信仰转变为情感的内在源泉和财富。因此，只有在信仰对象的支配之下，人才能获得确信的信仰。人的理性所能达到的只是知识的确信，上帝却能赋予人信仰的确信。[21]

　　在加尔文看来，完全的称义不仅是内在的被拯救的确信，而且是按照上帝的教导过圣洁生活的过程，因为上帝使人称义的目的就是让人成为圣洁的人。人的实践能力是无法保证人始终如一地过着圣洁生活这一目标的，人对上帝的信仰始终会受到再度犯罪的引诱，因此人必须依靠圣灵在心中的作用，否则人的全部努力都将毁于一旦。因此加尔文认为，圣洁的生活是与获救感同样确定的、表明一个人已被拯救的证据。当然，证据不是理由和必然性，也不是盲目或出自迷信的自信，它是心灵受到启示而为之折服的感受和事实。既是使人称义的获罪感，又是表现圣洁品德的善功。没有被上帝拯救的人所做的一切道德行为都不能算作善功，被拯救的人的圣洁生活中的一切都是善功。加尔文扭转了按照人的行为的道德属性决定他是否得救的传统伦理观，确立了按照人是否获救的命运决定他的行为的道德属性的新教伦理精神。[22]加尔文认为，获

21　参阅赵敦华：《基督教哲学 1500 年》，第 592-593 页。

22　参阅赵敦华：《基督教哲学 1500 年》，北京：人民出版社。1994 年，第 593-595页。

救的证据源于获救的信念，而这信念来自启示，因此必定有确定性。只有被拯救的人才能如此确定地肯定自己行为的德行，不能确定自己行为和拯救必然联系的人恰恰表明了他的行为没有善的属性。

由此我们可以看出，加尔文比路德更加密切地把获救的内在确定性和外在的表现统一起来。他把确定的信仰与圣洁的事功都归于上帝的恩典，被拯救者应该在精神生活和现实生活两方面显示上帝的荣耀。而路德只是把获救的内在确定性和外在的表现比作树与果实，强调的是神圣的童心、新生的生活态度，而不是现实生活本身的价值。因此，从路德关于上帝恩典决定人的拯救命运的前提出发，加尔文提出来更加彻底和明确的"预定论"思想，进一步强化了上帝恩典的作用。在他看来，第一，人的拯救必须依靠上帝，因为拯救所要求的完全称义是人自身的能力达不到的；第二，原罪之后的人类都被罪恶所污染，上帝的恩典就是恕罪、赎罪的恩典；第三，恩典的释放要体现公正，上帝不能无区别地宽恕所有人类的罪恶，那无法体现公正；第四，上帝只能拣选一部分人使他们获得拯救，其余的人仍然被留在罪恶之中。上帝的意志就是最高的公正，人类不能再上帝之外寻求公正，它本身就是法律，上帝选择一部分人而舍弃一部分人的意志是自由的，不存在违反公正和法律。选民与弃民的预定命运决定了他们在历史中的不同作用，选民能够积极、主动地实现上帝的意愿，弃民只是消极的社会机体、历史命运的不自觉的承受者。尽管加尔文强调上帝恩典的预定性，可是人在确定自己是否被拣选时，依然要依据人自身的内在体验和自己的外在的圣洁生活，这里面既有神秘主义的色彩，又有人现实的信仰选择问题。

四、对现当代的影响

现代西方文明始终无法摆脱奥古斯丁的影响，是因为对奥古斯丁的各种理论挑战，大多来自社会政治层面，而在人学思想方面尤其是灵魂观，他们始终无法抛弃奥古斯丁，只能按照奥古斯丁的方式来理解人性以及灵魂中的幸福。正是在人学这一层次上，我们可以说奥古斯丁塑造了现代西方人最深层的精神气质，也因此决定了西方文明的历史命运。[23]奥古斯丁对现当代的深远影响，尤其集中在 17 世纪，当时的哲学家都深受奥古斯丁影响。神学方面，冉森派把奥古斯丁的关于恩典与预定的神学思想发挥到极致；17 世纪著名的奥

---

23 吴飞：《心灵秩序与世界历史》，北京三联书店，2013 年，第 502 页。

古斯丁主义与莫林那主义的神学争端也与奥古斯丁有关。奥古斯丁对 17 世纪的哲学和人文思想方面的影响，主要是通过笛卡尔和马勒布朗士等人体现出来的。维特根斯坦极少提到其他哲学家，却经常引用奥古斯丁的观点。莱布尼兹和霍布斯的哲学思想也不同程度的受到奥古斯丁哲学思想影响。[24]

卡尔·拉纳（Karl Rahner, 1904-1984）不仅是当代基督教哲学之"人类学转向"的重要促进者，而且是当代天主教神学之"现代化"的重要推动者[25]。在对灵魂的非物质性、实体性及其与肉体的协同性等问题的看法上，他的观点与奥古斯丁和托马斯·阿奎那等人并无根本分歧。实际上，他的"超验人学"就是对对奥古斯丁和托马斯·阿奎那的灵肉二元论传统、康德的先验哲学和海德格尔的存在哲学进行的一次调和与整合。拉纳"超验人学"的出发点是对人的两种存在方式的认识。他认为，人的存在方式包括超验性和历史性这两个不同层面，两者之间是"互为条件与互相协调"（mutual conditioning and mediation）的关系。在《基督宗教信仰的基础》这部晚期作品中，他对两种存在的关系做了一个简明解释。他随后补充指出，尽管人的存在是超验性与历史性的统一，但这两种存在方式又有着不可忽视的区别。首先，人的超验性存在是精神的和必然的，而历史性存在则是具体的和偶然的，所以不能像极端的唯心主义或唯物主义那样将其中任何一方还原为另一方。同时，由于人的超验性存在是历史性存在的内在条件（intrinsic condition），而人的历史性存在又与超验性存在处于一种开放关系之中，所以又不能像极端的实体二元论那样把两者隔绝对立起来。[26]

拉纳所说的"超验性存在"指的是人的精神存在，即上帝赋予人的超验精神结构或"超验的主体本质"（他有时亦直接将其称为"灵"或"灵魂"）。"历史性存在"则指的是人的物质存在（肉体），即前者在时空世界中和人类历史上的表现。通过对人的"超验性存在"和"历史性存在"之间的关系的分析，拉纳不仅为整合基督教哲学史上的两大二元论传统——奥古斯丁主义和托马斯主义创造了条件，而且还试图由此来克服近代的实体二元论难以解释灵与肉之间的协调一致性的缺陷。一方面，他继承了奥古斯丁主义强调灵魂和精神存在的独立性和优越性的传统，认为精神乃是一个意识到自己的存在并

24　林鸿信：《奥古斯丁的基督教思想》（周伟驰）序二，北京：中国社会科学出版社，2005 年。

25　H. D. Egan, Karl Rahner: *The Mystic of Everyday Life*, New York: Crossroad, 1998, p.19.

26　K. Rahner, *Foundations of Christian Faith*, p.208.

趋向存在本身的奥秘的人所特有的存在方式。另一方面，他又继承了托马斯·阿奎那把灵魂视为肉身及其每一部分的形式和现实性的观点，认为两者在人的生命过程中是不可分离的。但有所不同的是，阿奎那认为人在本质上是一个"被赋予灵魂的肉身"，所以灵魂就其本性来说只适合作为肉身的形式与现实性，[27]但他则一方面承认精神存在与物质存在（灵魂和肉身）在人的生命过程中和最后的救赎中是不可分离的，另一方面又比阿奎那更加强调作为超验性精神存在的灵魂的地位。他认为，"人的本质是对毕竟在的绝对开放性，或者用一个词来说：人即精神。"[28]

拉纳这一观点与奥古斯丁把理性灵魂视为人所具有的"上帝的形象"或本质属性的观点既有相似之处，又不完全一致。奥古斯丁认为，尽管现实世界中的人已经"全然败坏"，亏欠了上帝的荣耀，但人所应有的本质依然在上帝之道中有其理念，在"理性灵魂的幽深之处"有其影像。况且，既便人不能仅凭自身的力量去发现和实现它，它依然是人之为人的根据和人所应有的本质规定。这一"上帝的形象"不仅只能存在于无形的理性灵魂之中，而且只能存在于理性灵魂的最高级部分——心灵之中。从这种思想出发，他认为"灵魂确实不是整个人，但却是人的较为优秀的部分，身体也不是整个人，而是人的较为低劣的部分，当两部分联系在一起的时候，它们才得到人的名称。然而，当我们单独提到某个部分时，它们都不会失去人的名称。"[29]后来那些"站在奥古斯丁一边的基督教哲学家"（笛卡尔式的实体二元论者）则运用近代的质料说和生理学观点进一步强化这一理论倾向。[30]例如，牛津大学的埃克尔斯（Sir John Eccles）指出，心灵之所以不同于大脑，是因为前者属于第一世界（非物质世界），后者属于第二世界（物质世界），而且第二世界的"内感觉"和"外感觉"必然受第一世界的心灵的管辖。[31]美国尤西纽斯学院的哲学与宗教学系主任高茨（S. Goetz）亦曾提出："我所具有的反思能力使我这个普通人可以

27 Thomas Aquinas, *Commentary on ST Paul's First Letter to The Corinthians*, in *Aquinas Selected Philosophical Writings*, ed. by T. Mcdermott, New York: Oxford University Press, 1993, pp.192-193.
28 〔德〕卡尔·拉纳：《圣言的倾听者》朱雁冰译，北京：三联书店，1994年，第40页。
29 〔古罗马〕奥古斯丁：《上帝之城》，王晓朝译，北京：人民出版社，2006年，第13卷，第572页。
30 J. W. Cooper, *Body, Soul, and Life Everlasting: Biblical Anthropology and the Monism-Dualism Debate*, Grand Rapids: William B. Eerdmans Publishing Company, 1989, p.18.
31 S. J. Eccles, *Nobel Prize Conversation*, San Francisco: Saybrook, 1985, pp.65-66.

直觉到（相信）我有一个不同于我的物质身体的灵魂。因而我是一名被称为实体二元论者的哲学家和神学家。"[32]

在拉纳看来，尽管奥古斯丁和阿奎那二人的灵肉学说之间确实存在一定差别，但两者是可以彼此调和的，因为人的物质身体可以凭借其"向着精神发展的物质的内在本性"而参与到精神活动之中。在灵肉问题这个为神学家和哲学家共同关注的问题上，他既没有照搬中世纪托马斯主义的温和二元论观点，也没有彻底放弃古代奥古斯丁主义和近代笛卡尔主义的实体二元论倾向，而是一方面借鉴康德的先验方法对它们加以调和与改造，一方面又按照基督教的"灵魂不朽"、"肉身复活"和"耶稣的死而复活"等教义对其借鉴的康德观点做出新的发展。

恶的问题始终困扰着奥古斯丁，他关于此问题的思考也成为后世的焦点问题。不断追问恶的起源使奥古斯丁在信仰的道路上发生了巨大的转变，曾受到异教的怀疑论的影响并成为一名摩尼教徒长达九年之久，最终也是因为人性的善恶问题的没有得到好的解决而离开摩尼教，最终在母亲的影响和上帝的呼召中，皈依了基督教。他自身的生存体验和经历为他反思人性的善恶以至善问题提供了更多的思考空间，这一点在他的《忏悔录》中展现无余。对恶的起源的思考不仅成为奥古斯丁自身思想体系的核心问题，甚至成为西方人理解宇宙秩序和精神世界的首要问题。尤其是莱布尼兹把这个问题概括为"神义论"后，它更是无数现代思想家讨论的焦点问题。学者们不仅一次次重现奥古斯丁对善恶问题的种种理解和诠释，更是要引起当代社会重视这一问题带来的种种挑战以及直面奥古斯丁带给现代人的精神气质。虽然进入 20 世纪后，善恶问题不再频繁成为哲学家直接关注的对象，但它并没有退出历史舞台，始终还隐藏在哲学家思考的背景中。而且，随着"人学"的日益热化，它必将再次成为人学家们关注的焦点问题。

奥古斯丁人性论中存在自由意志和预定论的张力，这些命题与他对人的堕落和人的救赎的全部思考紧密关联。这也给现代西方人制造了许多重要的哲学和宗教讨论。他们站在各自的立场上都从奥古斯丁的思想体系中寻找到有利自己的文本，声称奥古斯丁是支持自己的观点的，也都以为自己掌握了奥古斯丁的思想核心而争论不休。许多现代思想家为解决奥古斯丁思想体系中

---

32 S. Goetz, "Substance Dualism", *In Search of the Soul: Four Views Of the Mind-body Problem*, ed. Joel B. Green and Stuart L. Palmer, Downers Grove: Inter-Varsity Press, 2005, p.33.

存在的矛盾而殚精竭虑。奥古斯丁所描述的人性和塑造的人的形象更是深入现代人的人心，以至于现代学者马克斯·韦伯（Max Weber, 1864-1920）认为，新教以来塑造的人格，几乎都带着《忏悔录》中奥古斯丁的影像。

奥古斯丁对内在自我和灵魂结构的理解，直接影响了现代精神医学和心理学的思考模式。没有奥古斯丁的三位一体学说就没有现代心理学，也不可能有潜意识的概念，更不可能有现代精神分析学派的思考方式。奥古斯丁对内心世界的精致细腻的分析，衔接了千年之后开启近代哲学的笛卡尔之"我思，故我在"，甚至进而可以与现象学大师胡塞尔的意识分析对话。[33]

奥古斯丁的原罪观念不仅对塑造基督教文明发挥了重要作用，更是对整个西方文明的贡献，西方世界据此形成了一种罪感文化。奥古斯丁对罪的论证和人性论思想奠定了整个西方哲学人性论的基础，参与塑造西方的人性论，形成了西方的罪感文化传统，影响了整个欧洲的文化史。西方文化的人性观，既非我们通常理解的人性本善，也非我们通常理解的人性本恶，而是主张人有天赋的善，通过理性和意志的抉择而变恶。这个恶是人的自由选择罪，必须由人负责。西方文化与此性格相符，可以说在某种意义上它是一种张力、不安、求索的文化，一种权利、个人主义的文化，一种理性化而又超越理性的文化，一种进取、扩张而又内省、悔罪的文化。

奥古斯丁不仅是教父时期和中世纪最具有影响力的伟大思想家，更是整个西方思想史上最具有影响力的思想家。他的著作卷如浩海，而对其思想研究的著作更是不胜枚举。他既是古代基督教作家的最后一位，又是中世纪神学的开路先锋，古代神学的主流思想汇聚在他身上，又从他绵延流出，没有尽头。而他塑造的"人"就屹立在滚滚洪流中，注视着远方，指引着基督教人学的发展方向。

---

33 林鸿信：《奥古斯丁的基督教思想》（周伟驰）序二，北京：中国社会科学出版社，2005 年。

参考文献

一、中文资料

（一）中文著作

1. 〔古罗马〕奥古斯丁：《忏悔录》，周士良译，北京：商务印书馆，2013年。

2. 〔古罗马〕奥古斯丁：《论三位一体》，周伟驰译，上海：上海世纪出版集团，2005年。

3. 〔古罗马〕奥古斯丁：《论原罪与恩典》，周伟驰译，北京：商务印书馆，2012年。

4. 〔古罗马〕奥古斯丁：《上帝之城》，王晓朝译，北京：人民出版社，2006年。

5. 〔古罗马〕奥古斯丁：《论信望爱》，许一新译，北京：三联书店，2009年。

6. 〔古罗马〕奥古斯丁：《论自由意志》，成官泯译，上海：上海人民出版社，2010年。

7. 〔古罗马〕奥古斯丁：《论灵魂及其起源》，石敏敏译，北京：中国社会科学出版社，2004年。

8. 〔古罗马〕奥古斯丁：《恩典与自由》，奥古斯丁著作翻译小组译，南昌：江西人民出版社，2008年。

9. 〔古罗马〕德尔图良：《论灵魂和身体的复活》，王晓朝译，香港：香港道风书社，2001年。

10. 赵敦华:《基督教哲学 1500 年》，北京：人民出版社，2005 年。

11. 赵敦华:《西方人学观念史》，北京：北京出版社，2005 年。

12. 段德智:《主体生成论——对"主体死亡论"之超越》，北京：人民出版社，2009 年。

13. 许志伟:《基督教神学思想导论》，北京：中国社会科学出版社，2001年。

14. 周伟驰:《奥古斯丁的基督教思想》，北京：中国社会科学出版社，2005年。

15. 周伟驰:《记忆与光照——奥古斯丁神哲学研究》，北京：中国社会科学出版社，2005 年。

16. 〔美〕沙伦·M.凯保罗·汤姆森:《奥古斯丁》周伟驰译，北京：中华书局，2003 年。

17. 周大鸣:《人类学导论》，昆明：云南大学出版社，2007 年。

18. 黄裕生:《宗教与哲学的相遇：奥古斯丁与托马斯阿奎那的基督教哲学研究》，江苏人民出版社，2008 年。

19. 张荣:《神圣的呼唤——奥古斯丁的宗教人类学研究》，河北教育出版社，1999 年。

20. 张荣:《自由、心灵与时间》，江苏人民出版社，2010 年。

21. 吴飞:《心灵秩序与世界历史》，北京：生活·读书·新知三联书店，2013 年。

22. 张涵:《俗世的朝圣者——奥古斯丁人性论探讨》，上海三联书店，2013年。

23. 徐弢:《托马斯阿奎那的灵魂学说探究》，上海人民出版社，2007 年。

24. 石敏敏:《古代晚期西方哲学的人论》，北京：中国社会科学出版社，2007 年。

25. 白虹:《阿奎那人学思想研究》，北京：人民出版社，2010 年。

26. 林美茂:《灵肉之境——柏拉图哲学人论思想研究》，北京：人民出版社，2008 年。

27. 包利民、章雪富:《基督教的柏拉图主义》，北京：中国社会科学出版社，2011 年。

28. 汪子嵩、陈村富等:《希腊哲学史》卷 4，北京：人民出版社，2010 年。

29. 〔德〕卡西尔：《人论》，李化梅译，上海译文出版社，1986年。

30. 〔美〕保罗·蒂利希：《基督教思想史》，尹大贻译，上海：东方出版社，2008年。

31. 〔古罗马〕尼撒的格列高利：《论灵魂和复活》，石敏敏译，北京：中国社会科学出版社，2004年。

32. 〔德〕海德格尔：《海德格尔选集》，孙周兴译，北京：生活·读书·新知三联书店，1996年。

33. 〔前苏联〕科尔涅耶夫：《现代哲学人类学批判》，上海：东方出版社，1987年。

34. 〔古希腊〕希罗多德：《历史》，王以铸译，北京：商务印书馆，1960年。

35. 〔古罗马〕奥利金：《教义大纲》，见《亚历山大学派选集》，台北：基督教文艺出版社，1989年。

36. 〔古罗马〕奥利金：《论首要原理》，石敏敏译，香港：香港道风书社，2002年。

37. 〔德〕吉尔松：《中世纪哲学精神》，沈清松译，台北：商务印书馆，2001年。

38. 〔古希腊〕卢克莱修：《物性论》，北京：商务印书馆，1962年。

39. 〔英〕安东尼·肯尼：《牛津西方哲学史》第一卷，王柯平译，长春：吉林出版集团，2010年。

40. 〔法〕约翰加尔文：《基督教要义》，钱曜诚等译，北京：生活·读书·新知三联书店，2010年。

41. 〔美〕莱茵霍尔德·尼布尔：《人的本性及其命运》，成穷、王作虹译，贵阳：贵州人民出版社，2006年。

42. 殷保罗：《慕迪神学手册》，姚锦译，香港：福音证主协会，2001年。

43. 〔意大利〕托马斯·阿奎那：《神学大全》第2卷，段德智等译，北京：人民出版社，2015年。

44. 〔古希腊〕柏拉图：《柏拉图对话集》，王太庆译，北京：商务印书馆，2004年版。

45. 〔古罗马〕普罗提诺：《九章集》，石敏敏译，北京：中国社会科学出版社，2009年。

46. 周辅成：《西方伦理学名著选辑》，北京：商务印书馆，1996年。

47. 陈驯：《创造与恩典——奥古斯丁《创世记字义解释》中的神学人类学》，北京：宗教文化出版社，2012 年。

48. 〔美〕彼得·布朗：《希坡的奥古斯丁》，钱金飞、沈小龙译，北京：中国社会科学出版社，2013 年。

（二）论文资料

1. 翟志宏："早期基督教与古希腊哲学的相遇"，《世界宗教研究》2011 年第 2 期。

2. 张荣："奥古斯丁的灵魂观"，《河北师范大学学报》1998 年第 3 期。

3. 黄颂杰："灵魂说：西方哲学的诞生地和秘密"，《学术月刊》2006 年8 月第 38 卷。

4. 章雪富："'神的形像'——从伊利奈乌到卡帕多西亚教父"，《哲学门》2008 年第 1 期。

5. 林中泽："早期基督教的人性与奥古斯丁神学中的'人'"，《华南师范大学学报》1999 年第 3 期。

6. 黄裕生："原罪与自由意志——论奥古斯丁的罪责伦理学"，《浙江学刊》2003 年第 2 期。

7. 赵林："罪恶与自由意志——奥古斯丁'原罪'理论辨析"，《世界哲学》2006 年第 3 期。

8. 周伟驰："现代奥古斯丁研究"，《现代哲学》2005 年第 3 期。

9. 吴飞："'对树的罪'和'对女人的罪'"，《云南大学学报》2009 年第 6 期。

10. 吴飞："绝望中的生命自由——奥古斯丁论'自由意志'、'绝望'与'自杀禁忌'"，《基督教思想评论》2006 年第 2 期。

11. 赵敦华："奥古斯丁与'原罪'的观念"，《社会科学战线》2011 年第 4 期。

12. 张荣："奥古斯丁的基督教幸福观辩证"，《哲学研究》2003 年第 5 期。

13. 谢文郁："身体观：从柏拉图到基督教"，《云南大学学报》（社会科学版），2010 年第 9 卷 5 期。

14. 谢文郁："自由的困境：奥古斯丁自由观的生存分析"，《哲学门》2002 年第 2 期。

15. 徐弢："基督教心身学说的主要类型和思想分际"，《现代哲学》2010 年第 2 期。

16. 徐弢："奥斯定与朱熹心身学说的比较：从个体性与关系性的视角"，《汉语基督教学术论评》（台湾）2014 年第 18 期。

17. 汪聂才："新柏拉图主义对奥古斯丁灵魂想的影响"，《现代哲学》2011 年第 4 期。

18. 李思凡："卡尔·拉纳对基督教灵肉学说的理论重构"，《哲学评论》2013 年第 2 期。

19. 孙帅："奥古斯丁论原罪的'继承'"，《现代哲学》2013 年第 2 期。

20. 周伟驰："好的受造物为什么会堕落？"，《浙江学刊》2005 年第 4 期。

21. 丁智琼："略谈斯多亚哲学人性论"，《科教文汇》2012 年第 3 期。

22. 刘素民："解读基督宗教'人是上帝的肖像'"，《世界哲学》2012 年第 2 期。

23. 姬庆红："古罗马帝国中后期的瘟疫与基督教的兴起"，《北京理工大学学报》（社会科学版），2012 年第 6 期。

24. 孙毅："基督教人性观在当代的发展"，《世界宗教研究》2007 年第 4 期。

二、外文资料

1. Robert P.Russell: *Divine Providence and the Problem of Evil, A Translation of St.Augustine's De Ordine*, New York: Cosmopolitan Science & Art Service, 1942.

2. Roland Teske: *Augustine's theory of soul, The Cambridge Companion to Augustine,* New York: Cambridge University Press, 2001.

3. Michael L, Peterson ed., *The Problem of Evil: Selected Readings*, University of Notre Dame Press, 1992.

4. Peter Brown, *Augustine of Hippo*, California: University of California press, 2000.

5. Augustine, *on Free Choice of the Will,* trans. A. S. Benjamin & L.H. Hackstaff, Indianapolis/New York, bobbs-Merrill Education Publishing, 1964.

6. Augustine, *Confession,* 3 vols, Oxford: Oxford University Press, 1992.

7. Clark, Mary T., *Augustine,* London & N. Y.,Continuum, 1994.

8. Mathewes, Charles T., *Evil and the Augustinian Tradition*, New York:

Cambridge University Press, 2001.

9. Miles, Margaret R.: *Augustine on the Body,* Missoula: Scholar's Press, 1979.

10. Augustine, *Confession,* 3 vols, Oxford: Oxford University Press, 1992.

11. Mary T. Clark. *Augustine of Hippo Selected Writings,* New York: Paulist Press, 1984.

12. Matthew, Drever: *Image, Identity, and the Forming of the Augustinian Soul,* New York: Oxford University Press, 2013.

13. Robert J.O'Connell, s.j. *The Origin of the Soul in ST. Augustine's Later Works,* New York: Fordham University Press, 1987.

14. David G.Hunter: *Augustine on the Body in "A Companion to Augustine",* edited by Mark Vessey with the assistance of Shelley Reid, MA, Blackwell Publishing Ltd, 2012.

15. Paige E. Hochschild: *Memory in Augustine's Theological Anthropology,* New York: Oxford University Press, 2012.

16. Rombs, Ronnie J: *Saint Augustine and the Fall of the Soul: Beyond O'Connell and His Critics.* Washington: Catholic University of America Press, 2006.

17. Robert J.Teske, S.J. *TO Know God and the Soul,* Washington, D.C.: The Catholic University of America Press, 2008.

18. Virgnia Burrus, Mark D.J Ordan, Karmen Mackendrick: *Seducing Augustine: Bodies, Desires, Confessions,* New York :Fordham University Press, 2010.

19. Brown, P [R. L.]: *Augustine of Hippo: A Biography.* London: Faber & Faber, 1967.

20. Brown, P [R. L.]: *The Body and Society: Men,Women, and sexual Renunciation in early Christianity.* New York: Columbia University Press, 1988.

21. Margaret Ruth Miles: *Augustine on the Body.* New York: Scholar Press, 1979.

22. Andrea Nightingale: *Once of Nature: Augustine on Time and the Body.* Chicago: The University of Chicago Press, 2011.

23. L.Boeve. M.Lamberigts. M.Wisse: *Augustine and Postmodern Thought: A New Alliance against Modernity?* Uitgeverij Peeters, 2009.

24. Eleonore Stump and Norman Kertzmann: *The Cambridge Companion to Augustine,* Cambridge: Cambridge University Press, 2011.

《基督教文化研究丛书》

主编：何光沪、高师宁

（1-10 编书目）

初 编 （2015 年 3 月出版）

ISBN：978-986-404-209-8　　　　　　定价（台币）$28,000 元

册 次	作 者	书 名	学科别（／表示跨学科）
第 1 册	刘 平	灵殇：基督教与中国现代性危机	社会学／神学
第 2 册	刘 平	道在瓦器：裸露的公共广场上的呼告——书评自选集	综合
第 3 册	吕绍勋	查尔斯·泰勒与世俗化理论	历史／宗教学
第 4 册	陈 果	黑格尔"辩证法"的真正起点和秘密——青年时期黑格尔哲学思想的发展（1785 年至 1800 年）	哲学
第 5 册	冷 欣	启示与历史——潘能伯格系统神学的哲理根基	哲学／神学
第 6 册	徐 凯	信仰下的生活与认知——伊洛地区农村基督教信徒的文化社会心理研究（上）	社会学
第 7 册	徐 凯	信仰下的生活与认知——伊洛地区农村基督教信徒的文化社会心理研究（下）	
第 8 册	孙晨荟	谷中百合——傈僳族与大花苗基督教音乐文化研究（上）	基督教音乐
第 9 册	孙晨荟	谷中百合——傈僳族与大花苗基督教音乐文化研究（下）	

册 次	作 者	书 名	学科别
第 10 册	王 媛	附魔、驱魔与皈信——乡村天主教与民间信仰关系研究	社会学
	蔡圣晗	神谕的再造，一个城市天主教群体中的个体信仰和实践	社会学
	孙晓舒 王修晓	基督徒的内群分化：分类主客体的互动	社会学
第 11 册	秦和平	20 世纪 50－90 年代川滇黔民族地区基督教调适与发展研究（上）	历史
第 12 册	秦和平	20 世纪 50－90 年代川滇黔民族地区基督教调适与发展研究（下）	
第 13 册	侯朝阳	论陀思妥耶夫斯基小说的罪与救赎思想	基督教文学
第 14 册	余 亮	《传道书》的时间观研究	圣经研究
第 15 册	汪正飞	圣约传统与美国宪政的宗教起源	历史／法学

二 编 （2016 年 3 月出版）

ISBN：978-986-404-521-1 　　　　　　定价（台币）$20,000 元

册 次	作 者	书 名	学科别（／表示跨学科）
第 1 册	方 耀	灵魂与自然——汤玛斯·阿奎那自然法思想新探	神学／法学
第 2 册	刘光顺	趋向至善——汤玛斯·阿奎那的伦理思想初探	神学／伦理学
第 3 册	潘明德	索洛维约夫宗教哲学思想研究	宗教哲学
第 4 册	孙 毅	转向：走在成圣的路上——加尔文《基督教要义》解读	神学
第 5 册	柏斯丁	追随论证：有神信念的知识辩护	宗教哲学
第 6 册	李向平	宗教交往与公共秩序——中国当代耶佛交往关系的社会学研究	社会学
第 7 册	张文舉	基督教文化论略	综合
第 8 册	赵文娟	侯活士品格伦理与赵紫宸人格伦理的批判性比较	神学伦理学
第 9 册	孙晨荟	雪域圣咏——滇藏川交界地区天主教仪式与音乐研究（增订版）（上）	基督教音乐
第 10 册	孙晨荟	雪域圣咏——滇藏川交界地区天主教仪式与音乐研究（增订版）（下）	
第 11 册	张 欣	天地之间一出戏——20 世纪英国天主教小说	基督教文学

三 编 （2017 年 9 月出版）

ISBN：978-986-485-132-4　　　　　　定价（台币）$11,000 元

册　次	作　者	书　名	学科别（／表示跨学科）
第 1 册	赵　琦	回归本真的交往方式——托马斯·阿奎那论友谊	神学／哲学
第 2 册	周兰兰	论维护人性尊严——教宗若望保禄二世的神学人类学研究	神学人类学
第 3 册	熊径知	黑格尔神学思想研究	神学／哲学
第 4 册	邢　梅	《圣经》官话和合本句法研究	圣经研究
第 5 册	肖　超	早期基督教史学探析（西元 1~4 世纪初期）	史学史
第 6 册	段知壮	宗教自由的界定性研究	宗教学／法学

四 编 （2018 年 9 月出版）

ISBN：978-986-485-490-5　　　　　　定价（台币）$18,000 元

册　次	作　者	书　名	学科别（／表示跨学科）
第 1 册	陈卫真 高　山	基督、圣灵、人——加尔文神学中的思辨与修辞	神学
第 2 册	林庆华	当代西方天主教相称主义伦理学研究	神学／伦理学
第 3 册	田燕妮	同为异国传教人：近代在华新教传教士与天主教传教士关系研究（1807~1941）	历史
第 4 册	张德明	基督教与华北社会研究（1927~1937）（上）	社会学
第 5 册	张德明	基督教与华北社会研究（1927~1937）（下）	
第 6 册	孙晨荟	天音北韵——华北地区天主教音乐研究（上）	基督教音乐
第 7 册	孙晨荟	天音北韵——华北地区天主教音乐研究（下）	
第 8 册	董丽慧	西洋图像的中式转译：十六十七世纪中国基督教图像研究	基督教艺术
第 9 册	张　欣	耶稣作为明镜——20 世纪欧美耶稣小说	基督教文学

五 编 （2019 年 9 月出版）

ISBN：978-986-485-809-5　　　　　　定价（台币）$20,000 元

册　次	作　者	书　名	学科别（／表示跨学科）
第 1 册	王玉鹏	纽曼的启示理解（上）	神学
第 2 册	王玉鹏	纽曼的启示理解（下）	
第 3 册	原海成	历史、理性与信仰——克尔凯郭尔的绝对悖论思想研究	哲学
第 4 册	郭世聪	儒耶价值教育比较研究——以香港为语境	宗教比较
第 5 册	刘念业	近代在华新教传教士早期的圣经汉译活动研究（1807～1862）	历史
第 6 册	鲁静如 王宜强 编著	溺女、育婴与晚清教案研究资料汇编（上）	资料汇编
第 7 册	鲁静如 王宜强 编著	溺女、育婴与晚清教案研究资料汇编（下）	
第 8 册	翟风俭	中国基督宗教音乐史（1949 年前）（上）	基督教音乐
第 9 册	翟风俭	中国基督宗教音乐史（1949 年前）（下）	

六 编 （2020 年 3 月出版）

ISBN：978-986-518-085-0　　　　　　定价（台币）$20,000 元

册　次	作　者	书　名	学科别（／表示跨学科）
第 1 册	陈倩	《大乘起信论》与佛耶对话	哲学
第 2 册	陈丰盛	近代温州基督教史（上）	历史
第 3 册	陈丰盛	近代温州基督教史（下）	
第 4 册	赵罗英	创造共同的善：中国城市宗教团体的社会资本研究——以 B 市 J 教会为例	人类学
第 5 册	梁振华	灵验与拯救：乡村基督徒的信仰与生活（上）	人类学
第 6 册	梁振华	灵验与拯救：乡村基督徒的信仰与生活（下）	
第 7 册	唐代虎	四川基督教社会服务研究（1877～1949）	人类学
第 8 册	薛媛元	上帝与缪斯的共舞——中国新诗中的基督性（1917～1949）	基督教文学

七　编　（2021 年 3 月出版）

ISBN：978-986-518-381-3　　　　　定价（台币）$22,000 元

册　次	作　者	书　名	学科别（／表示跨学科）
第 1 册	刘锦玲	爱德华兹的基督教德性观研究	基督教伦理学
第 2 册	黄冠乔	保尔．克洛岱尔天主教戏剧中的佛教影响研究	宗教比较
第 3 册	宾静	清代禁教时期华籍天主教徒的传教活动（1721～1846）（上）	基督教历史
第 4 册	宾静	清代禁教时期华籍天主教徒的传教活动（1721～1846）（下）	
第 5 册	赵建玲	基督教"山东复兴"运动研究（1927～1937）（上）	基督教历史
第 6 册	赵建玲	基督教"山东复兴"运动研究（1927～1937）（下）	
第 7 册	周浪	由俗入圣：教会权力实践视角下乡村基督徒的宗教虔诚及成长	基督教社会学
第 8 册	查常平	人文学的文化逻辑——形上、艺术、宗教、美学之比较（修订本）（上）	基督教艺术
第 9 册	查常平	人文学的文化逻辑——形上、艺术、宗教、美学之比较（修订本）（下）	

八　编　（2022 年 3 月出版）

ISBN：978-986-404-209-8　　　　　定价（台币）$45,000 元

册　次	作　者	书　名	学科别（／表示跨学科）
第 1 册	查常平	历史与逻辑：逻辑历史学引论（修订本）（上）	历史学
第 2 册	查常平	历史与逻辑：逻辑历史学引论（修订本）（下）	
第 3 册	王澤偉	17～18 世纪初在華耶穌會士的漢字收编：以马若瑟《六書實義》為例（上）	语言学
第 4 册	王澤偉	17～18 世纪初在華耶穌會士的漢字收编：以马若瑟《六書實義》為例（下）	
第 5 册	刘海玲	沙勿略：天主教东传与东西方文化交流	历史
第 6 册	郑媛元	冠西东来——咸同之际丁韪良在华活动研究	历史

第 7 册	刘影	基督教慈善与资源动员——以一个城市教会为中心的考察	社会学
第 8 册	陈静	改变与认同：瑞华浸信会与山东地方社会	社会学
第 9 册	孙晨荟	众灵的雅歌——基督宗教音乐研究文集	基督教音乐
第 10 册	曲艺	默默存想，与神同游——基督教艺术研究论文集（上）	基督教艺术
第 11 册	曲艺	默默存想，与神同游——基督教艺术研究论文集（下）	
第 12 册	利瑪竇著、梅謙立漢注 孫旭義、奧覓德、格萊博基譯	《天主實義》漢意英三語對觀（上）	经典译注
第 13 册	利瑪竇著、梅謙立漢注 孫旭義、奧覓德、格萊博基譯	《天主實義》漢意英三語對觀（中）	
第 14 册	利瑪竇著、梅謙立漢注 孫旭義、奧覓德、格萊博基譯	《天主實義》漢意英三語對觀（下）	
第 15 册	刘平	明清民初基督教高等教育空间叙事研究——中国教会大学遗存考（第一卷）（上）	资料汇编
第 16 册	刘平	明清民初基督教高等教育空间叙事研究——中国教会大学遗存考（第一卷）（下）	

九 编　　　　　（2023 年 3 月出版）

ISBN：978-626-344-236-8　　　　　定价（台币）$56,000 元

册　次	作　者	书　名	学科别（／表示跨学科）
第 1 册	郑松	麦格拉思福音派神学思想研究	神学
第 2 册	任一超	心灵改变如何可能？——从康德到齐克果	基督教哲学
第 3 册	劉沐比	論趙雅博基本倫理學和特殊倫理學之串連	基督教伦理学
第 4 册	王务梅	论马丁·布伯的上帝观	基督教与犹太教
第 5 册	肖音	明末吕宋之中西文化交流（上）	教会史

第 6 册	肖音	明末吕宋之中西文化交流（下）	
第 7 册	张德明	基督教五年运动与民国社会（上）	教会史
第 8 册	张德明	基督教五年运动与民国社会（下）	
第 9 册	陈铃	落幕：美国新教在华传教事业的终结（1945～1952）	教会史
第 10 册	黄畅	全球史视角下基督教在英国殖民统治中的作用——以 1841～1914 年的香港和约鲁巴兰为例	教会史
第 11 册	杨道圣	言像之辩：基督教的图像与图像中的基督教	基督教艺术
第 12 册	張雅斐	晚清聖經人物漢語傳記研究——以聖經在華接受史的视角	基督教艺术
第 13 册	包兆会	缪斯与上帝的相遇——基督宗教文艺研究论文集	基督教文学
第 14 册	张欣	浪漫的神学：英国基督教浪漫主义略论	基督教文学
第 15 册	刘平	明清民初基督教高等教育空间叙事研究——中国教会大学遗存考（第二卷：福建协和神学院）	资料汇编
第 16 册	刘平、赵曰北主编	传真道于中国——赫士及华北神学院百年纪念文集（第一册）	
第 17 册	刘平、赵曰北主编	传真道于中国——赫士及华北神学院百年纪念文集（第二册）	
第 18 册	刘平、赵曰北主编	传真道于中国——赫士及华北神学院百年纪念文集（第三册）	论文集
第 19 册	刘平、赵曰北主编	传真道于中国——赫士及华北神学院百年纪念文集（第四册）	
第 20 册	刘平、赵曰北主编	传真道于中国——赫士及华北神学院百年纪念文集（第五册）	

十　编　（2024 年 3 月出版）

ISBN：978-626-344-629-8　　　　　　　　定价（台币）$40,000 元

册　次	作　者	书　名	学科别（／表示跨学科）
第 1 册	李思凡	奥古斯丁人学思想研究	神学研究
第 2 册	胡宗超	自律、他律到神律：蒂利希文化神学研究	神学研究
第 3 册	毕聪聪	以信行事：后现代语境的宗教信仰含义（上）	基督教与宗教学
第 4 册	毕聪聪	以信行事：后现代语境的宗教信仰含义（下）	

第5册	毕聪聪	基督教与近代中国变局	基督教与社会学
第6册	张德明	法国巴黎外方西藏传教会进藏活动研究（1844～1864）（上）	基督教与历史
第7册	张德明	法国巴黎外方西藏传教会进藏活动研究（1844～1864）（下）	
第8册	刘瑞云	我你他：通向圣灵文学之途（上）	基督教与文学
第9册	刘瑞云	我你他：通向圣灵文学之途（中）	
第10册	刘光耀	我你他：通向圣灵文学之途（下）	
第11册	〔英〕法思远 主编 郭大松、杜学霞 译	近代山东基督教历史资料译丛——中国圣省山东（上）	基督教史料
第12册	〔英〕法思远 主编 郭大松、杜学霞 译	近代山东基督教历史资料译丛——中国圣省山东（下）	
第13册	〔英〕令约翰、白多加 著 郭大松 译	近代山东基督教历史资料译丛——近代中国亲历记：瑞典浸信会山东宣教事工纪实	基督教史料
第14册	〔美〕奚尔恩 著 郭大松 译	近代山东基督教历史资料译丛——在山东前线：美国北长老会山东差会史（1861～1940）（上）	基督教史料
第15册	〔美〕奚尔恩 著 郭大松 译	近代山东基督教历史资料译丛——在山东前线：美国北长老会山东差会史（1861～1940）（下）